メールカウンセリング

その理論・技法の習得と実際

武藤清栄・渋谷英雄 編著

To: Re:
　　　　@
　　Bcc:
From:
　　Cc:

川島書店

はしがき

　カウンセラー（クライエント）は，
　　あなたの声
　　あなたの息づかい
　　あなたの表情
　　あなたの沈黙
　　あなたの振舞い
を，聴きたいと思っている。

　対面とは異なりメールカウンセリングでは，このノンバーバルな世界を言葉の織（おり）と綴りから触れてゆく。そこにメールカウンセリングのむずかしさと同時に，メール独自の魅力が秘められているように思う。メールカウンセラーたちは，同一化されたテキスト文字を読みながら，クライエント理解を深めようと模索し，返信の言葉にカウンセラーのノンバーバルを込めようと奮闘する。その営みがメールカウンセリングのプロセスでもある。それだけに，メールカウンセラーには，臨床心理や精神病理についての深い知識と経験が求められる。

　たとえばうつ状態にある方が，どんな言葉でこころのたけを吐露されるのか，症状の声を表すキーワードはどこにあるのか，などである。メールカウンセリングでは，たんに受容と共感の世界だけでは良いレスポンスはできない。クライエントの多くは，自分ではどうにもならないから他者（専門家）の力を求めている。苦しい症状，辛さのツボを理解した上での，必要な情報提供や助言が求められるカウンセリングである。そしてこれらの力は，良いスーパーバイザーと出会うことと，多くの事例検討会に参加することによって培われていく。

　ここ最近の社会的な変化により，犯罪とうつの増加が懸念されている。その背景には，仲間空間内での「意思疎通の障害」が横たわっているように思えてしかたがない。世の中では個性という名のもとインディビジュアル（individual）が先行し，個々人の存在がことさらに強調された。その影響もあってか，身近なところでは，電車内での化粧室空間，友人との食事でお茶を頼んでもかならず「い

くつおもちしましょうか?」と尋ねられるなど,急速に空間の共有化が崩壊してきた。電車内で迷子になった幼子が泣叫ぶのを,誰ひとり振り向かぬできごとにショックを受けたのはつい最近の話である。

「意思疎通の障害」は,仲間空間での人間関係の希薄化を生み出し,しいては同空間での感情の表明機会を制限していく。怒りの抑圧を持続しようとすると「うつ」を呼び,逆に溜め込んだ怒りを爆発させると「行動の障害(犯罪を含む)」を生み出してしまう。携帯電話や電子メールの急速な普及が,そうした意思疎通の枯渇を潤す材料となっているかどうかは,まだまだ未知数である。しかし,本書の根底には,現代メンタルヘルスを助力するツールの一つとして,電子メディアが上手く活用されていけばという願いが込められている。思いや感情を言葉で表す必要のある,ある意味で自己表現豊かな電子メールの世界から,多くの意思伝達の土台が生まれ,伝えられない(言えない)時代から,改めてフェイスツウフェイスでも伝え合える時代を期待するのは望み多きことであろうか。

なお,本書の刊行に当たって,臨床現場の第一線で活躍されている執筆者の方々には,目まぐるしくインターネットの世界が変わる中での執筆の労に心より感謝申し上げたい。そしてそのような中,なによりも辛抱強く原稿を待っていただいた,川島書店編集部の黒川喜昭氏に深くお礼を申し上げるしだいである。

  2006 年 1 月吉日

武 藤 清 栄

目　　次

はしがき ………………………………………………………………………ⅰ

第1章　電子メールに綴られるこころの世界
1. 電子化するコミュニケーション ……………………………………………1
2. 電子メディアに見るこころの世界 …………………………………………2
    1) 非現実と現実を使い分けはじめた若者たち …………………………2
    2) 共感と同感を求めた自己開示の世界（個人日記ブログ）…………3
    3) ネットつながりという正と負の作用 …………………………………3
3. メールカウンセリングのメンタルヘルス活用 ……………………………4
4. eメンタルヘルスの将来……………………………………………………5

第2章　メールカウンセリングとは何か
1. 電子メールの活用……………………………………………………………7
    1) メールによる相談活動 …………………………………………………7
    2) メールカウンセリングの見通し ………………………………………7
    3) カウンセラーとしての課題 ……………………………………………8
2. 書き言葉を使ったカウンセリングの概観 …………………………………9
3. インターネットの世界（コンピュータ・セラピスト，依存性）………12
    1) コンピュータによるカウンセリング …………………………………12
    2) インターネットへの依存………………………………………………13
4. メールカウンセリングの定義とニーズ …………………………………15
    1) メールカウンセリングの定義…………………………………………15
    2) カウンセラー，クライエントの呼び名………………………………17
    3) メールカウンセリングのニーズ………………………………………17
    4) メールカウンセリングの活用…………………………………………18

5. メールカウンセリングのメリット・デメリット …………………………… 19
      1) 物語り・エッセイから見たメールカウンセリング ……………………… 19
      2) メールカウンセリングのメリットとデメリット …………………………… 21
      3) 通常のカウンセリングから見たメールカウンセリングの課題 ………… 24

第3章　メールカウンセリングを理解するために
   1. インターネットにおける相談のいろいろ ……………………………………… 27
      1) キーワード検索（ホームページからの情報） ………………………… 27
      2) 掲示板 …………………………………………………………………… 28
      3) メーリングリスト ………………………………………………………… 28
      4) メール友だち ……………………………………………………………… 29
      5) その他 …………………………………………………………………… 31
      6) メールによるカウンセリング ……………………………………………… 32
   2. 専門家のメール相談と仲間のアドバイスの相違点 ………………………… 33
   3. 情報提供によるアドバイスと個別対応アドバイス ………………………… 37
   4. ディスコミュニケーションと投影 …………………………………………… 39
   5. こころを受け止め，こころを支える文章表現 ……………………………… 41

第4章　メールカウンセリングの理論
   1. 情報化社会への変化 ……………………………………………………… 43
      1) マルチメディア社会 ……………………………………………………… 43
      2) IT 先進国アメリカと日本の現状 ………………………………………… 45
   2. メールカウンセリングの学び方とその効果 ………………………………… 46
      1) インターネットから学ぶ相談者のこころ ………………………………… 46
      2) メールカウンセリングの効果 …………………………………………… 48
   3. 基本的なスタイル ………………………………………………………… 50
      1) 開始に向けて ……………………………………………………………… 50
      2) アセスメント ……………………………………………………………… 52
      3) ジョイニング ……………………………………………………………… 56
      4) 応答の柱 ………………………………………………………………… 56

5) さまざまなアクセント ……………………………………………58
6) メールカウンセリングに活かす心理療法 ………………………60
7) 安全性を高めるために ……………………………………………61
8) 介入について ………………………………………………………62
9) その他の重要な事項 ………………………………………………63
4. 他のカウンセリングとの相違 …………………………………………64
1) メールカウンセリングの特徴から ………………………………64
2) 他のカウンセリング環境との比較 ………………………………65
5. 逐語カテゴリー分析から ………………………………………………66
1) カウンセラーが用いる時制 ………………………………………67
2) メーラーが用いるフィードバック ………………………………67
3) フィードバックの特徴 ……………………………………………68
6. ナラティブ・セラピーの視点 …………………………………………70

第5章　メールカウンセリングのすすめ方

1. 筆者の立場 ………………………………………………………………73
2. 時代性とメールカウンセリングとの出会い …………………………75
3. メールカウンセリングをするときのこころ構え ……………………76
1) 時間の確保 …………………………………………………………76
2) 文章のセンス ………………………………………………………77
3) 基本は対面相談 ……………………………………………………78
4. メールカウンセリングの開始 …………………………………………78
1) メールを読む・行間を読む ………………………………………78
2) 見立て・方針・支援 ………………………………………………79
3) リファー ……………………………………………………………81
4) 主訴とニーズの違い ………………………………………………81
5) どのように返事を書くか …………………………………………83
6) メールを送る ………………………………………………………88
7) メールカウンセリングの役割 ……………………………………88
5. メールカウンセリングの危機介入 ……………………………………89

第6章　メールカウンセリングの効果的な方法

1. 前提としての「思いをはせる」……………………………………………92
2. メール読解力 …………………………………………………………………95
   1) 一般的な文章読解力を高める ……………………………………………96
   2) メール独特の読解力を高める ……………………………………………97
   3) 私のメール読解の仕方 ……………………………………………………99
3. メール表現力 …………………………………………………………………100
   1) エクスキューズを入れる …………………………………………………101
   2) カッコ書き（ト書き）を入れる …………………………………………101
   3) スペースや段落を使う／文字列の折り返し幅を狭くする ……………103
   4) ひらがな，カタカナを意識的に使う ……………………………………105
   5) 顔文字を使う ………………………………………………………………106
   6) 相談文を引用する。メール対話形式 ……………………………………106
   7) リンクを入れる ……………………………………………………………107
   8) ボディメッセージを記述する ……………………………………………107
   9) 相手の語体・文体に合わせる ……………………………………………108
   10) 誰も見ていないので，思いっきり吐き出してもらう …………………108
   11) 日記のように使ってもらう ………………………………………………109
   12) 情報を載せる ………………………………………………………………109
   13) 代理発散する ………………………………………………………………110
   14) 専門知識をコンパクトに解説する ………………………………………111
   15) ミラーリング ………………………………………………………………111
   16) 長くなりすぎない …………………………………………………………111
   17) 丁寧すぎない ………………………………………………………………112
   18) 手書き，一夜寝かし式 ……………………………………………………112
   19) メール返信までの時間，返信期限 ………………………………………112
   20) その他 ………………………………………………………………………113

第7章　メールによる心理教育

1. 心理教育（psychoeducation）とは ………………………………………115

1) 面接相談・援助と併用される場合 …………………………………116
　　　2) インターネット単独の場合 ……………………………………116
　2. 援助活動と心理教育……………………………………………………116
　　　1) 日常の対人関係における援助 ……………………………………116
　　　2) いわゆるパラ・カウンセリングとしての援助 ……………………117
　　　3) 専門職（カウンセリング・心理療法以外の）による援助 ………117
　　　4) カウンセリング・心理療法としての援助 ………………………117
　　　5) 心理教育としての援助 ……………………………………………117
　3. 心理教育の役割…………………………………………………………118
　4. 心理教育の対応…………………………………………………………121
　　　1) 感情の共有 ………………………………………………………122
　　　2) 情報の提示 ………………………………………………………122
　　　3) 対処法 ……………………………………………………………122
　　　4) サポート源の認知 ………………………………………………123
　5. インターネットによる心理教育………………………………………124
　　　1) 感情の共有 ………………………………………………………124
　　　2) 情報の提示 ………………………………………………………125
　　　3) 対処法 ……………………………………………………………126
　　　4) サポート源の認知 ………………………………………………127
　6. 課　題……………………………………………………………………127

第8章　メールカウンセリングと職場のメンタルヘルス
　1. インターネットを活かした職場のメンタルヘルス……………………131
　2. EAPと企業………………………………………………………………133
　3. 保健スタッフと電子メール……………………………………………141
　4. さまざまな病理とメンタルヘルス……………………………………143

第9章　メールカウンセリングの学び方と事例
　1. メールカウンセリングのスキルとは…………………………………147
　2. 指導者がいる場合の学び方……………………………………………148

3. メールカウンセリングにおける事例検討とは …………………148
   1) 事例提出の体験 ……………………………………………148
   2) カウンセリングの効果測定 ………………………………149
4. メールロールプレイとは ……………………………………150
   1) メールロールプレイとは …………………………………150
   2) メールロールプレイの実施方法の基本 …………………151
   3) メールロールプレイの実際（10名で実施の場合）………153
5. メールロールプレイの事例紹介 ……………………………154
   1) 事例1 ………………………………………………………154
   2) 事例2 ………………………………………………………157
   3) 事例3 ………………………………………………………160
   4) 事例4 ………………………………………………………164
   5) 事例5 ………………………………………………………167
   6) 事例6 ………………………………………………………171
7. まとめ …………………………………………………………173

第10章　メールカウンセリングの実際

1. キャリアの事例 ………………………………………………175
   1) 事例：勉強が続かない（30歳　女性　既婚　会社員）……175
   2) 目標と実力のギャップ事例（34歳　男性　未婚　会社員）…177
2. メンタルとキャリアの両方の視点が必要な事例 ……………181
   1) 仕事と自立の事例（32歳　女性　未婚）…………………181
   2) 大学院に行きたい気持ちと抑うつ感の事例（48歳　女性　既婚）………183
   3) 責任が重くて逃げたい事例（27歳　女性　未婚）………186
   4) ニートの事例（30歳　男性　未婚）………………………189
3. まとめ …………………………………………………………191

第11章　メールカウンセリングの国内外の情報ネットワーク

1. インターネットとメールの展望 ……………………………195
   1) 性年代別利用動向 …………………………………………196

2）メール未経験者の意見 ……………………………………………196
　　　3）1年以上のメールアドレス保有歴が7割 ……………………………196
　　　4）メールチェックの頻度 ………………………………………………198
　　　5）メールの利用用途 ……………………………………………………198
　　　6）メール利用の頻度 ……………………………………………………199
　2．メールカウンセリングのセキュリティ ………………………………200
　3．内外の現状とメールカウンセリング ……………………………………202
　　　1）アメリカ ………………………………………………………………203
　　　2）日　本 …………………………………………………………………206
　4．まとめ ……………………………………………………………………209

第12章　インターネットと倫理
　1．インターネット上における課題 …………………………………………211
　2．インターネット倫理と心理臨床倫理の狭間 ……………………………211
　　　1）インターネット上での課題点 ………………………………………212
　　　2）インターネットから見た個人情報に関する倫理 …………………214
　　　3）心理分野の情報化に関する倫理 ……………………………………216
　3．インターネットカウンセラーの倫理規程――日本オンラインカウン
　　　セリング協会規程から……………………………………………………217
　　　1）インフォームドコンセント …………………………………………217
　　　2）手続き上の問題 ………………………………………………………219
　　　3）緊急時の対策 …………………………………………………………219
　4．終わりに …………………………………………………………………219

〔資料〕インターネットカウンセリングサービスに関する倫理規程…………222
人名・事項索引……………………………………………………………………226
あとがき……………………………………………………………………………229

―――― コ ラ ム ――――

＜コラム1＞相談機関の電話と電子メール――調査結果から ……………新行内勝善…16
＜コラム2＞悩みは何で解決しますか？ ………………………………………〃………34
＜コラム3＞匿名性と情報量の不思議な関係 …………………………………〃………54
＜コラム4＞行間を読む …………………………………………………………〃………82
＜コラム5＞メールだと相談しやすい？――相談データから ………荻原国啓…102
＜コラム6＞顔文字という非言語メッセージ …………………………荻原英人…120
＜コラム7＞相談機関のホームページ …………………………………武藤　収…136
＜コラム8＞メールカウンセラーの悩み？ ……………………………小川妙子…152

執筆分担 (執筆順)

- ＊武藤清栄（東京メンタルヘルス・アカデミー）　はしがき
- ＊渋谷英雄（東京メンタルヘルス・アカデミー）　第1章・第2章・第4章・あとがき
- 大多和二郎（横浜心理臨床オフィス）　第3章
- 佐藤敏子（キャリアデザインオフィス）　第5章・第9章・第10章
- 新行内勝善（東京メンタルヘルス・アカデミー）　第6章
- 林　潔（白梅学園短期大学）　第7章
- 荻原国啓（ピースマインド）　第8章・第11章
- 荻原英人（ピースマインド）　第12章

（＊印は編者）

第1章　電子メールに綴られるこころの世界

1. 電子化するコミュニケーション

　横一列に座り，いっせいにケータイを広げる通勤電車での光景。空間をものともせず電子メディアを見入る姿は，どこか一心不乱に祈りを捧げる集団を連想させる。そこには，周囲との生のコミュニケーションを遮断しながらも，他方で貪欲にコミュニケーションを求める姿がある。母が入院した某がんセンターでは，じっと液晶パネルに食い入るように見つめる医師がいた。パネルの中には，等尺度に修正された過去5年間にわたる患部のCT画像が，整然と写し出されていた。医師は最後まで母の顔を見ることなく，静かに腫瘍の大きさを知らせてくれた。電子メディアの攻勢が，その便利さと裏腹に，生身の人間をどこかに追いやっているかのように映るのは私だけの思いであろうか。

　かつて電話が世の中に普及しようとしたとき，音声のみに頼るコミュニケーションの不可解さが批判されたという[1]。電話に不慣れな人たちが，いきなり「（かけ手から）もしもし誰ですか？」と投げかけ，受け手の人たちを困惑させたというのである。当時，電話サービスの販売を検討していた大企業の中には，電話通信の未来像に落胆し撤退したところもあるという。人間が真新しいインフラと出会ったとき，そこにはかならず混乱と戸惑いがあるように思う。

　しかし，これまで人間はさまざまな道具を使いこなし，日常生活に取り込んできた。電子メディアがどこまで私たちのメンタルヘルスに効果を発揮するのか，どのような影響を及ぼしていくかはまだまだ未知数ともいえる。そしてこの課題は電子メディアの問題というよりも，むしろ人間の側のスキルや慣れ，規範の持ち方が問われるようにも思える。

2. 電子メディアに見るこころの世界

1) 非現実と現実を使い分けはじめた若者たち

かつて筆者は，ファンタジーと妄想の狭間の危うさを（図1・1）メールカウンセリングの世界に見出し，論じた[2]。

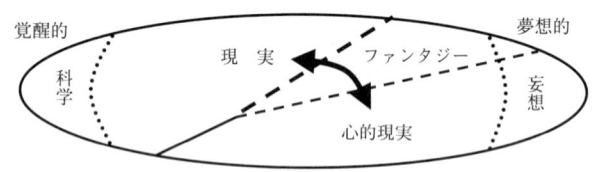

図1・1 心的現実とファンタジー

その背景にあったのは，臨床の現場で聴く若者たちの語りである。ある若者は，ロールプレイングゲームでバーチャルにいる自分自身の姿に没頭していた。またある者は，自らが立ち上げたホームページ上で，偽りの自分を演じながらこころを癒していた。インターネットを使いながら現実を回避し，非現実にはまるその姿に，筆者は電子メディアがもたらす危惧を感じないではいられなかったのである。

かつてのメディアでも，私たちはファンタジーを楽しんできた。活版印刷に印された文学という物語りでは，言葉から読み取れるストーリーを想像し，こころを膨らませた。そこでは純粋にこころの中の世界だけに浸っていくことができた。やがてメディアは進化し，音声や映像が媒介として表れはじめる。新しい媒介が登場すると私たちは，聴覚や視覚をフルに使いながらファンタジーを楽しんだ。そしてそれらはまだ，送り手からくる一方通行の伝達にとどまっていたのである。

しかし今や電子を使ったメディアは，一方通行から双方向の伝達に変わり，受け手によって非現実の世界を自らがコントロールできるようになった。当初この新しいメディアを手に入れたとき，コントローラーでもある受け手の感覚やスキルは追いつかず，多くの混乱を招いたともいえる。今，若者たちはこの双方向のメディアを「ONとOFF」「出たり入ったり」「切ったりつなげたり」という感

覚で使いこなそうとしているように感じられる。そしてそこには，解離という不可思議な能力が新たな課題となって付加されてきているのではないだろうか。

2) 共感と同感を求めた自己開示の世界（個人日記ブログ）

最近インターネットの世界では，ブログと呼ばれる個人日記が人気を集めている。ブログのシステムは，ホームページを立ち上げる作業を省略し，簡単に個人で自分のサイトを持てるようにしたものである。ブログの多くは，日々の個人日記を公開したり，パスワードを使い，仲間内だけで交換日記のやりとりをしていくコンテンツになっている。

これまで個人の日記を広く公開することなどは，想像もつかなかった。今，人びとの求めるところは，自己開示に応答してくれる共感と同感の世界である。自分の日記をどれくらいの人が見てくれたか，インターネット上で何人の人が自分を知ってくれたかを，毎日のように一喜一憂しながら楽しんでいるのである。そして日々の些細なできごとに対して，「そんなことってあるね。私もよ」というレスポンスをひたすら待つ。日常生活では，コンビニや自動改札機などに代表されるように，共感も同感もないシステム化したコミュニケーションに埋もれ，他方ではコンピュータを駆使し，失われた共感と同感の世界を追い求めているのである。

飲み会や電話では饒舌だけど，通常の対面場面では多くを語らぬ人がいる。会議では寡黙だけど，雑談ではよく話をする人がいる。電子メディアの世界では，ネット上で多くを語る人の存在が市民権を得はじめた。電子メディアがもたらす「自己開示性の自由さ」を逆手にとったコミュニティである。情緒的なサポート環境が「仲間形成」というならば，ブログは書き手，読み手の双方にとって一つの新しい現代人のメンタルヘルス機能なのかも知れない。

3) ネットつながりという正と負の作用

インターネットでは趣味を同じくする者が集まりやすい。筆者もある趣味のサイトで情報を得たり，仲間との交流を楽しんでいる。ふだんであればなかなか知り合えない，地域や年齢を越えた集団である。そこでは多彩な情報が行き交い，個々人の口頭による情報交換では，とうてい知り得ないレベルの内容も知ること

ができる。また話は変わるが，最近まで負の表出とされてきたフレーミング（ネット上で起こりやすい感情の行き違いや攻撃的な会話）についても大きく変化した。インターネット普及当時とは異なり，ネット上のこうした限界や嫌がらせ（ネット荒らし）の対処を一般利用者が感覚的に学び，トラブルは減少してきている。

とうぜんネットのつながりには負の結びつきもある。自殺を話題にしたサイトで他人同士が知り合い，意を決した人たちがネット上で事務的なやりとりを済ませて決行する。思いを同じくする者が語り合うことによって自殺を思いとどまったり，互いに支援し合う自助グループが生まれる場合もあるが，そこには暗い影の部分も大きくのしかかっているのである。

インターネットは今，監視と自由の狭間で揺れている。監視から逃れるように発展してきたインターネットであるが，そこには無法と合法が表裏一体となって混在している。最近，24時間営業のコンビニエンスストアがとうぜんと世の中が認める一方で，未成年者の夜間外出が条例で規制されるという，これまでには思いもよらぬ新たなルールが生まれた。インターネットの世界でも，同様の新しいルールが求められるようになってきている。

3. メールカウンセリングのメンタルヘルス活用

わが国のメールカウンセリングは，1995年に小坂[3]がインターネット上で一般からの相談を試行的に受け付けたときに始まったといえる。その後，日本オンラインカウンセリング協会が設立されるなど，メールカウンセリングの認知は早いスピードで広まってきている。メールカウンセリングは，今後有益なアプローチとして活かされるのか，それとも電話相談のように媒介ツールの一つとして認知されていくのか，が残された課題である。さらには，近い将来，TV電話や感覚伝達の電子ツールが，次世代のコミュニケーション世界を作り出すであろう。そう考えると，メールカウンセリングはインフラ変化の通過点にすぎないのかも知れない。

現在，メールカウンセリングに関する心理療法の諸論は，語りの世界であるナラティブセラピーから電子メールの世界を見つめる田村[4]，精神分析の内省的な

強化(解釈や洞察)から電子メールの効果を考える妙木[5]などがその代表といえる。産業カウンセリングの現場に身を置く筆者は、メールカウンセリングの効用を、①クライアントの自己開示によるカタルシス効果、②カウンセラーの共感によるサポート形成、③情報提供によるつなぎモデル、④ブリーフセラピー的な投げかけによる自己効力感の発見などにあると考え、あくまでもサポーティブなカウンセリングの一つとして位置づけている。インフラとしての媒介ツールの一部である電子メールを、心理療法としても駆使していこうとするのではなく、電話や手紙のような通信手段として活用できればと願う立場である。

4. eメンタルヘルスの将来

電子メディアの台頭により、病院間の電子カルテの共有化、遠隔治療の開発・法的整備、支援グループの形成など、医療に関連する分野においてもさまざまな模索が続いている。この発展に少なからずブレーキとなっているのは、よく話題となるセキュリティの問題だけではない。実際の問題は、使用するさいの煩雑さや信頼性、そしてそれにともなうヒューマンスキルの浸透性にある。電子メディアのレベルは、まだまだ映画やドラマの最後に提示される「警告:これは現実に存在する団体や組織をモデルにしているわけではありません」というように、人がまだ真偽のニュアンスをつかみきれていない段階にあると思う。使う側の人間が、電子メディアをどこまで信頼して活用してよいのか、応答するレスポンスをどの程度まで真に受けながら返していけばよいのかを、手探りしているのである。

他方、おとなたちさえ手探りの中、発達段階にある幼い子どもたちは、電子メディアの変化にとうていついていくことはできない。これに気づかぬと、子どもたちもおとなと同じように電子メディアを使いこなしてくれるであろうと期待し、過ちを繰り返しかねない。最近では電子メディアへの新たな制限として、フィルタリングソフト(指定防衛ソフト)の開発が盛んになってきた。未成年の危険なサイトへのアクセスを制限するインフラシステムである。電子メディアがどうメンタルヘルスに活かされるかの回答は、援助職のみならず、インフラ整備をになうシステム開発者との共同作業抜きには導き出すことはできないといえよ

う。

〔注〕
1) Joinson, A. N., *Understanding the Psychology of Internet Behavior: Virtual Worlds, Real Lives*, Palgrave Macmillan, 2002.（三浦麻子・畦地真太郎・田中敦訳『インターネットにおける行動と心理　バーチャルと現実のはざまで』北大路書房，2004.）
2) 武藤清栄・渋谷英雄編『現代のエスプリ　メールカウンセリング』至文堂，2002.
3) 小坂守孝「電子メールによる相談活動の時代変遷」『現代のエスプリ　メールカウンセリング』至文堂，2002.
4) 田村毅『インターネット・セラピーへの招待』新曜社，2003.
5) 妙木浩之「精神分析の視点からみたメールコミュニケーション」『精神療法　特集 非対面精神療法の展開と問題点』Vol. 29, No. 2, 金剛出版，2003.

〔参考文献〕
Lepore, S. J. & Smith, J. M., *The Writing Cure*, American Psychological Association, 2002.（余語真夫ほか監訳『筆記療法　トラウマやストレスの筆記による心身健康の増進』北大路書房，2004.）
Pennebaker, J. W., *Opening Up*, The Guilford Press, 1997.（余語真夫ほか監訳『オープニングアップ　秘密の告白と心身の健康』北大路書房，2000.）

第2章 メールカウンセリングとは何か

1. 電子メールの活用

1) メールによる相談活動

　電子メール（以下「メール」と呼ぶ）を媒介にした相談活動が急速に定着してきた。これは個人の他，とくにインフラの進んだ産業界においては，EAP（従業員支援プログラム）の広まりと合わせ，事業場内外からの支援手段としての導入が図られてきている。

　メール活用の最大のメリットは，「第三者に相談する」という敷居を格段に低くした点にある。来談や通院よりも手軽なことに加え，電話と比べても時間的・物理的制限を受けにくいことがあげられる。とくに働く人びとにとっては，身内に聞かれることなく，また帰宅時間を気にすることなく相談できるという許容力が受け入れられている。

　このようなメリットを備えたメールであるが，筆者はそれらを臨床現場から，「役立つか否か」という視点で検討してきた一人である。

2) メールカウンセリングの見通し

　筆者がカウンセリングに電子メールを活用した当初，メールはカウンセリングとしての実効性に欠けるという声が多く寄せられた。場の雰囲気やクライエントの語調・振る舞いなど，重要な非言語コミュニケーションが伝わらないからである。また，フレーミング（誹謗中傷）と呼ばれる意思疎通のズレや，匿名性によるウソや歪曲が起こるリスクが高いという見方もあった。しかし現在では，そうした課題に決着を待つまでもなく，メールそのものが個を結ぶネットワークとし

て切り離せない存在となった。今では導入期に見られた困惑は落ち着き，むしろ人間の側が情報インフラの活用を計り，情報コミュニケーションの取捨選択を上手にこなしはじめてきたといえる。

かつて電話相談も，カウンセリングとしての是非が問われた時代がある。振り返るとメールが歩んだ道筋とも似通っている。たとえば，電話だと表情・態度などの非言語が伝わらない，転移・逆転移などの心理的再体験が取り扱えない，情緒表出の制限がいちじるしいなどの懐疑的考察である。しかし，現在私たちカウンセラーは，電話だけがなし得るサポートの実効性を知っている。その点からも今後，電子的コミュニケーションを用いる人間相互のアプローチが適応し，新しいコミュニケーションに振り回される側から，紆余曲折を経ながらも有用に使いこなす立場になるものと期待している。

3） カウンセラーとしての課題

通常，カウンセリングのスタンスは大きく2つに分かれる。1つはアナライズ（分析）的なカウンセリングで，人格の変容などを視野に入れたものである。そしてもう1つはサポート（支援）的なカウンセリングである。通常のカウンセリングでは，このサポート的な部分が大半を占める。とうぜん，多くの情報を織り込めないメールでは，サポート的なカウンセリングが主体となってくるのではないだろうか。

その中にあってカウンセラーには大きなテーマが課せられた。それは書き言葉に対する感性であり，返信本文の綴りのいとなみである。ややもするとクライエントの話し言葉に頼り，非言語の助けを借りてきた私たちが，メールでは具体的な書き言葉としての応答が求められたのである。

今メールカウンセリングは，技法としてのメールカウンセリングを探求する時期を越え，書き綴られる言葉としてのナラティブと出会い，ファンタジーを受けとめる領域へと広がった。その中で，筆者が力を注ぐ研鑽は「クライエントが返事をしたくなるかどうか」にある。いくら立派な文章，情緒溢れる言葉を綴ったとしても，そのこととサポートとは異なる。結局それは，カウンセリングの原点「積極的傾聴」に遡っていくと考えられる。

2. 書き言葉を使ったカウンセリングの概観

書き言葉によるカウンセリングの歴史をたどると（表2・1参照），古くは精神分析家による手紙を用いたやりとりにその内容を見ることができる。精神分析がはじまった1900年代，通信や交通手段が発達していなかった当時の精神分析家たちは，互いに多くの書簡を交わし交流を深め，今日でいうスーパービジョンを行っていた。いくつかの書簡を読むと，その内容はある種のカウンセリングのプロセスそのものともいえる。

対治療的な書簡としては，精神分析家として有名なフロイトが，外出恐怖になったハンス少年を治療するため，その父親との手紙を通じて助力したことはよく

表2・1 メールカウンセリングに関係するおもなできごと

- 精神分析家による手紙を用いたコミュニケーション（Faber, 1853）
  「Written communication in psychotherapy」
- 電話がグラハム・ベルによって発明される（1875）
- フロイトのハンスの父親への手紙（Freud, 1859）
  社会恐怖のハンス少年を，その父親を通じて治療。手紙を使って父親を指導した。
- ロンドンの牧師チャド・バラーが電話相談をはじめる（1953）
  よき隣人「Befriending」活動
- インターネットの前身であるアルパネット開発（1969）
- 「いのちの電話」が東京に開設（1971）
  現在ではほとんどの都道府県の事務局でファックスでの相談を行っている。
- 役割交換書簡法（春口, 1987）
  内観法からの発展と融合
- 心理書簡法（新田, 1991）
  書簡形式の作文を利用して書き手が発信者対象を設定し，一人二役で発受信を繰り返すことにより，共感性を高め内省を深め，「新しい可能性の発見」と「思いやりの心育成」を目的として，新しく創られた心理療法である。
- ライティング法（福島, 1994）
  カウンセリングにおける手紙の効用と問題点についての研究
- わが国におけるインターネットの普及がはじまる（1994）
- わが国初の専門家による試行的な電子メール相談（小坂守孝, 1995.12）
  論文「電子メールによる「心理援助サービス」の実践的研究」
- アメリカオンラインカウンセリング協会（ISMHO）の設立（1997）
  International Society for Mental Health Online
- 日本オンラインカウンセリング協会（JOCA）の設立（1997.11）

知られる（1859）。当時のコミュニケーションが，対面または手紙が主体であったことからも，文字情報のみを通じてコミュニケーションを取ることは自然なことであった。この手紙のやりとりでハンス少年の症状が劇的に改善されることはなかったが，フロイトは子どもを持つ親への労りの言葉を丁寧に織り込みながら，フロイトらしい心理的解釈を手紙を通じて提供している。とくに，文脈の折々から感じられるフロイトの親への助力姿勢は，現在のメールカウンセリングを考える上でも学ぶことが多い。

　書き言葉とは異なるが，電話通信が普及する前に，モールス信号による通信が政府・軍隊などで活用される時代があった。今ではネット恋愛（ネット上で知り合い，対面コミュニケーションのないまま熱愛にいたる不思議さ）が話題にあがるが，当時においても，モールス信号を扱う通信士の間での恋物語があり，ロマンスとして世間をにぎわせたという。

　そして電話という新たなコミュニケーションツールが普及する。当時の電話に関する観念は，意外と今日のネットに対する私たちの不安感と似通っている。前章でもふれたが，電話だと表情などが伝わらず十分なコミュニケーションが不可能であるとか，遠くでも近くにいるような感覚錯誤が起こると考えられ，正しいコミュニケーションがとれないというものであった。電話をかける前には靴を脱いだり，文章を読み上げるように一方的にしゃべり続けたり，また会話の間を置いてはいけない，というような今としては思いもよらない不安が利用者にはあったのである。人びとはこうした新しいコミュニケーションツールを上手く使いこなすために，新たなコミュニケーション手段を開発していった。たとえば「モシモシ」という言葉が生まれたのも，電話コミュニケーションをスムーズにするための手段である。インターネットにおいても，最初の戸惑いをよそにさまざまな工夫を凝らし，人の側から上手に歩み寄っているようである。

　メールカウンセリングに視点を戻すと，電話の普及にともない現在の「いのちの電話」の前身となる牧師チャド・バラーが電話相談をスタートしている（1953）。「よき隣人活動」と呼ばれたこの活動は，布教的意味もあったといわれるが，自殺予防などを含めた命を尊ぶ支援活動であった。その後，全世界に同様の活動が広がった。現在のわが国では「いのちの電話」として，多くのボランティアに支えられながら都道府県ごとに拠点を持ち，活動をしている。そして，視

覚を使ったファックスによる相談活動も行われている。

　一方，書き言葉を使ったカウンセリングの技法や内容では，更生教育の分野で活発な工夫が行われている。「役割交換書簡法」(1987) や「心理書簡法」(1991) では，たとえば母親と自分自身が入れ変わりながら一人二役で手紙をやりとりする。他者から支えられた体験を見つめる内観法からヒントを得たこれらの方法は，内面が外に映し出される過程を眺め直しながら内省していく。また，この他にもカウンセリングでのやりとりの角度からまとめた「ライティング法」(1994) と呼ばれるものもある。メールカウンセリングでこれらの方法をそっくり起用するには課題もあるが，文章のやりとりを時間軸などからも分析した「心理書簡法」など学びとる点も多い。

　そうした中，インターネットの普及がはじまる（1994）。当初インターネットは，文字情報だけをコミュニケートするパソコン通信という一部のヘビーユーザーのものであった。すでにパソコン通信時代から，ネット上でのコミュニケーションの可能性に関する研究が先駆的な研究者により試行されている。そして現在のような形で電子メールを用いた相談を専門家が試行したのは，小坂（1995）である。この試行結果は，インターネット上でも論文「電子メールによる"心理援助サービス"の実践的研究」として公開され，後のメールカウンセリング普及の先がけとなった。そうした時期を境にネット上で「カウンセリング」を看板とするホームページなどが現れ，オンラインでの無料相談などが開設されはじめる。また2000年には，公的機関（犯罪被害や不登校の相談窓口）がネット上での相談窓口を設けるなど，オンラインの利便性を活かしたサイトが現れはじめる。

　若干遅れるが，当時 Yahoo! ジャパンで「カウンセリング」を検索すると，1999年8月現在では213件のヒット（該当）があった（表2・2参照）。もちろんこのヒット数には，心理学系の大学などカウンセリング研究機関を含むが，内十数件，ネット上での相談対応をするサイトがあった。この数からも小坂の研究がいかに先駆的であったかがわかる。ちなみに2005年8月現在では，「カウンセリング」でヒットする件数は1,003件となり，年を追うごとに増加する傾向に変化はない。ただ最近では，当初見られた無料相談を窓口とするサイトが減少傾向にある。これは相談を受ける側の労力の問題，有料相談にした場合の課金システムの構築やセキュリティシステムの問題，そして何よりも利用者の目が厳しくな

表2・2 ネット上の「カウンセリング」検索(Yahoo!ジャパンによる)

1999年8月現在	213件
2000年8月現在	309件
2001年8月現在	324件
2002年8月現在	539件
2003年8月現在	782件
2004年8月現在	921件
2005年8月現在	1,003件

※アメリカでは、2000年現在4,000余りのサイトが運営されている。
※アメリカでは遠隔地住居者が多く、電話や電子メールによるカウンセリング活動が盛ん。
※わが国では、民間相談所のカウンセリングサイトの他、公立相談所などでの電子メール相談活動が行われている。

ってきたことなどが背景にあると考えられる。

他方、海外に目を移すと1997年には、アメリカオンラインカウンセリング協会(International Society for Mental Health Online: ISMHO)が設立されている。わが国でも同年に日本オンラインカウンセリング協会(Japan Online Counseling Association: JOCA)が設立(1997.11)され、こうした試行が海外と同時間軸で進んできている面も見逃せない。現在では、さらなるインフラの整備と発展にともないテレビ電話を用いたカウンセリング活動も実践されはじめている。

3. インターネットの世界(コンピュータ・セラピスト、依存性)

1) コンピュータによるカウンセリング

人工知能(または人工無脳といわれる)と呼ばれるコンピュータ上での言語研究により生まれた、コンピュータによるカウンセリングが存在する。その内容は会話型プログラムによる文字情報の交換で、ロジャーズ的応答や質問応答が組み込まれている。たとえば、相手の感情言葉を拾い出し、応答でオウム返しする。また漠然とした問いかけに対しては、「具体的に教えて?」と質問するなど一定の反応プログラムが応答する。単純に返される言葉だけを見ていると、かなりカウンセラー的であることに驚かされる。ある意味でカウンセリング初学者にとっ

ては，参考になるかも知れない。

インターネット上では，ELIZA（エリザ），ALICE（アリス），Abby（アビー）などの会話型プログラムが広く知られている。ある公的な教育相談機関などではそれらをネット上で公開し，子どもたちの興味を喚起しようと（遊び感覚で気軽に利用してもらおうと）上手に活用している。また汎用コンピュータでは，CATHY（Computer Assisted Therapy : キャッシー）と呼ばれる，ドリームワーク中のGSR（皮膚電気反応）を見ながら言葉を返すコンピュータ・セラピストなどもあり，今後工夫によってはリラクゼーションのトレーニングに活かされる可能性もある。

日本では，一時期プレ人工知能と銘打った「Dr. Dorm（ドーム）」や「シーマン」が有名で，コンピュータと会話して遊ぶソフトが売られていた。もちろん対人間コミュニケーションとはほど遠いやり取りであるが，今後の開発によっては通常の対人間コミュニケーションと同等近くなるとし，あくまでもゲーム感覚的ではあるが，コミュニケーション依存の危険性を指摘する論者もいるほどである。

やがてこうした人工知能の進化とともに，機械との相互交流（交流とは呼べないが）は劇的に変化するかも知れない。しかし現時点では，その反応は工夫されているもののきわめて単純で，期待を持って交流しようとすると，ものの5分ほどで飽きてしまう。筆者としては，たとえ今後コンピュータが進化したとしても，それと同時にTV電話などの普及がより進み，実際の人間間交流であるヒューマンリソースの拡張の方が優先されていくものと考える。

2) インターネットへの依存

先のコンピュータ・セラピストの存在など，利用者にはインターネット特有の世界が広がっている。その中の一つとしてインターネットへの依存があげられる。このことについてヤングが，通常のコミュニケーションの時間と質を低下させる危険性について触れている。インターネットの危うさはネット上の人間関係を重ねるうちに，通常の人間関係を不要に感じてしまうことと考える。

次の表2・3にヤングの作成したインターネット中毒度テストを掲載している。インターネットに興味を持ちながらカウンセリングを学ぶ者には，当てはまる点

表 2・3 インターネット中毒度テスト

中毒の度合いを評価するために，次の 5 段階で質問に答えてください。

No.	設問	まったくない	めったにない	ときどきある	たびたびある	つねにある
1	思っていたよりも長くオンライン（OL）にいた経験があるか？	1	2	3	4	5
2	OL で長く過ごしたために，家事をおろそかにしたことがあるか？	1	2	3	4	5
3	パートナーと仲良くするよりも，インターネットで得られる刺激の方を求めることがあるか？	1	2	3	4	5
4	OL で新しく知り合いをつくることがあるか？	1	2	3	4	5
5	周囲の誰かに，あなたが OL で過ごす時間について文句を言われたことがあるか？	1	2	3	4	5
6	OL で費やす時間のせいで，学校の成績や勉強に悪影響が出ていないか？	1	2	3	4	5
7	ほかにしなくてはいけないことがあるときに，電子メールをチェックするか？	1	2	3	4	5
8	インターネットが原因で，仕事の能率や成果に悪影響を与えているか？	1	2	3	4	5
9	OL で何をしているかと聞かれたとき，自己弁護をしたり，秘密主義になったりするか？	1	2	3	4	5
10	インターネットで楽しむことを考えて，現実の生活の問題を頭から閉めだそうとすることがあるか？	1	2	3	4	5
11	次に OL にアクセスするのを楽しみにしている自分を意識することがあるか？	1	2	3	4	5
12	インターネットのない生活は退屈で，空しく，わびしいだろうと，不安に思うことがあるか？	1	2	3	4	5
13	OL にアクセスしている最中に誰かに中断された場合，ぶっきらぼうに言い返したり，わめいたり，いらいらしたりするか？	1	2	3	4	5
14	深夜にログインするために，睡眠不足になることがあるか？	1	2	3	4	5
15	オフラインにいるときにインターネットのことを考えてぼんやりとしたり，OL にいることを空想したりするか？	1	2	3	4	5
16	OL にいるときに「あと 2〜3 分だけ」と言い訳するか？	1	2	3	4	5
17	OL にいる時間を短くしようと試して失敗したことがあるか？	1	2	3	4	5
18	どれだけ長く OL にいたのかを人に隠そうとするか？	1	2	3	4	5
19	ほかの人と出かける代わりに，もっと長い時間を OL で過ごすほうを選んだことがあるか？	1	2	3	4	5
20	オフラインにいると気分が落ちこみ，機嫌が悪くなって，イライラするが，OL にもどるとすぐに払拭できるという経験があるか？	1	2	3	4	5
	小計					
	合計					

キンバリー・ヤング作成

インターネット中毒度テスト（解答）

すべての質問に答えたら、それぞれの回答で選択した番号の数を合計して得点を算出。得点が高いほど中毒の度合いが強く、インターネットをしようとすることでもたらされる損害が大きいことを示している。

※以下は一般的な尺度として参考にしていただきたい。

20～39点	平均的なオンライン・ユーザー。ウェブをサーフィンする時間は少し長すぎるかもしれないが、アクセス時間を自制できる。
40～69点	あなたはインターネットが原因となる一般的な問題を経験している。それが生活に与える悪影響について、よく考える必要がある。
70～100点	あなたのインターネットの使用は、生活に重大な問題をもたらしている。すぐにでも対処しなくてはいけない。

〔出典〕：キンバリー・ヤング／小田嶋由美子訳『インターネット中毒　まじめな警告です？』毎日新聞社、1998。
〇インターネットのサイト名称：Center for On-Line Addiction

があるのではないだろうか。参考にしてみてほしい。

4. メールカウンセリングの定義とニーズ

1) メールカウンセリングの定義

　ここでは一例としての定義を紹介したい。しかしその前に、電子メールがカウンセリングとして機能し得るかどうかの議論があったことを踏まえておく必要がある。筆者らが試行した時期、また小坂（前出）が試行したころには、文字情報だけでは非言語が伝わらず、また情報がきわめて脆弱で誤解や行き違いが多く、電子メールではカウンセリングという名称は用いられないという議論があった。たしかに対面カウンセリングとは比べものにならないぐらい交流の情報量は少なく、場合によってはズレも生じる。だがこれらの論議は、電子メールに対面ほどの交流を期待し比較した結果でもあった。逆に述べると電子メールの利用価値を拾わずに、用語使用の是非に至ったように思える。

　カウンセリングはなにも深い内省を求める分析的アプローチだけではなく、その多くは支援的なアプローチに主体がある。支援には心理的、そしてキャリアカウンセリングに見る情報的支援などが含まれよう。それらを踏まえ、日本オンラインカウンセリング協会（JOCA）が定義を位置づけたのが次の例である。

―――――＜コラム１＞相談機関の電話と電子メール――――調査結果から――――

　はたして相談機関では，カウンセリングにおいて，電話と電子メールはどの位使われているのであろうか。これについて新行内（2002）の調査結果[1]を見てみよう。調査対象は臨床心理士在籍の相談機関に勤務するカウンセラー，関東および山梨の一都七県にわたる計174名である。

　まず，面接の代用で電話を使用することがあると答えたのは45.6%に上り，約半数のカウンセラーが電話をカウンセリングに使用することがあることがわかった。一方，同じことをメールについて聞いたところ，使用することがあると答えたのは10.8%であった。すなわち10人に1人である。そしてさらにその使用頻度となると，電話の場合は10回中0.8回，メールの場合は10回中0.1回であった。

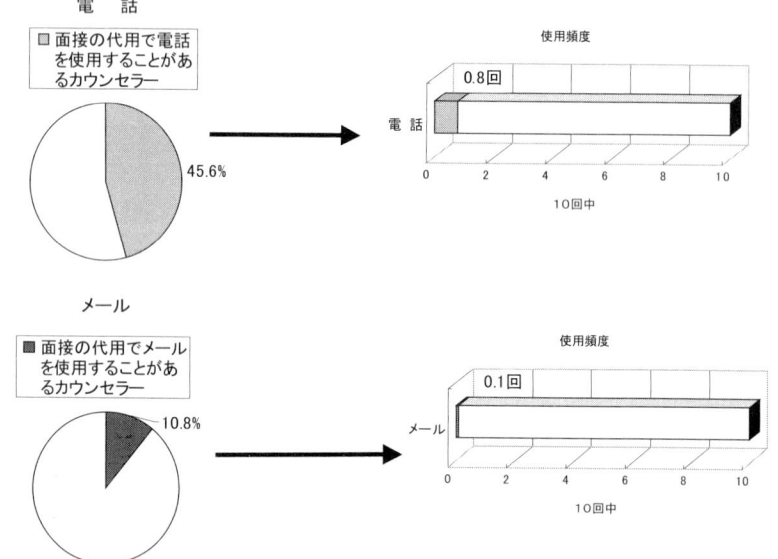

　この調査はあくまでも2001年時点のものであるが，メールの使用頻度については皆無に等しい使用実態が浮かびあがってきている。

　この数字の原因を推測してみると，カウンセラーのインターネットリテラシーの不足，プライバシー保護にかかわるセキュリティの問題，メール相談システム確立のむずかしさ（プログラミングや導入経費の問題），治療構造（契約）の問題などクリアーになっていない課題が山積しているためではないかと思われる。

　しかしながら，カウンセリングサービスの提供側であるカウンセラーの現状が上述

のとおりだとしても,サービスの受益者であるクライエントの現実から目をそらすことはできない。たとえばネット心中も然りであるが,インターネットにこころの闇の居場所を見つける人びとは後を絶たない。また淺沼[2]は,メール相談を希望した人びとは対面相談を希望した人びとよりも,精神的に不健康な状態であったことを指摘している。このようにある層のクライエントにとっては,拠りどころになってきているインターネットの世界において,こころのケアの専門家であるカウンセラーができること,なすべきことは一体何であろうか。

[注]
1) 新行内勝善「カウンセリングにおける電話使用の効果に関する研究―使用実態とメリット・デメリットの認識調査を中心に―」東京成徳大学大学院心理学研究科修士論文,2002.
2) 淺沼志帆「Eメールカウンセリングのアクセサビリティ」『電話相談学研究』Vol. 12-2,日本電話相談学会,2002,pp. 57-65.

「援助を必要とするクライエントに対して,専門的訓練を受けたカウンセラーが,電子メールを媒介とした非対面の相談活動により,理解や問題解決を行うために,心理的支援及び情報的支援などを行うプロセスである。」(JOCA・1997)

2) カウンセラー,クライエントの呼び名

また造語であるが,相談者,被相談者の呼び名をJOCA(前出)では次のように呼んでいる。ちなみにこれは「いのちの電話」での相談が,クライエント＝Caller(コーラー)と呼ばれていることが由縁とされている。

・クライエント＝Mailent(メーラント)
・カウンセラー＝Mailor(メーラー)

3) メールカウンセリングのニーズ

メールカウンセリングの特徴分析は後の章に委ねるとして,ここでは設定区分こそ異なるが,概観としてメールカウンセリングと電話相談の主訴分類を簡単に比較してみる。

メールカウンセリングの主訴の特徴としては,キャリア相談や仕事関係の相談が多いところにある。これは仕事を持つ人びとがインターネットを常用している

からであると予想される。また，対人関係の問題が，メンタルや自分の課題としてあがってくるのではなく，即キャリヤや仕事の悩みとなって相談に表れている（図2・1，2・2）。

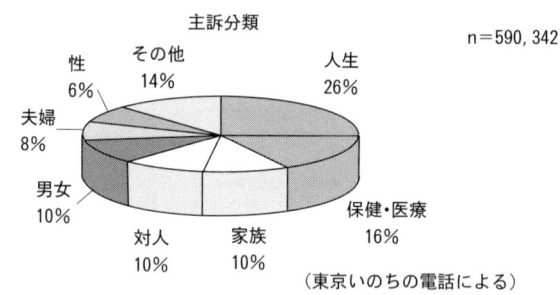

図2・1　電話相談の主訴（いのちの電話，1997）（佐藤ら；1999）

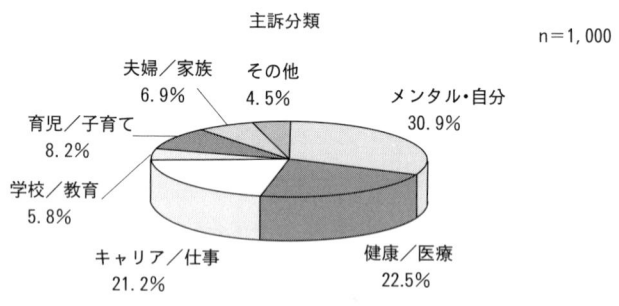

図2・2　メールカウンセリングの主訴（ピースマインド，2001）

4）メールカウンセリングの活用

　メールカウンセリングの発展は，どのような分野に活用されていくのか，考えられるメールカウンセリングのメリットから抽出してみたものが，次の表2・4である。これ以外にも，将来のインフラの充実によりさまざまなものが考えられよう。

表2・4 メールカウンセリング活用の分野

時間的制約の柔軟化	・働く人びととのカウンセリング ・遠隔地からのカウンセリング ・携帯電話などを用いた子どもとのカウンセリング
環境的制約の広範化	・ひきこもる人たちとのカウンセリング ・対人恐怖，社会恐怖の人たちとのカウンセリング ・家族と同居中で相談がしにくい方とのカウンセリング ・子育て中で外出が困難な方とのカウンセリング ・障害を持つ方とのカウンセリング ・過疎地域・海外居住の方とのカウンセリング
相談活動の一般化	・虐待・犯罪被害者の方とのカウンセリング ・障害者支援としてのカウンセリング ・精神科受診やカウンセリング来談の事前相談

5. メールカウンセリングのメリット・デメリット

1) 物語り・エッセイから見たメールカウンセリング

　言葉が持つ力の大きさは計り知れない。どんなに落ち込んでいても，恋人からのたった一言の優しい言葉で気分が晴やかになることもあれば，どんなに楽しい日でも心ない一言によって人は傷つき沈んでしまう。

　言葉の力は，何も口頭で発せられるコミュニケーションだけでなく，音楽や手紙，小説などからも感じることができる。ベストセラーにもなった「ハリーポッター」の物語りの中には，魔法学校にいる少女ジニーを，闇の魔術師ヴォルデモート卿（トム）が，アルバニアの森から遠隔操作するというシチュエーションがある。ジニーは，陰謀で手元に届いた「日記」に何ヵ月も日々の心配事や悩みを書き続ける。悪者のヴォルデモート卿はそれに対して辛抱強く返事を書き，ジニーを慰めた。そしてジニーは気づかぬうちに，闇の魔術師にコントロールされ，やがて悪行の手先にされていくというものである。もちろん小説での話だが，相手の弱みに近づき，手紙を通じて幼心を操作する行為は，人間心理を学ぶ者にとってあながち否定しきれない面もあるように思えてくる。

〔ハリー・ポッターと秘密の部屋〕
　「パパがおまえに，なんにも教えてなかったというのかい？　パパがいつも言ってた

だろう？　脳みそがどこにあるか見えないのに，一人で勝手に考えることができるものは信用しちゃいけないって，教えただろう？　どうして日記をパパかママに見せなかったの？　そんな妖しげなものは，闇の魔術が詰まっていることははっきりしているのに！」
「トム，あなたぐらいあたしのことをわかってくれる人はいないわ……何でも打ち明けられるこの日記があってどんなに嬉しいか……まるでポケットの中に入れて運べる友達がいるみたい……」
（J・K・ローリング／松岡祐子訳『ハリー・ポッターと秘密の部屋』静山社，2000．)

　インターネット上の小説家（ネット上に小説を公開し，それが書籍となる）として，その時代を作った田口ランディはエッセイの中で，インターネットに触れたさいの感覚的隔離について述べている。インターネットが相手と面識もなくニュアンスが伝わりにくいにもかかわらず，言葉を介した多くの情報が入り，時間的空間的な制約がないことから，感覚的錯誤が起りやすいというものである。これはあたかもリアリティに近づきながらも，あくまでもハリボテでしかないという仮想現実の落し穴に入っていく恐ろしさを指摘している。
　また，一日20時間インターネットとアクセスし続ける若者から，仮想の世界に没頭するあまり現実から解離していく感覚を聴くことがある。その多くは，キャラクターやアイドルのホームページにアクセスし，他人の書いたメールを読み続けたり，写真やイラストの収集に没頭して一日をおくる，といったひきこもる若者たちである。新しい世界と出会い，刺激に翻弄されながら何もしない，何もできない一日を過ごすのである。

〔ランディのひとりごと（インターネット配信）〕
「目の前に人がいないコミュニケーションは，瞬間的な視覚としてフィードバックできないから，誤解をどんどん増長させる。大変妄想的なメディアだと思う。」
（作家：田口ランディ）

〔ある"ひきこもり"のインターネット感覚〕
「インターネットに接続していると，自分の意識がどこにあるのかが分からなくなる。インターネットの中にあるのか，それとも今ここでインターネットを見ている意識が本当の自分なのか……」

（渋谷, 2000）

　ひきこもる若者たちのことで、よく尋ねられるのが「インターネットでメールのやりとりをしていて人間関係の力がつくのですか？」という質問だ。掲示版と呼ばれる多くの人たちが集まるサイトでは、ケンカがあったり、言葉の行き違いを解いたり、他者を支援する言葉の投げかけがある。それはあたかも通常よりも一歩踏み込んだ人間関係の様相を映し出す。たしかにその中で、他者の気持ちを汲み取ったり、また自己を表現する方法を知らぬ間に学ぶことはできる。しかしそれは、あくまでも直接の接点がない疑似的な付き合いであり、何よりも関係性を突然中断できる特異な関係である。いくらインターネット上で人間関係を構築したとしても、そのことが即、個人の力になるわけではない。このような関係性を精神分析家の小此木は1.5の関係とし、通常の関係性と分けて説明する。

〔インターネットの関係性格〕
　「人と仮想現実の関わりは、$1+0.5=1.5$ の1.5関係。人と人の関係は、$1+1=2$ の2者関係」
　（小此木, 1999）

2）メールカウンセリングのメリットとデメリット

　電子メールをカウンセリングとして活用した場合のメリットとデメリットについてふれる。ただメリットとデメリットは、時代とともに変化していく。理由はどんなツールであれ、それを使う人間がどれだけツールに馴染み、また欠点をどう理解し補っていくかによって変化していくからである。とくにインターネットの歴史は浅く、使いこなす側の人間がまだまだ機能に振りまわされている感がある。場合によっては、メリットはデメリットの裏返しであり、またその逆でもある。メールの利便性と、それにともなうマイナス面をバランスよく活用されることが望まれる。

〔メリット〕
① 簡便である、時間の制約が少ない
　・手紙のように切手・ポストなどの手間がかからない。
　・書き直ししやすい。お互いの時間設定を制限しない。

・いつでも送れ，いつでも受け取れる。
② 一定の匿名性が守られる
・特定されにくく，いいにくいこともいえる。
・口頭ではうまくまとめられないこと，伝えにくいことが相談できる。
※神戸の「犯罪被害者センター」へのメール（開設当初は，性犯罪の被害者からのメールが殺到したという）
③ あまり形式的でない
・手紙のような慣用句は基本的に不要。
・本題のみをやり取りする慣習があり，時候の挨拶などが不要である。
④ 情報伝達のコスト効率がよい
・一度，導入するとコストがかからずに往信できる。
・相手が留守であったり，夜遅くても発信しておくことができる。
・相手の時間を突然に邪魔することなく発信できる。
⑤ つながっている安心感
・アドレスでカウンセラーを指定できる。
・携帯メールの使用の増加により，いつでもどこでも連絡できる。
・子どもたちのメール親和性が高く，今後も使用頻度は増加する。
・受け手さえ拒否しなければ，一方的に送り続けることができる。
⑥ 周囲の環境を気にせず相談できる
・家の中からも周囲に悟られずに相談が可能である。
・世間体を気にせず情報交換ができる。
⑦ 電話を使えない，使いにくい人への活用
・身体に障害を持つ方の相談手段が広がる。
⑧ 医療機関，相談機関への窓口としての活用
・事前の相談ができ，受診への敷居が低くなる。
⑨ ファンタジーを生きることができる
・仮の自分になったり，夢の中の人と会える。
⑩ カウンセラーの技量のアップ
・相談を綴ることにより記録を振り返ることができる。
・明確な言語伝達のトレーニングとなる。

〔デメリット〕
① 形式的ではないが独特のニュアンスが必要
  ・挨拶の方法など，メール独自のパターンができつつある。
② 情報漏洩の危険
  ・サーバー管理など，記録漏洩を防止するためのセキュリティの問題がある。
  ・不慣れな場合，間違え送信の発生がある。
③ ラポール形成が低い
  ・相手の顔や声がわからず，どこまで信頼できるかの感覚がつかめない。
  ・実像がつかみにくい（経験的な臨床感覚では，メールカウンセリングでのイメージと実態像は重なり合う場合とかけ離れる場合がある）。
④ 妄想と現実の境界線
  ・夢や無意識の世界から，現実への切り替えがあいまいになりやすい。
  ・妄想伝播の対象となる（過去＝ラジオやTV，現在＝インターネットが登場。発展途上国では，森や精霊が妄想の対象となっている）。
⑤ 間接的対人関係の強化への危惧
  ・直接的コミュニケーションの希薄化をまねく可能性がある。
  ・非対人接触とインターネット中毒の親和性（間接的な対人接触を重ねること「疑似的関係」により，直接的接触「現実的関係」に発展する，と指摘する論者もいる）。
⑥ 習慣性の恐れ
  ・応答によっては返答内容に埋没する（操作される）恐れがある。
  ・つねに指示を待つクライエントを形作る（依存性を増長する）恐れがある。
⑦ 虚偽の情報が使用されやすい
  ・匿名性からウソを語りやすい。
  ※虚偽情報・噂・恨みの氾濫するインターネット（「2チャンネル」「日記猿人」）
  ※ただしメールカウンセリングの実際は，虚偽情報や冷やかし，イタズラは少ない。これは相談する側の労力との関係があると思われる。

⑧ 感情の関与の歪曲
  ・文章に頼るため，送り手によっては事実または感情だけの伝達に片寄る可能性がある。
  ・文書にする作業を通じ，思い，気持ちが伝わらず知的処理に陥る。
  ・丁寧，またきれいに表現しようとするあまり感情が歪曲される。
⑨ 時間的負担が大きい
  ・対面の場合一言ですむ意思伝達も，文章では表現が長くなってしまう。
  ・文章の意味を読み取るのに時間がかかる。
⑩ 倫理規定の未成熟さ
  ・現在のところ十分に倫理規範が啓蒙されているとはいえない。
⑪ 危機介入の困難性
  ・匿名性，非同時双方性により緊急時の対応がむずかしい。
  ・タイムラグによる対応困難性がある。

3) 通常のカウンセリングから見たメールカウンセリングの課題

　受容と共感的理解はカウンセリングの基本であり，メールカウンセリングの場合も同じである。その中にあって，メール特有の傾向を整理してみたい。あげた内容によっては，メール独特ともいえるものがある。メールを活用する者としては，友人などとの通常のメールのやり取りを通じ，感覚的にも確かめながらメールに馴染んでいく必要がある。

(1) 相談者と同じ言葉を使いながら往信できる

　聞き言葉とは異なり文章になった言葉は視覚として残り，言葉上では明確に同調しながら応答することができる。これは文章化されたことによるメリットでもあり，また逆に変更しにくいとか，強烈に伝わってしまうというデメリットでもある。

(2) オウム返し的な返信ばかりでは，カウンセリングが深まらない

　先の同じ言葉を使えるメリットはあるが，それを繰り返してばかりいては，応答の内容が深まらない。対面であればカウンセラーがオウム返し的に応答する中で，内省や洞察が深まる場面があるが，メールの場合はそれだけではやりとりがとだえてしまう。適度な支持，また必要であれば助言など，そして受け入れられ

る質問の投げかけが必要になる。

(3) 感情表現を促すやりとりが求められる

　文章化する特徴として知的整理があげられるが，とくに知的な応答が続く場合や感情の応答が必要な場合は，程度の差はあれ感情表現を促すような投げかけが必要になる。たとえば「そのときどう感じましたか」とか，「そのときの気持ちを教えてもらえれば……」というようなやりとりである。もちろん，このアプローチは相手の自我状態への見極めが必要である。たとえば，重いうつにある相談者に対して必要以上の投げかけは，逆に相談者の抑うつ感を深めてしまう恐れがある。

(4) 事実・物語りの整理

　どのような相談であれ，混乱から整理に向かうプロセスがある。メールカウンセリングの応答の中で適度に整理し明確化を促していく必要があるが，通常，メールカウンセリングの場合は，回数の制限や時間的間隔の長さなどから困難なことも多い。いい換えると，数回の応答である程度の見通しが必要になる場合がある。

(5) 適切な質問・意味ある質問が求められる

　相談者のゆとりに合わせた洞察を深める質問は，情報伝達の制限がある中では，それ相応に的確にしていく必要がある。しかし文章で質問を多くすると，返信する側の労力は膨大なものとなり，質問に対して応答のない場合も多い。

　またカウンセラー側の先走り的質問は，相手の相談意欲を減退させてしまう。文字情報だけでは，相手のいいたいこと，いいたくないことの把握がむずかしく，カウンセラーが改善を焦るばかりに先走って質問を繰り返すと，相談者が困惑してしまう。

(6) 適度な解釈の必要性

　言葉では，深い解釈は誤解や困惑を招くことが少なくない。解釈を文字の言葉にしたとき，あまりにも相談者に鮮烈に印象づけられ戸惑いが生じるのである。書簡の限界性をつねに見極め，解釈はカウンセラーの知的欲求を満足させるのではなく，相談者の利益につながる内容でなければならない。

　また，認知行動療法的な解釈，不合理的信念の解釈についても，対面とは異なり相談者の反論の声が届きにくいことを留意しておく必要がある。

(7) 対決は真意が伝わらずデメリットが多い

対面とは異なり，メールカウンセリングでは「誤解のままの対決」「対決にならない対決」「深まらない対決」に陥りやすく，支援的意味が見出せないことが多い。激しい感情ほど正確に伝わらないばかりか，カウンセラーの溢れた感情表現は相手にとって受け止めがたい形で目の前にあらわれてしまう。

〔文献〕

小坂守孝「電子メールによる心理援助サービスの実践的研究」『コミュニティ心理学研究』11(2)，pp. 187-198，1997.

小林正幸『なぜ，メールは人を感情的にするのか―Eメールの心理学―』ダイヤモンド社，2001.

坂元章編『インターネットの心理学』学文社，2000.

新田茂「心理書簡法の観点からみたメールカウンセリングの心理過程」『現代のエスプリ418　メールカウンセリング』至文堂，2002.

林　潔「社会的サポートとしての電子メールを用いたカウンセリングの役割」『電話相談研究』10，pp. 31-38，1999.

春口徳雄『役割交換書簡法―人間関係のこじれを洞察する―』創元社，1987.

藤掛永良・今井靖親監修／奈良「いのちの電話」協会編『実践電話カウンセリング』朱鷺書房，1999.

フロイト／懸田克躬訳『フロイト著作集　第5巻　性欲編・症例研究（5）』人文書院，1984.

武藤清栄「電子メールの表現とコミュニケーション」『現代のエスプリ418　メールカウンセリング』至文堂，2002.

第3章 メールカウンセリングを理解するために

1. インターネットにおける相談のいろいろ

　インターネットというコミュニケーションのツールが普及することによって，人びとのコミュニケーションは多様化してきた。パーソナルなコミュニケーションも携帯電話による電子メールの普及によって，電子メールがわれわれのコミュニケーション媒体として日常に定着してきている。とうぜんのことながら，そのパーソナルな電子メールによるコミュニケーションは「連絡」「報告」「挨拶」にとどまらず，相談事もメールで行われるようになってきている。

　悩みを持った人がインターネットを利用して相談する場合，さまざまな方法がとられている。そのいくつかを比較しながら，メールによるカウンセリングの特徴を明確にしてみたい。

1) キーワード検索（ホームページからの情報）

　悩みを持った人がインターネットを利用する場合の一つに，サイトの検索があげられる。たとえば，「自分は神経症ではないか？」「不眠はどのようになおすのだろうか？」「不登校の子どもの心理を知りたい」などと，悩みにまつわる「情報」を検索することによって解決の糸口を見つけようというものである。実際に，「神経症」「不眠」「不登校」などのキーワードで検索すると，専門家の論文から個人の体験など，さまざま情報を手に入れることができる。

　そして「同じような悩みを持っている人がたくさんいて，自分だけではないとわかり少し安心した……」「解決の方法がいろいろあることを知ってほっとした」などというのが，情報検索によるメリットである。しかし，インターネットへの

情報公開は誰もが無条件で自由にできるため、信頼性や妥当性の保証がないこと、ネット上には矛盾する情報や対立意見が並立していることも多いこともあり、かえって混乱を招くこともある。解決の入り口としては有効であるが、本格的な解決に至るには、何らかのかたちで信頼できる援助者がかかわってくる方が、効率の面からも安全性の面からも安心できる。

2) 掲示板

「ペットロス」「パニック障害」「離婚経験者」など、特定の境遇や症状の人を対象としたホームページが個人または任意団体によって公開されている場合、その中に掲示板（BBS：bulletin board system）のページが設定されていることが多い。

悩みを共有する人が集まっているので、掲示板への書き込みも具体的で直接的なテーマが多く、書き込まれる相談や悩みに対して同じ悩みをかかえている複数の人が、共感的にアドバイスしたり励ましたりするという相互支援の場になっている。その相互援助が順調に行われている掲示板では、ピア・カウンセリング（peer counseling）に近い雰囲気と効果が見られ、自宅から好きな時間に匿名性を持って参加できる点を考えあわせると、インターネットを利用した悩みの解決の手段としての有効性は高い。

しかし、メンバー制をとっていないサイトの場合には、「掲示板荒らし」によって、その相互援助の暖かい雰囲気が乱されることもあり、インターネットの持つ「基本的にオープン」という特徴が、災いすることも実際に起こりうるものである。たとえ、掲示板荒らしが登場して、攻撃的、批判的な書き込みがあった場合でも、中心となる構成メンバーのルールがしっかり確立している場合や、掲示板の管理人のきめ細かい配慮がある場合には、混乱の収拾はすみやかに行われるのが通常である。

3) メーリングリスト

メーリングリストのメールアドレスにメール送信をした場合、登録したメンバー全員に、そのメールが配信されるシステムが「メーリングリスト」である。このシステムは、同じメッセージを多くの構成メンバーに同時に伝達でき、しかも、メール配信であるために「私信」のイメージで伝わるというところが特徴で

ある。「仕事」「サークル」「同窓会」などの連絡の手段として短時間に文字データで確実に伝達できる利点を持っている。このメーリングリストを利用して悩みの相談や相互援助活動が行われていることも多い。掲示板と違う点は，悩みのメールを送信した後に，多くのメンバーからの励まし，アドバイスなどが「私信」として送られてくるので，掲示板よりもプライベートメッセージの様相が強い。ある孤独に悩む若者が「誕生日なのに誰も祝ってくれない。自分には友だちもいないし……」というメールをメーリングリストで送信したところ，数十通の誕生祝いのメールをもらって，その温かいメッセージに感激して，泣いてしまったというエピソードなどが，その特徴をよく表している。

　子育てに悩む近所づきあいのない主婦，ひきこもりの青年，偏見の目で見られやすい病気をかかえた人などが，いつも仲間に支えられ，理解され，アドバイスを受けられるということで，悩みの解決の方法として優れている。

　掲示板の場合と違って，構成メンバーが確定していて，メールアドレスも管理者が知っていることなどから，掲示板荒らしのような，意図的に悪意を持ったメッセージが交わされる可能性は比較的少ない。しかし，参加者相互の考え方の違いが論争のようになったり，「仕切ろうとするメンバー」「和を乱すようなメンバー」が存在することもある。本人は善意のつもりで配信しているメールが，他の多くの構成メンバーにとって不快に感じられた場合，誤解による議論などが起こった場合など，どのように忠告，助言するかが管理人の管理能力が問われるところである。

　また，メーリングリストを登録していると，私信として配信されるので，構成メンバーの多くなったメーリングリストなどでは，話題がバラバラになってきて，読みたくないメールを読んでしまって心が乱されることもある。

4) メール友だち

　インターネットでは不特定多数の人にメッセージを発信することができ，しかも匿名性を持たせられる。その特徴を利用したものが「出会い系サイト」というインターネットサイトである。所属する職場や家庭の枠を越えてメッセージ交換できる自由さや，出会いの可能性の持つ魅力に「出会い系」といわれるサイトが乱立していることは周知の事実である。出会い系サイトを利用した犯罪などが多

く報道されるようになってからは、「インターネットによる出会いには気をつけなさい」という風潮が生まれている。しかし、インターネット上のメールをやりとりする友だち、いわゆる「メル友」の場合には、文通と違って匿名性を保ちながら、心情の吐露ができるので、悩みを気軽にメール友だちに相談するということは多く行われているのが現状である。

インターネット上の匿名性を持ったコミュニケーションである特性により、通常の職場や学校での対面の人間関係のように、関係を徐々に深めていくプロセスを省くこともできるので、比較的短期間に、個人的心情や悩みの話を始めることができるということで、人間関係をつくるのに困難を感じている人の悩みの相談では、多く用いられる手段である。実際に、「いのちの電話に電話をかけてもかからないことが多いので、メル友にメールをしている……」という人も少なくない。

自分の悩みをこの世の誰かが知っていてくれるということ、誰かとつねにつながっているという安心感などがこころの支えとなることは大きな利点である。

しかし、ときには限られたコミュニケーションなのに、自分のイメージで相手の人格像をつくりあげてしまって、疑似的な恋愛ゲームになってしまったり、匿名性に守られた直接的な感情のやりとりが喧嘩に発展してしまうということもあり、安定したメール友だちとの関係を維持するには、お互いの努力と信頼が必要とされる。

また、メール友だちは次項に述べるように、個人的な経験の範囲でアドバイスしてくることが多いこと、そして専門家と違って、相手も相談したい場合も多く、不安や心配をかかえて交互に相談に乗るようなかたちになった場合には、やはり安心して身をゆだねるという感じを持ちにくい場合がある。

職場や学校など、対面での人間関係がすでにあって、その相手とメール交換をしているうちにメール友だちになったという場合には、匿名性にまつわる問題は起こりにくい。これらを考えあわせると、掲示板、メーリングリストにくらべて、「私信」そのものであるために、メールの友だちとのつきあい方しだいで、相談が実りあるものになることも、そうでないこともあり、関係の取り方の調整が大切になる相談方法である。

5) その他

　その他にも，インターネットのシステムを利用した悩みの相談はいろいろなかたちで行われている。

　「チャット（chat）」において悩みの相談が行われることもあるが，その名のとおり文字データでの「おしゃべり」というスピードをともなった，即時的なやりとりであるので，じっくりと悩みを深く考えていくという相談にはあまりむいていないかもしれない。また，雰囲気はその日のメンバーの関係性によって大きく違ってくる。ショートメッセージの即時のやりとりが，チャットのコミュニケーションであり，他のインターネットによるシステムと大きく違うのは，現在進行形でコミュニケーションがとれるというところである。

　「メールマガジン」は企業や団体，個人があるテーマについて定期的に配信する電子メールを利用した情報配信システムである。その中には，「こころ」をテーマにしたものもあり，「こころを癒す言葉」「人生訓」「悩みの解決のヒント」などを配信しているものもあり，今まで述べてきた悩みの解決の手段という視点からはメーリングリストとホームページの中間のような位置づけになる。ただし，原則として一方向（one-way）コミュニケーションであるところが，掲示板，メーリングリストなどと大きく違うところである。

　その他にも，インターネットの発展にともなって，コミュニケーションの新たなシステムは生まれてくるであろう。インターネット電話や次世代携帯電話が発展してくることで，文字データだけではない，画像をともなったコミュニケーションも悩みの解決の手段として使われはじめている。今まで述べてきたような時間差コミュニケーションではなく，同時双方向性のコミュニケーションも気軽にできるようになることは十分に考えられる。

　急速に普及している「ブログ（weblog）」も，個人の日記を公開するというかたちで，その中に日常の悩みや思いが含まれ，それに対してのコメントが，その人を支え，応援したり，アドバイスなどが行われている。ブログ自体の持つ他のサイトの記事との連係機能（トラックバック），コメント機能などの相互性も加わって，悩みの相談や解決に役立つ利用法はまだまだ広がりつつある。

　ただし，本書のテーマが「メールカウンセリング」であり，電子メールによるカウンセリングの特徴を明らかにすることと，その手法の紹介という課題を中心

にして執筆されているので，ここで，今まで述べてきた現時点でのインターネットのシステムでの悩みの解決手段の中での「メールカウンセリング」の特徴について述べることにする。

6) メールによるカウンセリング

　情報検索は，悩みの解決の方向性を見つけるためや，専門家と出会うための入り口として有効である。しかし，情報の信頼性や質をチェックする基準を持ちあわせていない人が検索する場合には，かえって混乱を招くこともあるので，あくまで補助的に用いる方が安全である。掲示板は同じ悩みを持つもの同士が相互支援する場として機能している場合には，自助グループやピア・カウンセリングのような効果も期待できるが，安定してその雰囲気を保つためのルールづくりや管理人のリーダーシップが重要になる。メーリングリストは掲示板以上に私信というイメージが強く，うまく機能しているときには，「みんなに支えられている」という感じを持てる手段になりうるが，グループが大きくなると話題がバラバラになり，たくさん送られてくる自分に興味のない話題のメールがうるさく感じられることもある。

　以上のように，各システムは一長一短であり，その特徴を十分に理解し，管理者の管理能力を見極めてから利用することが肝要である。ただし，その特徴と限界を理解した上で利用する場合には，「いつでもどこでも匿名性を持って気軽にアクセスできる」というインターネットの特徴と併せて考えると，きわめて有用な悩みの解決の手段が現れたと考えることができる。

　ただ，今まで述べてきた，情報検索，掲示板，メーリングリストという方法は完全な「一対一」のコミュニケーションではないし，メール友だちとのやりとりでは，相談を受けている側が途中で，感情的になって説教をはじめたり，自慢話になってしまったりという展開も多く報告されている。したがって，メール友だちの場合，相談者が最初から最後まで安心して支援を受けられる環境が保証されているものではないし，相手にその責任もない。なぜなら，あくまでもインターネット上での友だちだからである。

　このように考えてくると，相談者と援助者の役割が明確であり，（時間差があるにしても）一対一のコミュニケーションによる相談という2つの点で，「メー

ルカウンセリング」は，現時点におけるインターネットを利用した悩みの相談の形式として優れていることがあらためて確認できる。

2. 専門家のメール相談と仲間のアドバイスの相違点

　以上に見てきたように，インターネットを利用した悩みの解決方法の中でも，安全性や信頼性，効率などを考えると，メールカウンセリングは有用であると考えられる。もちろん，メッセージが文字であること，やりとりの時間差がある点において，対面カウンセリングの方が，雰囲気によるサポート，表情，声のトーン，ジェスチャーなどのノンバーバルメッセージによるコミュニケーションの広がりはある。しかし，自宅で好きなときに相談できるという便利さや，相談の匿名性を完全に守ることができるという利点もあるので，今後，メールカウンセリングは対面カウンセリングとは違ったものとして独自に発展して行くであろう。
　ただし，一対一の関係で，しかも相談者と援助者の役割があらかじめはっきりしているだけに，「援助者」としてのメールカウンセラーの力量がカウンセリングの成否のカギを握ることはいうまでもない。メールカウンセリングの手法やメールカウンセラーとしての留意点は他の章で詳しく解説されているので，ここでは，もっとも基本的な部分として，専門家と非専門家の「援助者」としての違いを考えてみたい。

　何をもって専門家というのかはむずかしいが，ここでは，心理的援助の理論や手法を一通り勉強して，ある程度のトレーニングを受けた人ということで話を進めることにする。心理，医療，福祉など「心理的サポートの資格取得者」はそれぞれの教育プログラムによる学習をしてきているので，「人間」についてある程度の知識や経験を持っている。その知識や経験は人間の心理や発達成長，関係性，コミュニケーションなどについての研究成果や理論とその悩みの解決手法の総合されたノウハウである。もちろん，資格取得後の仕事や研修の中で培われた経験というものの力も大きい。このノウハウを持っているかいないかが，カウンセリングでは問題解決にあたって大きく影響する。ここで強調したいのは，ライセンスとしての資格の重要性ではなく，「援助者としての力量」である。

―――― <コラム2>悩みは何で解決しますか？ ――――

ここでは，悩みを相談する方法（メディア）について考えてみよう。

皆さんは，ちょっとした悩みごとなどを相談する場合，直接会って話をしますか？それとも電話でしますか？ あるいはメール，もしくは手紙やFAXでしょうか。

たとえば，「とりあえず電話で話してみて，そしてよければ相手の都合しだいでは直接会って話そうかな」とか，「いきなり電話してもあの人は仕事中で失礼になるかもしれないし，メールで相談をもちかけてみて，返事を待とうかな」とか，「本当だったら会って話して元気をもらいたいところだけど，ちょっと遠いから電話で話そうかな」とか，「メールだとちょっと味気ない気もするから，手紙にしようかな」とか，「FAXだと他の家族の人に見られちゃうかもしれないしな」とか，「話すとよけいなこといい返されちゃいそうだから，メールでいいたいこといっちゃおう」とか，いろんな場合があるかと思う。

それでは，ここでそんな各メディアの特性を概観してみよう。

各メディアのコミュニケーション特性

	郵便	対面	電話	電子メール	ファックス（手書き）
おもなメッセージの形態	書き言葉	話し言葉，身体	話し言葉	書き言葉（アスキー文字）	書き言葉
非言語メッセージ	筆跡，便箋や封筒の選択など	すべて伝わる	声の調子，息づかい，間合い，沈黙	絵文字	筆跡。デジタル信号に置き換えられるので劣化する
発信者の身元	匿名にすることは可能	自明	名乗らないことも可能	アドレスというバーチャルな身元のみ	発信元を明かさないことも可能
自己開示度	筆跡が伝わる。低い	すべて伝わる。高い	言葉遣い，言葉のトーンから性別，年代などが伝わる。中程度	言葉のコンテントのみ。もっとも低い	筆跡が伝わる。低い
簡便さ（手間）	便箋を選んで，切手を貼って，間違えたら書き直して	会いにいく手間。面と向かううっとうしさ	ダイアルする手間。話す煩わしさ	キーボード入力，パソコンとネット接続の操作	文章を書いて，機械を操作する手間

伝達の即時性	2-3日	瞬時	瞬時	秒単位(送信ボタンと回線接続時間)	秒単位(書く手間の時間)
「場」の共有	なし	あり	なし	なし	なし
「時」の共有,同期性	なし	あり	あり	なし(チャットはあり)(携帯メールは可)	なし
情報の保存	可	不可(録音・録画により可)	不可(録音により可)	可(再利用も可)	可
人　数	基本的に1対1	双方向なら10人程度まで	基本的に1対1	MLなら,数百人も可能	基本的に1対1
受信の随意性(受信時間を選べるか)	あり	なし	なし	あり(携帯メールは,受信したことに気づいてしまうが)	あり(受信したことは気づいてしまうが)
セラピーへの応用	補足的に使われることもある	一般的	「いのちの電話」など	始められている	試験的

田村毅(2003)[1]を一部改変

　総じて，対面は直接話せるための恩恵が多い一方で，直接会うことへのハードルもある。他方，非対面手段の電話，メール，FAXは文明の利器であり，利便性に優れているため相談への敷居が低い一方で，対面のライブで得られる恩恵が少ないのが難点であろうか。

　理想としては，上記の特徴を踏まえた上で，臨機応変にこれらを自由に組み合わせて使えるようにしておくことが，クライエントの利益につながるのではないだろうか。

〔注〕
1) 田村毅『インターネット・セラピーへの招待―心理療法の新しい世界』新曜社, 2003, pp. 98-99.

　教育体系によらずとも，資格取得していなくても，優れた援助者として活躍している人も実際にいるし，それを否定するものでもないが，一般的には，多くの人の経験を集約した体系としての理論や，実習トレーニングプログラムに沿って

学習した人が専門家となっているのが現実であるし、それ以外の経歴で専門家と同等の力量を身につけることは、よほどの努力とチャンスに恵まれないと大変にむずかしいといえよう。ただし、援助の専門家がそのまま人生の成功者ではないし、人間についてすべて知り尽くしているわけでもない。たんに「援助する」という点でのノウハウを持った専門家にすぎない。一部の専門家やその専門家への批判として、「偉そう」という評価を耳にすることが多いが、とても残念なことである。専門家であるがゆえに、相談者への謙虚さと経験から真摯に学ぶ態度、無知の自覚、他の専門家との協力をわすれないということが大切であろう。

　もし、メールカウンセラーが、意味のない優越感や頼られることからくる自己満足としてのプライドをモチベーションとしてカウンセリングを行う場合には、その優越意識は文字をとおしてでも相談者に伝わり、不快な思いをさせるだけではなく、ときにはひどく相談者の自尊心を傷つけるものなので、注意しなくてはならない。つまり、ここでいう専門家は、悩みの援助についてつねに、サービス業としての自覚を持って、相談者に奉仕する精神を基本として人間の心理や援助について学習と経験を持っている人ということになる。

　これだけ強調しなければならない背景には、「自称カウンセラー」がインターネット上にはたくさん存在しており、中には「人の悩みを聴くことに興味があるから」「人の悩みの相談を受けていると、なんだか生き生きしてくるから……」ということを堂々と表明している人までいる現状がある。先に述べたように、そのような人は、ここでは専門家に含めて考えていないことを確認して、話をすすめることにする。自己満足や優越感をモチベーションにカウンセリングするカウンセラーによって傷つけられた話をクライエントから聞くたびに、胸が痛む。本書を読む人には、手法を学ぶときにつねに自己に問いかけてほしいところである。

　次に非専門家の援助の持つメリット、デメリットについて考えてみることにする。多くの非専門家の場合、悩みの相談の背景になるのは個人の体験である。つまり、自分の今までの生き方をベースに人の悩みの相談を受けて、自分のとってきた解決方法や、身近な人の解決法を他人にアドバイスするという方法で援助している。その場合、援助する側の役割をとる非専門家が、「非専門家である」と

いう自覚を持ち，相手も了解している関係においては，先に述べたように自助グループ的な効果は期待できる。ただし，自己の体験をベースとした共感やアドバイスであるので，効果的な援助をできる問題が限定されてくる。もし，多種多岐にわたる悩みの解決を援助できる非専門家の人がいたとすると，よほどの人間愛と謙虚さと，幅広い人生経験を持った人であろう。人間についての理論的な学習がなくても，奉仕の精神と愛情と，相手の気持ちの流れをよく見られる人であれば，非専門家でも基本的な心理的援助は可能である。

　ただし，非専門家の自称カウンセラーの場合は，別の問題が存在する。非専門家が「カウンセラー」と自称した場合には，相談者が「援助者」として信頼し，ゆだねているという関係で，相談がスタートする。医者が聴診器を当てるときに服を脱ぐことに何も思わないのと同じように，ある意味ではお任せ状態になりやすく，無防備である。そのような関係性の前提を持ちながらも，やっていることは，他の非専門家と同じように少ない経験と知識から自己流の改善のアドバイスや援助を行う。たまたまその手法によって改善する人もいるにしても，共感しにくい相手である場合，または初めて出会うタイプの悩みの場合など，状況や経過を見ながら他のアプローチにするとか，先行研究を確認して再度，関係の確認をするなどの柔軟に対応する力がないので，関係がこじれて，相談者がいい知れないショックを体験することがある。自助グループやピア・カウンセリングなら相手の言葉を同じ立場の人間の参考意見として聞けるところを，専門家の意見，指示として理解してゆだねて信頼して裏切られたという感じを持ってしまうこともある。

3. 情報提供によるアドバイスと個別対応アドバイス

　以上に述べてきたようなむずかしさの前提として「悩みの相談」が医療などと違って，日常のコミュニケーションで行われていることにあるということができる。「相談無料」の広告が街にあふれている日本で，「悩みの解決を専門家にする」，しかも，法律や医療のような専門情報や見識を求めるのではなく，「生き方」「不安」「家族とのかかわり」というような，一見「○○学」とはいえないような内容が心理カウンセリングでテーマになってくる。

メールカウンセリングも無料の場合も有料の場合もあるが，筆者の経験からすると，対面のカウンセリングよりも返答にかかる時間が多く，相手の情報も少ないために考える時間もたくさんいるのがメールカウンセリングなので，無料で行うことはむずかしいし，専門的にもむずかしい分野である。

　しかし，一般的には「メールカウンセリングの方が安くつく」と思っている人が多く，実際にそういう料金体系で相談を受けつけている専門家もいる。

　おそらく，その場合には「カウンセリング」というよりは「アドバイスを返信する」ということで料金設定をしているのだと思う。対面カウンセリングへの導入としてのメールのやりとり，または，簡易アドバイスのためのメールという位置づけでメールを利用することは可能かもしれない。しかし，従来から行われている「カウンセリング」の要素をメールのやりとりに持ち込もうとすると，まだまだその手法は研究の余地があると思われる。

　対面カウンセリングでは，アドバイスしながら相手のようすを見て，説明を変えたり，言葉以外の部分での交流などもあり，コミュニケーションが即時的，そして双方向なので，たとえ30分なり50分なりの面接だったとしても，文字にしたら数千文字のやりとりと，ノンバーバルの膨大なやりとりがある。

　神田橋（1994）は，クライエントの精神活動の表出としての生理的変化や行動が診断面接にとって重要であることを指摘し，以下のように述べている。

　　「精神活動の筋肉を介しての表出は，まず顔面，それも口唇の周辺と目，それに手指で大半を占め，足先，舌が僅かに加わるのである…（中略）…口唇周辺に注意を払うだけで，診断技術は即座に向上する。試みに目前にいる人の口のまわりの力の入り具合をまねてみると，その人の人柄や気持ちの状態が容易に推察できるものである。」[1]

　筆者の周辺でもベテランのカウンセラーほど，メールカウンセリングについては慎重であり，あるカウンセラーは「メールでは本当のカウンセリングはできない」とさえいっていることは意味深い。対面カウンセラーのベテランになるほどに，ノンバーバルのコミュニケーションを大切にしているし，その部分で判断し，メッセージを伝えているからである。

　そこを補う技法は，以下の手法の章にあるので，参照されたい。

4. ディスコミュニケーションと投影

　メール交換や掲示板への書き込みのやりとりがこじれて，感情的な問題に発展する場合に，文字データのみのコミュニケーションにおける特徴的なすれ違いの問題を避けて通ることはできない。コミュニケーションにおけるすれ違い，つまりディスコミュニケーション（dis-communication）の問題である。

　日常の人間関係でも，コミュニケーションのズレや誤解，思いすごしが起こることがある。しかし，カウンセリングという「こころをゆだねる」「深いこころを語り合う」という関係では転移，逆転移と呼ばれる現象が起こることも多い。

　相談者と援助者の相互に「思い入れ」「期待」「共感の雰囲気」「一体感」などの関係性が，相手の出すメッセージに自分なりの意味を読みとってしまうことが重なってくることである。意気投合した蜜月の間柄が，一転して険悪な関係になってしまうということは，メールに限ったことではないが，コミュニケーションの伝達が文字だけの場合は，以下に述べるように，通常の対人コミュニケーションに比べると，不十分なメッセージ伝達になるので，その不明確な部分に「投影」が入り込み，期待と絶望という落差が起こりやすいのである。

　ヘイリー（Haley, 1963）は，この人と人とのコミュニケーションの特徴を次のように述べている。

　　「人間はあることを伝達するだけではなくその伝達したことについてまた伝達するものである。何かをいうだけでなく，そのいったことに意味修飾をおこなうのである。…（中略）…人間のメッセージが意味修飾をうけるのは，(a) それのおこった前後の関係 (b) ことばの内容 (c) 声の調子 (d) 身体の動き，などである。われわれは微笑を浮かべながら人の批評をすることもあるし，眉をひそめて批評することもある。微笑やしかめっつらは批評のあるなしと同じようにふたりの関係を定義づける。」[2)]

　つまり，文字データでは言葉の内容しか伝達できないが，実際の対面でのコミュニケーションでは，それに付随するなんらかのメッセージがつねに意味を添えているのである。この意味修飾のメッセージがないために起こる誤解の例として

もっとも日常的な「冗談を真に受ける」という場面で考えてみる。

文字データだけのコミュニケーションでは，冗談なのか本気なのかが区別できないことがある。たとえば，「ごめんなさい」と謝ってきたメールに対して，
（例）
A「気にしなくていいよ。最初から期待なんかしていなかったから。」
B「気にしなくていいよ。最初から期待なんかしていなかったから。(^_^)v」
C「気にしなくていいよ。最初から期待なんかしていなかったから。」
　「まぁ，これは冗談だけれどね……。」

Aの場合には，言葉だけ読んでいると，冗談なのか本気なのかわからないので，それを受け取った人の思いが読みとる方向をきめる。つまり，「投影」が入り込むのである。これが，メールカウンセリングの場合には，「転移」「逆転移」の関係性が入り込む余地ということになる。この例では，相手との信頼関係に自信がある人は，冗談だと笑い飛ばせるが，どこかで関係に不安を感じている要素がある場合には，「ひどいことをいわれた」と，本気で受け取ってトラブルに発展しかねない。これは，通常の人間関係でのノンバーバルコミュニケーションが欠如しているために，意味修飾メッセージがわかりにくい文字コミュニケーションに起こりがちな一例である。

Bでは，ノンバーバルコミュニケーションの代わりに，顔文字を使うことによって，「これは冗談だ」という意味修飾のメッセージを補っているものである。

Cでは，文字で意味修飾のメッセージを添えることで，言外のニュアンスを補っている。実際にはこの意味修飾のメッセージへの意味修飾のメッセージが必要なのであるが，このままでも十分誤解は起こりにくくなる。

メールカウンセリングでは，以上のような，文字データのコミュニケーションの持つ限界をよく理解して，自分とメッセージを送る相手との関係性に配慮し，意味修飾メッセージを補う工夫が必要になる。もちろん，意味内容と意味修飾メッセージのズレを利用している「冗談」のような表現法は，誤解を生む可能性がとくに高いので，なるべく用いない方がよいのはいうまでもない。

一度，意味修飾を取り違えるコミュニケーションが行われると，そのズレからくる誤解が誤解を生み，その誤解を解消しようとして出したメールが「いいわ

け」ととられてさらに事態が紛糾したというトラブルは，インターネット上では頻繁に起こっている現象である。

　メールカウンセリングでは，先に述べたように，友だちとのメールのやりとり以上に，細心の注意を払ってメッセージの読み取り，伝達を行うことが大切である。また，とうぜんのことながら，メール交換をしているうちに起こってくる投影や転移，逆転移を自覚して，文字メッセージのやりとりをすることが要求されるのである。

5. こころを受け止め，こころを支える文章表現

　本章の最後に，文章表現について考えてみたい。
　インターネットによる悩みの相談で，現在もっとも多くとられている「文字データ」中心のコミュニケーションという共通項が浮かび上がってくる。この文字というものは，インターネットの登場するずっと以前から千年以上の歴史のあるものである。宗教においても，文学においても多くの人のこころを癒し，愛を感じる表現が文章となり人びとを支え，励まし，不安からの解放への導きの役割を果たしている。座右の銘，人生訓，そして詩や小説，自伝などの言葉にこころを温められ，支えられて生きている人がたくさんいる以上，言葉の持つ力は相当なものである。恋人や家族からの手紙を大事に持っていて，辛くなるとそれを読み，生きる力としてきたという話はよく耳にする。
　文字の文章自体の持つメッセージ情報は，対面のコミュニケーションに比べて，情報量，その多重性ともに少ないことは先に述べてきた。しかし，それでも「言葉」の持つ癒しの力に目を向けて，文章の中に気持ちを込めてメールを書くことは，メールカウンセラーの基本であると思う。
　前項で述べたような，文章メッセージのニュアンスを補う表現をつけくわえるなどの工夫はもちろん，相手を目の前にしてやさしく語りかける気持ちをもって，相手のこころに響かせるような言葉遣いや表現の工夫が必要である。
　専門家のアドバイスというと，硬い表現になりがちだが，内容はしっかりとして，表現はやさしく（優しく，そして易しく）ということを心がけたい。
　対面カウンセリングにおいて，その場の雰囲気を作り上げるノンバーバルコミ

ュニケーションが重要なように，文章の言葉遣い，行間，表現法などは自分なりの気持ちとキャラクターが反映されて，しかも相手のこころに響きやすい表現をつねに考えていく工夫をすることがメールカウンセリングに命を与え，生命力のあるメッセージとして相談者に勇気を与えて守っていくのだと思う。

〔注〕
1) 神田橋條治『追補　精神科診断面接のコツ』岩崎学術出版社，1994, p. 64.
2) ヘイリー／高石昇訳『戦略的心理療法』黎明書房，2001, pp. 18-19.

第4章　メールカウンセリングの理論

1. 情報化社会への変化

1) マルチメディア社会

　情報化社会へのシフトにともない，コミュニケーションの様相は急速に変化した（表4・1）。すでに産業界では，マルチメディアによるコミュニケーションが当たり前となり，コンピュータなしでは仕事そのものが進まなくなった。極端な例をあげると，仕事をする上で1週間誰とも直接の会話がないまま，電子ツールを介してのやりとりだけで仕事のサイクルが完結するという働き手も出現している。また，日常でも近況報告や待ち合せなどで携帯電話や電子ツールは不可欠なものとなっている。ここでは簡単にその差異についてふれてみたい。

　携帯電話と電子ツールの特徴は，なんといっても空間的・時間的な障壁の解消である。いつでもどこでも他者とコミットでき，また全世界との即時コミュニケーションが容易となった。空間でいうならば距離感覚の壁がなくなり，たいていの場合二次元の表現であれば，直接的に内容やイメージのやりとりが可能となった。時間的にもボタン一つで距離に関係なく応答ができ，またデータを保存する

表4・1　マルチメディア社会への変化

	融節型社会 体面的	分節型社会 活字的	クロスオーバー型社会 マルチメディア的
道具	口コミ・伝言	手紙・一方向	携帯電話・電子ツール
移動	非移動的	観念的移動	感覚的移動
共感	体験的コミット	理性的コミット	感覚的コミット
報酬	即自的	遅延的	現時的

（出典）：藤田英典ほか『教育社会学』放送大学教育振興会，1998.

ことにより相手との時間調整を求める必要もなくなったといえる。さらには，ブログ（インターネット上の日記の公開など）や掲示板などにより，同時に多人数とのアクセスが行われ，これまで知り得なかった他者とのコミュニケーションも可能となった。

　これらの特徴を電子メールを基軸にまとめるとすれば，
- 流動的パーソナリティ（仮面モード）
- 共感の対象拡大と拡散（コミュニケーション方法の広がり）
- 即時充足的（スピードアクセスの希求）
- 感覚嗜好の優位化傾向大（好きか嫌いか）
- 水平的思考（縦社会の崩壊）
- 模擬体験による錯覚（仮想現実への逃避）
- 他者依存傾向の増大（情報過多の社会）

などがあげられよう。

　たとえば，匿名性が強いインターネットでは，自分を知られることなく（仮面モード）情報の発信や授受が行われ，全世界の誰とも知らない他者とでも，同じ趣味や思いの人どうしがアクセスができる（コミュニケーション方法の広がり）。そしてその反応スピードは早く，たとえ夜中であろうが時間に関係なくアクセス可能である（スピードアクセスの希求）。こうした選択肢の広がりから，直感的に好みの情報を集めることができ（好きか嫌いか），そこには情報の制限がなく階層や社会的地位の垣根は存在しない（縦社会の崩壊）。

　しかし，情報化社会には大きな落とし穴もある。それは直接体験的にコミュニケーションができるわけでもないのに，あたかも実際に触れたように錯覚していくバーチャル性である。人によってはこのバーチャルにより一定の充足感を得，現実の世界から逃避しようとする（仮想現実への逃避）。また表向きの情報は，誰にでもすぐに手に入るだけに情報に溺れ，さらにはその発信は真実とは限らず，正しい情報の選択がむずかしい（情報過多の社会）。選択が困難なゆえに，自己判断により決定づけるのではなく他者からの情報に依存しやすくもなっている。ときにはマイナス面を目的とした個人や集団とのアクセスも容易になり，利用によっては悪用が可能である。

　このようにデメリットも多々ある情報化社会であるが，この困惑に拍車をかけ

るのが急速な技術の進歩であるように思える。情報化社会の進化とともに，それを使いこなすはずの人間が機能・利便性に翻弄され，なんら制限のないまま悪用されたり，その利便性に溺れてしまう。進化する情報化社会が有効活用されていくまでには，つねにタイムラグがあり，さまざまな問題がクローズアップされるのである。

2) IT先進国アメリカと日本の現状

IT先進国であるアメリカと比較してメールカウンセリングを見てみると，まずその量の多さと，質の深さに驚かされる。これは言語的制限の少ない英語圏でのインターネット普及スピードが早かったことを土台にし，国土の広さ，また治安の影響も含め急速に広まったと考えられる。また，土壌としてカウンセリングへの親和性が高いことは触れるまでもない。

アメリカでは，電子メールによるコミュニケーションがむずかしいと想定される病理水準の人たちとのメールカウンセリングが行われている。そのサービスは多彩で，対個人のメールカウンセリングはもちろんのこと，グループでのやりとりにカウンセラーが介入するなど，さまざまなサービスが整っている。サービスは分野の多さ，提供サービスの内容，カウンセラーの専属性や，カウンセリングに対する評価システムの構築などがあげられる。

とくに，カウンセリングの内容をクライエントが公開上で評価づけるという形態は，わが国では考えられてもいなかったシステムである。すでにアメリカでは，カウンセリング業界においてEAP（企業向けの従業員支援プログラム）が普及しており，企業社会の影響もあり自然に市場原理が働くようになっている。これはカウンセラーに対する評価だけではなく，支援機関同士のサービス競争にも表れている。いかにクライエントにとって満足度の高い被相談者となるのか，またシステム上の利便性はどうなのかが問われるのである。

一方わが国では，1995年から電子メールによる相談活動が行われている。先にもふれたが当初は無料での相談，または民間相談所の広報活動の一環として開設されることが多かった。しかしながら今日では，無料相談の開設が若干ながら減りつつあり，逆にシステム（課金システムやサイトの使いやすさなど）やセキュリティが整った相談サイトが増加している。これは，利用者の要求度が高くな

った結果といえる。

　企業や組織で行う従業員へのメンタルヘルス対策では，電子メールの活用がごく当たり前に行われ，不登校や子ども自身からの相談においても，公的機関が初期対応として電子メールによる相談を受け付けている。さらには国の援助を受けながら，ニート対策の一環としてNPO法人が無料の相談サイトを立ち上げるなど，ここ数年の間に電子メールによる相談が広まり常態化してきている。「電子メールでの相談活動は無理なのでは？」と懸念された時代からわずか数年の変化である（表4・2参照）。

表4・2　アメリカと日本の比較

アメリカ
○メールカウンセリングを専門とする心理臨床家の活動
○全米で700サイトあまりのメールカウンセリングの開設
○カウンセリングサービスの多様化（複数解答，無料公開など）
○企業外部EAPでのメールカウンセリングの活用が活発化
○サービスとしての厳しさ（終結時の評価を公開）
○サイバーセラピーなどの新しい呼称
○境界例的なケースや，病理水準の深い人とのかかわりも活発

日本
○1995年ごろから心理・医学専門家が私的に開設 　（ただし現在では閉鎖が目立つ無料相談の窓口） ○メールカウンセリングを標榜するサイトの増減傾向 　増↑　64件（2004年8月現在）前年比23%増 　増↑　52件（2003年8月現在）前年比24%増 　減↓　42件（2002年8月現在）前年比9%減 　増↑　46件（2001年8月現在）前年比44%増 　増↑　32件（2000年8月現在）前年比33%増 　増↑　24件（1999年8月現在） ＊公的機関の窓口が現れる（2000年ごろ） ＊最近急増した企業による従業員支援（EAP）のメールカウンセリングシステムは，その多くが非公開のためカウントされていない。それらを含めると相当数の電子メールによる相談活動が行われていると思われる。

2. メールカウンセリングの学び方とその効果

1) インターネットから学ぶ相談者のこころ

　インターネット上には，障害や悩みを共有するさまざまなホームページが開設

されている。そうしたホームページを閲覧しながら，メールカウンセリングのエッセンスを知り得ることもある。ホームページには当事者らが集まり，情報交換や生活を支え合う活動を展開している。当事者であるからこそわかり合える心情の共感や，苦悩についてオープンにコミュニケイトされているのである。

参加者の多くは，最初は公開されている内容を眺めながら，自らが発言する機会を待っている。これはグループの雰囲気を知ることだけではなく，インターネットの利用に対して日の浅い参加者が，独特の雰囲気やいい回しなども興味を持って吸収していく時間でもある（表4・3参照）。

表4・3 基本的なトレーニング方法

① ワークショップなどへの参加
　　エンカウンターグループ，カウンセリング・ロールプレイ，フォーカシング，サイコドラマなどのワークショップへの参加を継続することが，カウンセラーとしての質を向上・維持させる。
② 掲示板，メーリングリストへの参加
　　さまざまな掲示板やメーリングリストが存在する。それらへの参加や閲覧を継続すること。
③ 精神病理・薬物療法の理解
　　基本的な病理の学習。
④ カウンセリングワークノートでの勉強
　　文章化したカウンセリングの応答から，自己の応答を振り返ることができる。
⑤ コンピュータ・セラピストとの会話
　　カウンセリング的応答を基本としている機能から学ぶことも多い。
⑥ スーパーバイジーの継続
　　カウンセラー自身の自己肥大の予防。もちろんカウンセラー自身の安定が必要最低条件。
⑦ 事例検討会への参加
　　カウンセリング関連の協会実施の検討会や，心理系学会の検討会への参加。

① 掲示板に見るセルフヘルプ・グループ（自助組織）

当事者が発信するホームページにアクセスしながら，悩みの本質を理解したり解決の糸口を模索することは，インターネットを通じて支援しようとする者として必要な学びである。もちろんのぞき見的な参加は慎むことが大切であるが，しっかりとマナーを守りながら一度は訪れてみたい。

◎さまざまなセルフヘルプ・グループ

こころの病をかかえる当事者が，ホームページ上でさまざまな自助グループを形成している。「アルコール依存症」「薬物依存」「うつ病」「アダルトチルドレン」「パニック障害」などのグループがあり，それぞれが意味ある活動を行って

いる。中にはリアルタイムなチャットを活かし，今を支え合うグループもある。
② メーリングリストから学ぶ
●さまざまなメーリングリスト

　メンタル系の区分として，「統合失調症」「うつ病」「人格障害」「医療機関の対応」など多様なメーリングリストがあり，情報を交換し合っている。多くのメーリングリストは当事者でなくても参加することができ，そこから必要な情報を得ることができる。

2) メールカウンセリングの効果

　メールを用いたカウンセリングで思い浮かぶことが，まずは「電話相談」であろう。カウンセリングの中でも電話相談の歴史は古く，また視覚からの情報がないだけに相談を受ける側も，声のトーンに人一倍配慮するなど独自の工夫をこらしている。メールカウンセリングを知る上でも電話相談の内容から学ぶべき点も少なくない。

　ひところ，「電話相談は，医療での心理相談の治療構造を混乱させるだけである」といった厳しい評価があった。つまり，対面のカウンセリングを受けている人に対して電話相談が行われると，対面カウンセリングのプロセスが希薄化するとか，さまざまな情報が入り医師からの指示に混乱をきたす，などの懸念である。

　しかし今日では，それらの指摘を議論にあげる臨床家は少ない。もちろん，医療の世界でセカンドオピニオンの視点が浸透してきたという背景もある。しかしその理由は，多くの場合に電話相談の存在が，支援として大きく利用者（当事者）にかかわっていることを理解しているからである。対面では，一部の医療機関を除き24時間の支援は不可能に近い。電話相談ならではの支援力・利便性が，利用者を支える力になっている場面も少なくない。そして利用者の方も，電話相談に期待する範囲，また直接受診や来所による期待の範囲を使い分けながら活用している。

　メールカウンセリングについては，現在その発展途上にあり，電話相談のように安定した評価を得るためには，今後どのような形態となるのかが課題となっている。そのような変化の中，現時点で考えられるメールカウンセリングの効果を

表4・4 メールカウンセリングの効果

① カタルシス効果
自己を綴ることによるうっ積感情の吐露という効果がある。このことはカウンセリング共通の効果でもある。
② 自己問題の概念化
綴る作業は語るより，さらに自らを整理していく作業が加わり，自分自身を客観視できる効果がある。
③ 自己への気づき
通常のカウンセリング同様，自己整理による気づきが生じる。
④ 自己の思考過程の追跡
記録が残るメールは，自分の綴った内容を読み返すことにより，自らのこころのプロセスを振り返ることができる。
⑤ 自己開示のしやすさ
電子メールでは匿名性が保たれるため，利用者によっては個人が特定されず自己開示を促しやすい。
⑥ 自分を守る役割
相談の中断や返信の間延びが比較的容易で，内省による自己内変化スピードに対して柔軟に対応できる。
⑦ 認知の見直し
文章を綴る作業には，矛盾を修正するプロセスが加わる。相手には言葉以上の文章という形で伝えなくてはならず，その過程で認知の見直しが行われやすい。
⑧ 建設的取り組み
綴ることは自己の問題解決のプロセスを残すことである。自己改善への動機も高まると考えられる。
⑨ 情緒的支援の窓口
支援を求める利用者に対して，匿名性，非対面性からカウンセリングの敷居が低くなる。
⑩ かかりつけ相談者
無料の電話相談ではむずかしかったカウンセラー指名が，返信のタイムラグを活かし可能である。
⑪ つながっている安心感の維持
いつでもどこからでも相談することが可能である。アドレスさえ変更なければ，カウンセラーとの接点が維持される。

（林，1998 など）

まとめると，表4・4のようになる。

　以上のような効果が考えられるメールカウンセリングであるが，もちろんデメリットも多く存在する。

　次には実際のやりとりのプロセスや工夫についてふれていきたい。

3. 基本的なスタイル

1) 開始に向けて

　対面カウンセリングに時間的物理的な枠組み（構造）があるように，メールカウンセリングにおいても独特の支援構造が形作られつつある。

　次の表4・5は，これまで筆者や実践する仲間らがメールカウンセリングを模索する中で目安として形作った枠組みである。もちろん，カウンセラーの位置づけやシステムによって大きく異なる点もある。それぞれの実践の中から新たなスタイルを作る参考にしてほしい。また，メールカウンセリングがスタートした当初は，往信の回数や間隔，文字数，匿名性への問題など未知数のことが多かった。それらへの取り組み方を整理した内容を，表4・6に示しているので参考にしてみてほしい。

表4・5　支援構造

① 1回当たりのおおまかな文章の長さ
　800文字から2,000文字程度が，返信の範囲と考えられる。理由は，長文だと読み手，書き手とも労力が追いつかないこと。返信が長ければ長いほど焦点が曖昧になってしまうことなどがあげられる。また，短文の相談には短文の返信を，長文にはそれ相応の返信量を心がけ，返信に負担のない範囲で相談者に合わせていくこともポイントになる。なお携帯電話を用いた相談は，メールカウンセリングでも未知数なところが多く，今後の研究が必要である。
② 送受信の間隔
　ビジネス文書の返信マナーでは，即日または翌日となる。しかし，メールカウンセリングの場合は翌日から3日程度を目安と考えていきたい。これは通常の電子メールのやりとり（友人間など）が同日程度で行われることが多いからである。相談者の返信に対する期待もやはり同じようになる。
③ 相談回数（制限の有無）
　3回から5回程度をワンセッションとするなど，一定の区切りをつけながら相談を行った方が効果的にやりとりが進む。もちろん支援構造によっては無制限となる場合もあるが，長期的支援に立つ相談なのか，それとも何らかの成果を求めつつ行う相談活動なのかを分けていく必要がある。
④ 終結の方法
　相談開始時の契約事項によって異なるが，相談によっては，来談カウンセリングにつなげる，リファー先へつなげる（より支援力のある相談先）などの工夫が必要になってくる。いずれにしても相談の必要なとき，課題が解決しそうもないときは再び相談を利用するような投げかけが必要だと考える。
⑤ 守秘義務の説明
　相談開始時の契約に明記しておく必要がある。個人保護の立場，カウンセリングに理解を求める

立場からも何らかの明示が必要である。
⑥ 電子メール以外の連絡方法（所属団体などの明示）
　相談者が匿名でも，相談を受ける側は明確に立場を表明しておく必要がある。もちろん責任の明確性が求められるが，人間はどこの誰だかわからぬ専門家には，相談しないものである。実際，匿名の被相談者にはなかなか相談のアクセスがないという。
⑦ トラブル時の対処方法
　電子メールの場合は，通信機器の不具合により本文が不達となる場合もある。なんらかの理由のため不具合が生じることも想定し，トラブル時の連絡先，対応先を明示しておきたい。
⑧ 開始前に集めたい情報
　年代，性別，通院歴など，ごく基本的な情報は開始契約時に聞いておくこともできる。あまり細かい事前情報を集めようとすると相談の敷居が高くなるという問題も生じる。

　以上のような支援構造が考えられるが，発展途上にあるメールカウンセリングの構造はかかわりや場面によって異なり，明確な区分けはむずかしい。
　たとえば，病院での相談の補完的な支援ツールなのか，それとも大学での相談などに見られるように遠隔キャンパスに通う学生への支援なのか，また電子メールだけのつながりだけしか持てない関係なのかなどによっても異なってくる。ちなみに往信回数については，1週間に何通受けても大丈夫で，その間にカウンセラーから1回だけ返信するという形式にトライしている支援者もいるなど，方法はさまざまである。

表4・6　支援構造の特徴

① 往返信回数の特徴
　支援構造の違いによって，相談者の相談内容のプロセスが異なることがわかっている。相談回数が短くなればなるほど，相談者は困っている問題に対して端的な質問が多くなり，カウンセラーはアドバイスや情報提供の場面が多くなる。また回数が多くなればなるほど，相談プロセスは広がり通常の対面カウンセリングでの場面と似通ってくる。
　いずれにしても，構造への相互理解，事前契約は支援を行う上で不可欠なものである。

1回往返信タイプ	情報提供のみとなるため，質問形式が多くなる。
2回往返信タイプ	質問や情緒的関与が見られる。
3回往返信タイプ	凝縮された情緒的関与のある内容になる。
4回往返信タイプ	主訴の広がりが見られる。
無制限往返信タイプ	日々のできごとなどの語り綴りへと近づく。
期間限定無制限タイプ	（未知）

② 文字数制限について
　○相談者の文字数
　　相談者の相談文字数を無制限にすると，1,600字程度から読み手の負担が多くなる。しかし，制

限を付けると相談内容の語りが片寄る可能性，相談者が期待するカタルシスが得られない可能性があり，制限あり，なしどちらがよいとは一概に決定づけられない。
○カウンセラーの文字数
　一定の条件があると返信しやすく（800～1,200字程度），相談する側が返信の期待量を予測することができ，事前に返信量を示しておくと相談者にも受け入れられやすい。しかし往信の回数が多い場合は，カウンセラーからの返信が短くなることも多く，つねに一定量を返すとは限らない場合もある。
③　往信・返信期間について
着信3日目を過ぎたあたりから，相談者から「無事届きましたか？」などの確認メールが届きはじめる。これは通常の電子メールの返信日数の枠組みでもある。電子メールの普及にともない，メールカウンセリングでもその枠の影響を受けることが多くなってきた。利用者側，支援者側ともにメール文化に馴染んできたのだと想定される。
なお，即日や翌日返信の明記は，カウンセラーの負担が大きいだけではなく，実際として休日や休暇などの関係上むずかしいことも少なくない。
④　匿名性について
相談者のほとんどが匿名を希望してくる。ブログ，メル友など，電子メールの世界では匿名が一般的化しており，抵抗が少ないのが現状である。時代の流れは早く，ブログなどで実名表記をすると逆にその理由を尋ねられかねない。
なお，筆者の経験上では，匿名でメールカウンセリングを行っていた方でも，来談や電話相談に切り替わる時点で，氏名などを自然に申告する方がほとんどである。現代人はセキュリティの問題もあり，その区分けを違和感なく使い分けている。

2） アセスメント

相談の開始時，また途中でのアセスメントは心理テストを活用するかどうかにかかわらず重要である。メールカウンセリングの運営形態によっては，相談者にあらかじめウェブ上で可能な心理テストを受けてもらい，その結果を元に内容を進めるものもある。しかしほとんどの場合，相談初回の文章からその人となりなどをアセスメントすることとなる。

(1) 心理査定

大まかな人格判定は，後にふれる文章の特徴から把握することとなる。しかしどの場合もあくまでも文章からの憶測にすぎず，相談者とのやりとりから把握していくことが大切となる。

相談者の方に働く，初期の防衛機制を理解すると，
　　①　依存的服従的態度「傷つくのを恐れ自己主張しないでいる」
　　②　支配的攻撃的態度「優位な立場になることにより傷つくのを避ける」

③ 逃避的断念的態度「第三者的な立場に立ちテーマに入れないでいる」などがあげられる。いずれにしても，そんな形でしか相談できないということを留意することが重要である。

(2) **主訴の確認**
- 何を期待しているのか，困っていることはどんなことなのかの確認が必要になる場合もある。
- 文章を一方向からのみで理解せず，あせらず的確に，早合点しないこと。
- 相談者自身が何を，どのように伝えていってよいかわからないことも多い。
- ＊文章の癖や語られる内容にもよるが，送られてくる文章にはとらえどころがない内容のものもある。
- ＊伝わりにくさや主訴の拡散は，たんに電子メール経験の差による場合も見られ，とくにキャリア的な相談の場合は箇条書き的に整理し，明確化を促すような応答をする場合もある。

(3) **文章の特徴**

文章の特徴は，電子メールへの慣れの問題もあるので一概にいえないが，その人となり，パーソナリティが反映されることも少なくない。

- 全体のニュアンス：文書全体の雰囲気である。性別や年代によって文書表現は異なるし，言葉遣いによっては，自己価値観やプライドを推し量ることができる。
- 文書センテンスの長さ：文章に親しみを持っているかどうかによっても異なるが，几帳面さ，思慮深さなどが読み取れることも少なくない。神経質な人は文章のセンテンスが長くなる傾向がある。
- 顔文字の多用：電子メールの慣れを示すにはよい指標となる。頻繁に電子メールを使う人は，男女に関係なく顔文字を使う頻度が高まる。
- 文言の飾り具合い：知的すぎないか，逆に幼すぎないかなどの指標となる。
- 改行の使い方：几帳面な人ほど，改行が多くなる傾向がある。また状況が混乱しているほど，改行なく切羽詰まったような文章になると思われる。
- 質問の量：相談への期待，受け止めて欲しい気持ちを推し量ることができる。なお相手への負担を気にするあまり（自己抑制が強い）文章を短くする相談者もいる。

―――――――――――――――― <コラム 3>匿名性と情報量の不思議な関係 ――――――――――――――――

　面接カウンセリングは対面コミュニケーションであり，メールカウンセリングはコンピュータを介したコミュニケーション（CMC：computer-mediated communication）である。CMC は 1970 年代より研究が始まった新しい研究領域である。この CMC の特徴はいくつかあるが，ここではその中でも大きな特徴である匿名性について考えてみよう。なお，匿名性とは，説明するまでもないが自分を隠すということである。

　それでは，対面・電話・メールを情報のやりとりの点から比較してみよう。対面では通常，目・耳・鼻，そしてときには触覚をも使い相手の情報を得ることができる。これに対して電話は耳からの情報のみであり，またその声もダイレクトではなく，電話機・電話線を通過しての声である。対面にはビジュアル（画像）情報があり，正真正銘の相手が目の前にいる。一方，電話にはビジュアル情報はなく，相手は手を伸ばしても届かないところにいる。ではメールはどうか，文字情報のみということになろうか。しかもこの文字は，キーボードを叩きコンピュータの中で変換されて出てきたアスキー文字（デジタル情報）である。同じ文字でも手書き（アナログ情報）であれば，その筆跡から人となりなどを伺い知ることも可能だが，メールのアスキー文字からはそれはできない。また，この中ではメールだけがリアルタイム（同期）なコミュニケーションではない（ただし携帯メールでは，リアルタイムに近いコミュニケーションが可能である）。

　さて，それでは対面・電話・メールの中で一番匿名性が高いのはどれであろうか。これはメールであり，逆に一番匿名性が低いのは対面である。そして，この匿名性の高低は，情報量の多少と反比例の関係にある。すなわち情報量の一番多い対面が，匿名性では一番低いのである。話はちょっと変わるが，皆さんがある人に対して悪口をいいたいとき，しかも自分だとは気づかれたくないとき，一番安全な方法としてどういった手段をとるだろうか？　これを考えていくと，匿名性について理解が深まっていくのではないだろうか。

　さて，この CMC の特徴の一つである匿名性，これが実際にはコミュニケーションにどういった影響を与えるのだろうか。一つには攻撃行動を引き起こす可能性が指

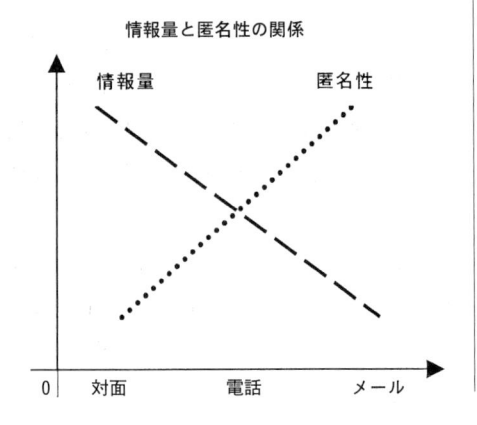

情報量と匿名性の関係

摘されている。これは匿名性が社会慣習や制約による抑制を弱め，抑制解除行動を現れやすくするというものである。ただし，この抑制解除行動は攻撃行動のみではない。実は，この抑制解除行動がメールカウンセリングのアクセサビリティ（accessibility：接近可能性）を上げているのである。アクセサビリティを上げるとは，ありていにいえばメールカウンセリングに対する敷居を低くするということだが，つまりは抑制が解除されることにより相談がしやすくなる＝こころの吐露をしやすくなるのである。

なお CMC の特徴には，匿名性の他に物理的距離（超地理性）もある。たとえば，遠く離れた人ともコミュニケーションができる，というものである。

〔参考文献〕

ペネベーカー／余語真夫監訳『オープニングアップ――秘密の告白と心身の健康』北大路書房，2000．

ウォレス／川浦康至・貝塚泉訳『インターネットの心理学』NTT 出版，2001．

- 漢字変換のようす：むずかしい漢字を多用し知的処理に片寄りすぎていないかどうか，誤字脱字が多く気持ちが焦っていないかどうかなどを想像することができる。

(4) その他の情報

- 送信時間帯：相談者の生活時間帯をうかがい知ることができる。
- メールアドレスの名前の付け方：(new.wave/otokomae/kenji.yamada/waniko)

    アドレスにもその人の内面が現れる。適度にユーモアを持っている人がユニークなアドレス名を使っていたり，希望や夢に苦しむ人がそれに関係する英単語のアドレスを持っていたりする。

- 件名のつけかた：(事務的な「職場の相談です」，愛想のある「先生助けて？ねっ」，ユニークな「ミヨコのお悩み 3 号」)

    フレンドリーな応答を求めているのか，それともきっちりとした支援による助言を求めているのかを想像することができる。また，表現によっては防衛的になりすぎたり，自尊心が極端に低下していないかどうかが読み取れるときがある。いずれにしても，カウンセラーが相談者にジョイニング（つながる工夫としての雰囲気へのチャンネル合わせ）することも大切となる。

3) ジョイニング

(1) 基本的な挨拶

- 枕言葉を入れる：電子メールでは基本的に時候の挨拶は省略される。「はじめまして私は……」「こんにちは」「久しぶりです」「この前はメールありがとう」など，基本的な常識の範囲で言葉を入れる。挨拶は電子メールの場合も大切なマナーである。
- 支援構造を知らせる：「お話は私以外に伝わることは一切ありませんから安心して下さいね」など，必要な情報提供はタイミングを見て伝えていく必要がある。

(2) ジョイニングする

- 相手のニュアンスと合わせる：言葉じりや文脈の使い方などを，カウンセラー自身が無理を感じない範囲で合わせていく。きっちりとしたニュアンスが伝わる相談には展開のはっきりした応答を，またフレンドリーな相談者に対しては日常的なニュアンスを，など違和感のない範囲で同じスタンスでの返信をする。
- 好意を伝える：好感を感じた面をアサーション（自己表現）で実直に伝える。これは文字媒介だけに頼る電子メールの特徴でもあるが，支持的な応答でカウンセラーの心情や状態をある程度伝えていかないと，情緒感のない応答になってしまう。相手の顔が見えない相談活動だけに，相談者がカウンセラーの人物像をつかみやすくし，相談しやすいやりとりの場を提供することは大切な支援でもある。味もそっけもないコミュニケーションにならないよう注意したい。

4) 応答の柱

メールカウンセリングも対面カウンセリングと同じであり，いかに相談を聴くか，相手の話を理解するかにかかっている。これはメンタルの相談であれ，将来像のさらなるステップアップを目指すキャリアカウンセリングでも同じである。相談者のこころをいかに聴くかが相談の柱になる。

(1) 無条件の肯定的関心
- クライエントの話に関心を持つ，批判や否定，評価は置いておくこと:「片寄らないこころ，こだわらないこころ，とらわれないこころ，広く広くもっと広く」というように相談者の心情に積極的な関心を持ち続けていきたい。

<POINT>
* ベテランの臨床家は，共感的理解の深まりとともに，意識しない言葉のオウム返し言動をする。
* 受容や共感的に理解されたことを，相手にしっかりと伝え返すことは対面カウンセリングと同じ。
* 相互作用なきカウンセリングは存在しない。
* ワープロ機能を生かしながらコピーアンドペースト（切り貼り）する。この点が手紙と異なる。
* 切り貼りは，便利な一面，何の情緒も理解もともなわない場合がある。

(2) 共感的理解に基づいたフィードバック
- クライエントの気持ちを，そのままに感じ取ろう（入ろう）としながら理解し，理解した内容を伝える。
- 内容をまとめたり繰り返し，しっかりと読んでいることを伝える。確認しながら洞察を促す。

<POINT>
* 文章という特徴上，ややもすると知的活動が高まり感情的関与が少なくなるといった傾向があるので注意する。
* 適切な質問を入れることによって感情を喚起することが求められる。

　　たとえば，「○○のときどのような気持ちになったか，苦しくならない範囲で教えて下さい」といった投げかけや，「○○のときどんな感じがして嫌な気がしたのかなって思っています。よかったら聞かせてもらえませんか？
　　思い出すと辛くなるようだったら無理しないで下さいね」というような問いかけをし，感情の具体的記述を求めていく方法など。

* 文章から情緒を読み取らなくてはならないので，内容によっては共感的な理解がむずかしい。

例）　不倫に悩むクライエント，不倫相手が妹の夫だという「彼をとっても愛

しているのね……」という共感も文字にすると強すぎる場合があるなど。

(3) **自己一致した態度**
- カウンセラー自身の素直な気持ちを知る。そして必要なときにはアサーション（自己表現）していく。

<POINT>
＊過度のカウンセラー側の自己表現、とくに自己体験を語るさいには、その意味と伝えたくなる理由を自らに問い直すこと。

5) **さまざまなアクセント**

メールカウンセリングの場合、限られた情報の中で、いかに効果的な質問をしていくかが鍵となる。かといって質問や投げかけが多すぎると、相談者は質問に応え切れずに返信が滞りがちになる。また、カウンセラーからの質問責めに対しての返信で労力を使ってしまうことにもなりかねない。カウンセラーはつねに質問の意図を考え、意味のない質問、ただ状況を確認するだけの質問を繰り返してしまわない思慮が必要である。

(1) **効果的な質問**
- 閉じた質問と、開いた質問の使い分け：認知レベルには閉じた質問（YESやNOで回答できる質問）、情緒レベルには開かれた質問（どのようにでも回答することができる質問）を効果的に使い分ける。とくにどのような思いでいるのか、どんな風に感じているかに焦点を当てていく。

  情緒＝×「お母さんは嫌い？」〇「お母さんのこと、どんな風に思っているの？」

- 質問の先走りに注意する

  質問の先走りの問題として、「クライエントからの非言語情報のなさを補おうと、明確化を越えて筆者の先走り的な解釈になった対応もある（例：「もしかしたら……ではないかなぁ？　と思いました」）」（小坂、1997）という点があげられる。小坂は、先走りによってクライエントが問題解決について依存を促してしまうことの危険を指摘している。

  メールカウンセリングの場合は、先走り的な解釈が間違っていても、相談者の表情や態度で齟齬が感じ取れず、カウンセラー側の思い込みで終わって

しまうことも少なくない。そして相談者の方も，応答の大変さから誤解を訂正しようとしないことが多い。
- ソリューションアプローチによる質問：ブリーフセラピーなどソリューション的な質問を投げかける解決指向により，新たな発見をうながすことができる場合がある（ただし相談者に心的なゆとりがあるとき）。以下はソリューションアプローチの代表例である。興味あるカウンセラーは，スキルを身に付けておいておきたい。

　なお，クライエントの置かれた自我水準の状態によっては，行動化など見立てを越えた事態をまねく恐れがある。また，相談者のプラスの面に視点を移すため，相談内容がポジティブな方向に偏る危険があることも注意したい。

① リフレーミング（問題の再構成）
② 例外探しの質問
③ ミラクル・クエスチョン（魔法の質問）
④ スケーリング・クエスチョン（数値化の質問）
⑤ ロールプレイ・クエスチョン（役割交換の質問）
⑥ コーピング・クエスチョン（対処行動を再認知する質問）

このほかにも質問の形としては，行動などをスモールステップで見つめ直す方法の「生活分析表」的カウンセリング（LAC）や「文章完成法」を応用する方法が考えられる。

(2) 解　釈

助言などと結びつけるため，心理的な解釈を相談者に伝えることがある。しかし電子メールの場合は，解釈が実直に相談者に伝わる例は少なく，むしろ誤解や困惑をもたらす結果となることも少なくない。とくに文章による解釈はインパクトが強く，解釈が相談者の腑に落ちないまま，それがお互いにわからず感情のすれ違いが起こりやすいし，逆に的を得すぎていても解釈の後にそれを話し合う場面もない。

これは精神分析的な解釈だけにとどまらず，認知解釈（自動思考と不合理的信念「事実か自動思考か」「合理的か不合理か」など）においても同じである。

(3) 対　決

　電子メールでの文脈上の誤解から，相談者と「怒っている，怒っていない」の二者択一的な往信がしばらく続いたが，たった1回の電話の最初の5分間で，何ごともなかったように相互理解がなされたことがある。

　文字情報だけのコミュニケーションでは，非言語が伝え合えられずに「対決にならない対決」「互いに深まらない対決」が繰り広げられる可能性がある。

(4) 専門知識の伝達

　キャリアカウンセリングを含め，知識，情報伝達としてのニーズが高いのもメールカウンセリングの特徴である。必要に応じた情報提供，情報入手の方法の助言は，インターネットの利便性を生かした支援となる。

　その特徴としては，情報収集アクセス権の拡大（リンク先からの情報集め），秘密性（電話とは異なり，同居人にやりとりを感じさせない），地域障害への支援拡大，スーパービジョンの拡大，心理テストの計量処理，医師やカウンセラーの選択機能の拡大，予防・開発的なカウンセリング啓蒙（柿井，1997）などがあげられる。

6) メールカウンセリングに活かす心理療法

　心理療法は，年間100余りの療法があみ出されては消えて行く世界でもある。カウンセラー自身のスタンスに合った心理療法のエッセンスを，メールカウンセリングに活用していくことも大切な支援につながる。

　メールカウンセリング独自のアプローチといったものはなく，また従来の心理療法のアプローチをメールカウンセリングにそのまま適用しても上手くいかない。たとえば，認知療法によるトリプルコラムの作成をストレートに相談者に依頼しても，その内容がかえってこない。役割交換法で役割を交換してもらい文書を綴ってもらおうとしても，その大変な作業を試みる相談者は少ない。

　次にあげた心理療法は，従来の対面カウンセリング場面を元に工夫をこらし発展してきたものばかりである。メールカウンセリングでも上手くエッセンスを活用できるよう，質問の方法を工夫したりしながら活かしてほしい。

(1) 「ライティング法」や「役割交換書簡法」「心理書簡法」
　　（心理更生として司法・教育分野で採用）

(2)「生活綴方」教育機関のリアリズム実践
(3)「日記指導」森田療法
(4)「自己記録の記載」行動療法
(5)「情動分析」認知療法
(6)「生活分析表」生活分析的カウンセリング（LAC）
(7)「文章完成法」を活用する臨床家
(8)「ブリーフセラピー」の質問
(9)「トリプルコラム法」認知療法
(10)「手紙」を活用する臨床家の事例モデル

7) 安全性を高めるために
(1) 相談上の問題
相談上の問題として，
- 相談者の依存的破綻の予防
- カウンセラーの仕事中毒の予防（プライベートとの区別）
- 事実だけにとらわれずに情緒的な課題をキャッチするトレーニング
- カウンセラーのメシア願望の予防

などがあげられる。これらは対面の場合とほぼ同じであるが，メールカウンセリングの場合は相談業務が自宅などでもできやすいだけに（個人開業の場合），情報保護とともにカウンセラーのプライベートとの区別をしっかり保つ必要がある。

(2) 機能上の問題
機能上の問題としては，以下があげられる。
- 電子メール署名機能の自動添付の停止：誤ってカウンセラー個人の情報が伝わってしまわないように配慮する必要がある。
- 間違え送信の予防：電子メールはその利便性がゆえに，クリック一つで作成した内容が相手に届いてしまう。また，パソコン本体・メールソフトに個人情報の登録を行っていて，その内容が伝わったり，自己のホームページでの必要以上の情報公開を行っていないかの確認も必要である。

8) 介入について

インターネット上には，さまざまな危機刺激が存在している。たとえば，ひところ話題となった「ホームページ上で公開された自殺日記（女子高校生のサイト）」や，面識もなくネット上で知り合った人同士の自殺企図など，アクセスが自由なだけに問題点も少なくない。そうしたインターネット特有の背景を理解しながら，支援する側は危機介入を行う必要がある。

自殺の問題は，とくにメンタルの相談を行う者にとっては避けてはとおれない課題でもある。最近の傾向（自殺統計，30代のうつが増加しているなど）を把握しておくことはもちろんのこと，「わが国の若年層の自殺者は，他国と比較して多い」ことや，「自殺をほのめかす人，未遂を繰り返す人ほど自殺の危険性が高い」など，ややもすると逆のことを想定しやすい誤解を自らが解いておく必要がある。

このほか，緊急時の連絡先の情報把握（「いのちの電話」その他の連絡先，リファー先のネットワークなど）をしておく必要がある。必要なとき相談者に情報提供し，他の相談先への連絡をつけやすいようにしておく。一般的な情報は，地域の保健センターなどに問い合わせると入手しやすい。またごく稀ではあるが，メールの相談者が関係機関に連絡をとり自殺を予防できた事例もある。相談者の情報提供の状態や程度によっては，関係機関や警察などと連携・支援を検討する必要がある。

表4・7　自殺にかかわる相談対応

(1) 死の訴えに直面する 　無理に話を明るくしたり，死のテーマから話を逸らさない。
(2) 危機の程度を理解する 　自殺念慮，自殺企図，衝動的自殺など，場合によっては現況をためらわず具体的に尋ねることも大切。
(3) 感情表現と現実対応 　共感的理解を示し感情の表出を助けながらも，現実的対応に目を向けてもらうアプローチも必要になる。
(4) 関係づけをする 　新しい提案や計画を知る。カウンセラーの自己一致をもって，共に責任を持つなどの提案をする。
(5) 再度のメールの依頼 　相談構造にもよるが，基本的には今後の相談依頼を促し孤立化を防止するアプローチが重要となる。

〔出典〕：（秋山聡平・斎藤友紀雄『自殺問題Q&A―自殺予防のために―』至文堂，2002）を渋谷が改変

9) その他の重要な事項

次にあげるような病態によっては，一般的なメールカウンセリングでは対応が困難な場合もある。カウンセラーは，スーパーバイズを受けることができる経験者や上位者とのネットワークが求められる。

- 重度のうつの方とのメールカウンセリング
- 妄想状態の方とのメールカウンセリング
- ボーダーライン（境界性人格障害）の方とのメールカウンセリング
- 医師やカウンセラー批判，病院批判，投薬批判を含むメールカウンセリング

＊メンタルを専門とするカウンセラーは，統合失調症やうつ病を話題とするメーリングリスト，ボーダーラインの人が集まる掲示板などを参考とするなど，日頃からそれらのインターネット上の世界を理解しておく必要がある。

次の表4・8の一覧は，メールカウンセリングをすすめるうえでの留意点をまとめ，チェック項目とした。メールカウンセリングをすすめながらも，ときおり振り返っていく必要がある。

表4・8 実践するさいのチェック項目

- □ フィードバックによる病理（妄想など）の助長をうながしていないか。
- □ 文章・文脈には見えない部分についての可能性を探っているか。
- □ 見えてこない部分を適切に質問しているか。
- □ 相談者の期待度を把握しているか。
- □ 内省ばかりに偏っていないか（現実と内面にバランスよく応答しているか）。
- □ 相談者の現実検討，直接対決などを避ける材料として，相談が機能しすぎていないか。
- □ 健康な部分をサポートしているか。
- □ 抽象的・知的処理に陥っていないか。
- □ 非言語情報が欠けていることを忘れていないか。
- □ 文字情報という言葉の意味の鮮明さと固定性に注意しているか。
- □ 適切・必要な情報を伝えているか。
- □ 電子メールでできること，できないことの限界を相互理解しているか。
- □ 緊急時の想定を考えているか。
- □ 往信の期間や終了方法などの治療的契約の枠を互いに理解しているか。
- □ 綴る作業がお互いの理解から外れ孤独な作業に陥っていないか。

4. 他のカウンセリングとの相違

1) メールカウンセリングの特徴から
(1) 非言語情報が伝わらない
◎雰囲気や筆跡など，言語以外の情報は皆無に等しい

非言語情報を補うため電子メールでは，エモティコン（顔文字）による感情のカッコ入れ（emotional bracketing）や，文書表現の微妙な工夫により，情緒を伝達（ワープロスキルの習熟度により特徴が発生）しようとしている。しかしながら，メールカウンセリングでは，コミュニケーションをスムーズにする効果を発揮する場合がある程度にとどまっている。

(2) 間接的つながり
◎メールカウンセリングの特質は「間接的つながり」にある

相手の氏名，社会的背景，所属先などの情報が伝えられることは少なく，あくまでも文章上の情報のみから構成される時間的・空間的スペースを作り出している。相談者を周辺の情報からステレオタイプに判断していかないというメリットはあるものの，あくまでもコミュニケーションは間接的なものである。

(3) クライエントの自我状態
◎知的作業を経た自我状態しかわからない

メールカウンセリングは文章を綴るという，知的作業がともなう。そのため比較的健康度の高い相談者へのニーズに応えることしかできない。また，知的作業というバイアスがかかった上での相手理解であるので，本来の自我状態が表明されているわけではない。

(4) 仮想としてのつながり
◎仮想現実の世界である

リアリティのないインターネットの世界に触れることは，真実から離れるだけではなく，心実（心の中にある感覚的事実）からも離れていく可能性のある仮想性の危うさにかかわることでもある。

(5) 綴ること，物語ること
◎自己内面を一度外に出し眺め直す

あたかも日記を読み直すように文章を綴ることは，自己の内面を一度外に出し，眺め直して観る作業である。相談者の物語りが一度外に置かれ，綴る作業を抜けると，物語りはつねに眺め観られることになる。ときに脇に置かれた物語りは，相談者と被相談者の間に鮮烈に写し出され，直視するにはまぶしすぎる。この「脇に置かれた物語り」の厳しさに戸惑いながらも，対峙する自我が必要なのがメールカウンセリングとなる。

(6) **自己を綴ることの危うさ**

◎対象のない世界へ自己を投げかけていく作業である

メールカウンセリングでは，短いやりとりの間で急速な自己開示が生じる場合がある。相手の姿が見えない制限感のなさが自己開示を促すものと想像されるが，突然に開放された準備のできていない自己開示は，自我の位置づけの混乱を招く場合がある。その特徴をまとめると，

① 綴られた物語りは，双方にとって少し脇に置かれているということ
② 相手を直接に包み込むような言葉を多用しないこと（物語りを占領しないこと）
③ 言葉の空間（スキ間）を持った，往信を心がけること
④ 相談者が受け入れがたい言葉に焦点を鋭く当てないこと

という注意点が浮かび上がってくる。

(7) **相談者自身の課題が整理され鮮明になる**

◎綴ることにより，相談者自身の課題が明確になる

語ることのカタルシス効果があることは，対面・非対面にかかわらずあげられるが，文字化されたカタルシスは，自己感覚の整理にたどりつき，新たな物語りを生み出してゆく。その中で，文章は曖昧さを持たず，固定化された自己洞察へと偏る危険性を内在している。相談者からの投げかけが急激で固定的な場合は，課題が鮮明となりすぎる危うさを抱えている。

2) 他のカウンセリング環境との比較

メールカウンセリングと他の方法との比較については，表4・9を参照されたい。

表4・9 メールカウンセリングにおける他方法との比較

	メールカウンセリング	電話カウンセリング	来談カウンセリング
[心理療法上の比較]			
非言語情報の相互交流	×	△	◎
感情の確認	△	○	◎
カウンセラーの負担	△	○	◎
危機介入のしやすさ	△	○	◎
ラポール形成	△	○	◎
カウンセリングに対する習慣依存性	○	△	◎
具体的な心理療法の導入	×	△	◎
虚偽情報やいたずら	○	△	◎
匿名性	○	◎	△
敷居の低さ	◎	○	△
周囲への配慮	◎	○	○
バーチャル性	◎	○	△
[物理的環境上の比較]			
情報漏洩の危険	△	○	◎
技術スキルの修得	△	◎	◎
移動の拘束性	○	◎	△
相談記録の保管	◎	◎	△
時間の制約性	◎	○	△

(◎とても優れている,○優れている,△劣っている,×原則不可能)

5. 逐語カテゴリー分析から

　実際のメールカウンセリングで,支援者はどのように応答を返しているのか。ここではその特徴を整理するために,電話相談などでも研究が進められている方法で逐語カテゴリー分析を行った。
　分析では,3名のカウンセラーの相談内容から句読点を1センテンスとし,1,751センテンスの逐語を抽出して,時制やフィードバックの内容をカウントしたものである。

1) カウンセラーが用いる時制

返信時の時制は，圧倒的に「……ですね」「……だと思います」というような現在形が多くを占めた。綴ることを用いたカウンセリングでは，相談の文章に過去形が用いられた表明が多いほど，問題解決や心的処理がなされていないことが知られている。今ここでの感情や事実に焦点を向けようとするカウンセラー側の姿勢が伺い知れる結果といえるかも知れない。

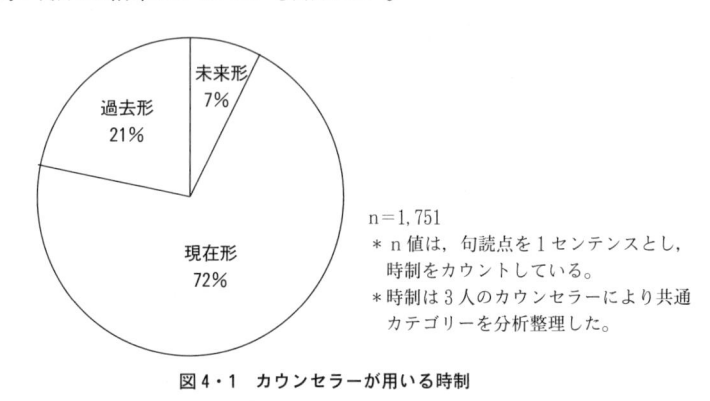

過去形 21%
未来形 7%
現在形 72%

n＝1,751
＊n値は，句読点を1センテンスとし，時制をカウントしている。
＊時制は3人のカウンセラーにより共通カテゴリーを分析整理した。

図4・1　カウンセラーが用いる時制

2) メーラーが用いるフィードバック

カウンセラーが用いるフィードバックは，質問や理解を示す文章の他，カウンセリングの立場から見た場合は，次のような応答分析が有用となる。

新聞などに掲載される人生相談的な内容とは異なり，思いのほかアドバイスや解釈が少ないのが特徴といえる。その理由は，カウンセリングのスタイルを前提

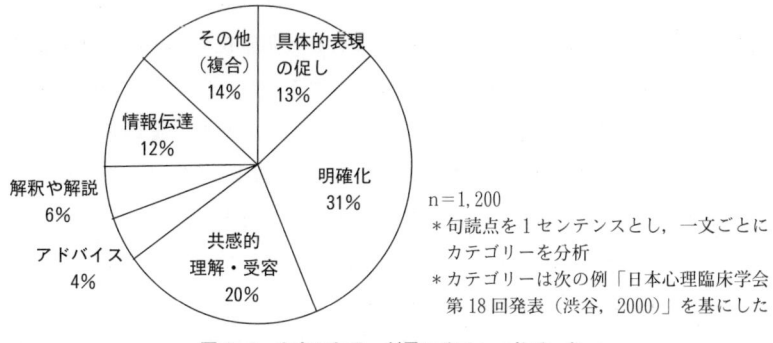

その他（複合） 14%
具体的表現の促し 13%
情報伝達 12%
解釈や解説 6%
アドバイス 4%
共感的理解・受容 20%
明確化 31%

n＝1,200
＊句読点を1センテンスとし，一文ごとにカテゴリーを分析
＊カテゴリーは次の例「日本心理臨床学会第18回発表（渋谷，2000）」を基にした

図4・2　カウンセラーが用いるフィードバック

としていることにあるが，それよりもなお人生相談とは異なり，メールカウンセリングが数回の往信を前提として進められている点にあると考えられる。

〔おもなカテゴリーの文脈（例）〕

◎共感的理解・受容

「△△△と感じているのですね」

「そんなときに○○に思うお気持ち，とても理解できます」

「○×っていう感じになるのね……」

◎明確化（事実や感情）

「○×△に思うお気持ちって，とてもイライラしたり，むしゃくしゃするのかしら」

「（まとめていうと）お母さんと一緒にいると，とっても辛くなるんですね」

「○○が起こったときは，□□さんがすぐに飛んでくるんですね」

「コンビニには行けるけど，電車には乗れないのですね」

◎具体的表現の促し

「そのことをもう少し詳しく教えてもらえたらと思いました」

「そのとき本当は何とおっしゃりたかったのかしら，何か心の中でつぶやいていたことを探してみてほしいのです」

「あなたは今そのときのことを思い出すと，どんな気持ちになるのかなぁ」

3） フィードバックの特徴

　フィードバックの特徴としては，インテーク（相談初回）ほど共感的理解・受容的態度などが多くなる傾向があり，中盤になると明確化や表現の促しなど積極的関与が増加する。今回の分析対象のカウンセラーは，いずれも電話相談のキャリアを持つものであり，電話相談の一般的な傾向とも類似している点も多い。また，アドバイスや情報提供などは，相談が終結（今回の場合はカウンセラーからの3回の返信で終了を契約）に近づくほど多くなる傾向が伺い知れた。カウンセラーとしては有効性のある（ありそうな）伝達を残して終えたくなる。そして相談者もそれを期待しているものと考えられる。

　いずれにしても，相談者の悩みを分析するアナライズな対応よりも，なにより

もまずは相談者を理解し支援するサポーティブな姿勢が必要である。これらの分析を見ても、ベテランのメールカウンセラーになるほど、その点をしっかりと押さえているようである。

表4・10 共感的理解・受容の変化推移

n=240

	初回返信	2回目返信	3回目返信	反応数
Aメーラー	58回 44%	45回 34%	29回 22%	n=132
Bメーラー	22回 31%	29回 40%	21回 29%	n=73
Cメーラー	14回 39%	12回 35%	9回 26%	n=35

※χ^2検定(4)=4.03, ns

表4・11 明確化の変化推移

n=372

	初回返信	2回目返信	3回目返信	反応数
Aメーラー	25回 20%	83回 65%	19回 15%	n=127
Bメーラー	**21回 11%	**144回 78%	21回 11%	n=186
Cメーラー	**27回 46%	**21回 35%	11回 19%	n=59

※χ^2検定(4)=40.91, p<.01（表中　**p<.01）

表4・12 具体的表現の促しの変化推移

n=156

	初回返信	2回目返信	3回目返信	反応数
Aメーラー	47回 41%	51回 44%	17回 15%	n=115
Bメーラー	12回 38%	16回 50%	4回 12%	n=32
Cメーラー	1回 11%	5回 56%	3回 33%	n=9

※χ^2検定(4)=4.37, ns

6. ナラティブ・セラピーの視点

> 「私はこういう人間です」と物語ること,あるいは語り直すことを通じて,クライエントが直面している危機を乗り越えられるような「物語り」の再形成を目指している。この実践理論は書き換え療法とも呼ばれ,人生のストーリーを語り綴る作業をカウンセラーと共に行うことに重きを置いている。

(1) 綴ること,物語こと

「文章を綴ることは,自己の内面を一度外に出し眺め直して観る作業である。」

メールカウンセリングでは,この一連の作業を2人で綴ってゆく。このようすは,小説ではあたかも著者と読者の間で言葉が交わされながら,新たな物語りが作られていくプロセスのようでもある。だが唯一,対面と大きく異なる点は,物語りが一度2人の外に置かれることにある(図4・3,4・4は,メールカウンセリングと対面カウンセリングとの物語りの置かれ方の相違を示す)。対面では,即興的・流動的に同空間で物語りが生まれては消えていくが,メールという集約的・思考的な綴る作業を抜けると,物語りはつねに眺め観られる運命となる。

日記を読み返すときの気持ちを想像してみてほしい。ときに脇に置かれた物語りは,2人の間に鮮烈に写し出され,直視するにはまぶしすぎる。メールカウンセリングでは,次に触れる自己開示の問題を含め,この「脇に置かれた物語り」の厳しさに戸惑いながらも,対峙する自我力が必要とされるのは,この点にある。

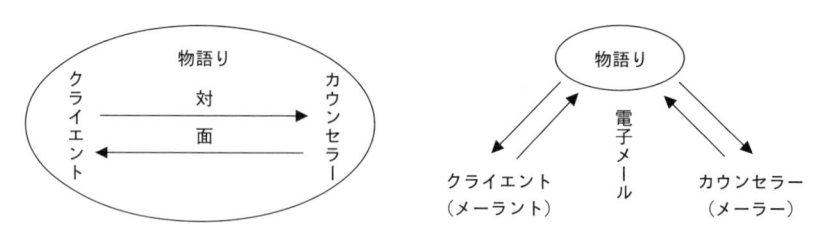

図4・3 対面カウンセリングに見る物語りの場　図4・4 メールカウンセリングに見る物語りの場

(2) **自己を綴ることの危うさ**

　メールカウンセリングでは，短いやりとりの間で急速な自己開示が生じる事例も多い。このメールカウンセリングの特質としての「自己を綴ることの危うさ」を見逃してはならない。これは，メールの匿名性がもたらす安心感や，直接に対面していないという距離感に加え，ワープロが持つ思いをキーボードにぶつけるといった行動感覚の側面にも要因がある。

　準備のできていない自己開示は，相談活動の中断や戸惑いを促しやすく，また突然に開放された自我の位置づけの混乱を招くと考えられる。ある事例では，通常の対面カウンセリングでは相応の信頼関係が成立していないと語られない内容が，2回ほどの往信でテーマとしてあがること（異性間では語られにくい内容など）が述べられている。この早期の自己開示は，メールの持つ「間接的なつながり方」，「脇に置かれた物語り性」の特質そのものが生み出す事象である。カウンセラーは，その点を踏まえながら相談を進めてゆく必要がある。

　必要な視点を整理すると，

① 綴られた物語りは，双方にとって少し脇に置かれているということ
② 相手を直接に包み込むような言葉で返さないこと（物語りを占領しないこと）
③ 言葉の空間（スキ間）を持った，往信を心がけること
④ 気づきに目が醒めていない言葉に焦点を鋭く当てないこと

などがあげられる。

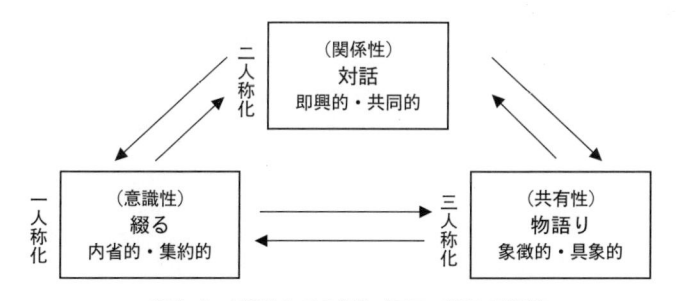

図4・5　対話としての綴り（田口，2000を改変）

(3) **カウンセリングから伝えられる，クライエント自身の投射**

　言葉を綴り相手に伝える作業を通じて，相談者は自己の無意識に閉じられてい

た葛藤や感情に触れていく。そこではじめて，心を文字に描写した形でのカタルシス効果が生まれるのである。文字化されたカタルシスは，たんに感情を吐露するだけではなく，自己感覚の整理にたどりつき，未来への物語りを生み出してゆくともとらえられる。

しかし，ときに言語化された言葉は曖昧さを許さず（北山，2000），固定化された自己洞察へと偏る危険性を内在している。2人がこの特質に気づかずにいると，言葉という枠組みの危うい側面が露呈される。カウンセラー自身の投射の行為が，限定された方向へカウンセリングを向けてしまうのである。物語りへの応答は，幅があり緩やかなものでなくてはならない，と考える。文章という性質から生まれる，急激で固定的な文章での投射は相手にとって強いインパクトが残ることにもなる。

〔文献〕
小坂守孝「電子メールによる心理援助サービスの実践的研究」『コミュニティ心理学研究』11(2)，pp. 187-198，1997.
柿井敏昭「双方向TVを用いたマルチメディアカウンセリングの基礎的研究」『心理学研究』68，pp. 9-16，1997.
北山修「情緒と言語化」『精神分析研究』44(1)，pp. 37-45，2000.
田口太「対話実践としての生活綴方」『生活綴方論文集』東洋大学文学部教育学科志摩研究室（海老名みさ子・田口太編），2000.
林潔「社会的サポートとしての電子メールを用いたカウンセリングの役割」『電話相談研究』10，pp. 31-38，1999.
妙木浩之・MAKI『好きできらいで好き　心理経済学講座』日本放送出版協会，2001.

第5章 メールカウンセリングのすすめ方

1. 筆者の立場

　本章の主旨と少々はずれると思われるが，筆者の立場を説明したい。筆者の専門はキャリアカウンセリングである。学生および就労者の今後の進路（学校選び，就労先選び），働き方（働く目的，働きがい，生きがい）についての自己理解のお手伝いをすることである。また，今後の進路について，意思決定の能力を開発することによって，より自分を活かせる環境を探索することができるようになる。このように自分自身の現在の関心と環境の選択や調整をする，その過程で能力が開発されていく。なぜなら，環境のあわないところで，努力を続けても心理的な満足感や達成感は味わいにくい。自分を抑えて努力を続けてしまうだろう。すると，次の目標が自然に内面から生まれてこない。よって，その努力が内発的動機につながらないだろうと筆者は考えている。我慢したり努力したりすることができるのは，主観的な見通しが立つからである。見通しのないところで，我慢したり努力せざるを得ない状況でも，何かを得ようという意識があれば，何かが見つかるだろう。最近のメンタルヘルス不全の増加を防止するためにも，キャリアカウンセリングのアプローチは，有用であると考えている。

　なぜなら，はじめて仕事に就いてから，1年目に不調になり，2年目から病気休暇に至ってしまう事例とかかわることがある。その人たちは，それまで20年前後，学校現場で適応していた人もいる。またはよく話を聴いてみると，それまでに学校現場で不適応を起こしている人もいる。前者の場合は，おもに本人が「仕事内容に興味が持てない。しかし他の企業を落ちてしまったから，入社した」「仕事がわからないのに，『自分で考えろ』と仕事を教えてもらえなかった」「仕

事を与えてもらえなかった」という状況で，本人の努力不足というよりも，入社後の職場の育成姿勢が，本人の適性をうまく活かす方向に働いていないと考えられる。また，家族も「今の会社をやめると，もったいない」「今の若者は甘い」と本人の話を真摯に聴かないで断定してしまい，本人を追いつめてしまう。

後者の場合は，「大学時代は，ほとんどひきこもっていた」，「大学には毎日通っていたが，まったくアルバイトはしなかった」など，社会とのかかわり方が希薄なようすがうかがえる。このような場合は，適応するまで時間がかかる。または適応できる就職先の開拓が必要である。

前者の場合は1～2回の面接でも，本人が自らの方向を見つけることができる。そのようなときは，キャリアカウンセリングの必要性を改めて感じ，本章で訴えたい気持ちが強くなる。

そして，キャリアカウンセリングの定義は，次のNCDAの定義が一番，筆者感覚の立場に近い。

> キャリアカウンセリングとは，「職業及びキャリア・カウンセリングは，職業，キャリア，生涯にわたるキャリア，キャリアの意思決定，キャリア計画その他のキャリア開発に関する諸問題やコンフリクトについて，資格をもつ専門家が個人または集団に対して働きかけ，援助する諸活動である」。(NCDA, *National Career Development Association*, 1991)

筆者のキャリアカウンセリングの仮説は，自己の未来像を見つけ，そこに方向を仮に定めて，歩みだす一歩のための支援である。

> 「キャリア形成とは，外的キャリア（会社・職場・地位・待遇）と内的キャリア（価値・関心・興味）を，所属の期待（組織，家族，地域）と自己の欲求のバランスをとりながら，修正と統合の繰り返しの一連の過程である。ひとことでいうと，自己理解と職業（職務および職務環境）経験の蓄積である。」（佐藤敏子『実践　職場のキャリアカウンセリング』日本法令，2005. 一部改変）

もちろん，キャリアカウンセリングであっても，カウンセリングである。クライエントとカウンセラーの人間関係の中で，お互いの見えないこころの働きに注意が向けられ，内側の自立，自律が促進されるのである。そのためには，カウン

リングという仕事は，何か特別な仕事と思われているような感じがあるが，下記のようにどのような仕事も外からは見えない部分に，注意を当てていると思っている。

　　イオン化の信号を見つけられたのは，「見えないものを見る努力をしていたからだ」と言われました。たしかに，見る（see）ことと認識（recognize）することは大きく違います。私は，見えないかもしれない現象を，意識的に見る努力をしてきたと言えます。（田中耕一『生涯最高の失敗』朝日新聞社，2003）

　このように，見える部分と見えない部分を双方向から意識していることで，見えてくるものがあると考えている。メールカウンセリングは，まさに見えないことだらけである。対面カウンセリングと比較して，絶対的な情報量が不足している。しかし，情報量が少ないという中で，できることはある。対面カウンセリングとメールカウンセリングは，同じものではないのである。
　遠隔地医療等で，テレビを使って問診をしている医師たちも，通常の問診とは同じものとは考えていないと思う。観劇でもコンサートでも，テレビで見るのと現地に足を運ぶのとでは，感動は違う。

2. 時代性とメールカウンセリングとの出会い

「見えないものを見たい」という筆者の無意識が，メールカウンセリングにつながっていくのである。
　メールカウンセリングと出会った時期には，某 IT 企業の SE（システムエンジニア）のために，全社員対象のメンタルヘルス研修と社内でのカウンセリングを実施しようとしている時期であった。多忙な SE が身近に相談できるのは，やはりメールの世界である。
　夜遅く帰宅して，やっと自分自身に戻ったとき，疲れたと感じたり，寂しさや不安を感じたときに，相談室は開いていない。メールのやりとりが基本のコミュニケーションの手段になっている SE たち，開発系エンジニアには，電話相談はなじみにくい。
　また，ある半導体メーカーのメンタルヘルス研修の講師として伺ったとき，

98%の受講者がノート型パソコンを持ち込んでいた。筆者の顔を見て話を聞くよりもパソコンに情報を入力しているようすが，感じられた。

　また，私のキャリアカウンセリングへの道を開いてくださった師は，志半ば，病で他界した。その直前まで病室のベッド横には，ノート型パソコンとプリンターを持ち込んで，心理学統計のデータを処理していた。どんな場面でも，どんなときでも，パソコンとコミュニケーション手段さえ確保することで，最悪の状態になったとしても，自分を支えることができると感じた。

　そのような背景がありつつも，メールカウンセリングを始めるのは，とても怖かった。臨床面接に自信がないのに，メールでのやりとりなんて無理，という思いもあった。その頃，株式会社ピースマインドの若手の創業者，荻原国啓さん・荻原英人さんらと出会った。また，東京メンタルヘルスアカデミーの同僚である渋谷英雄さんらと，メールカウンセリングの仕組みづくりから検討を重ねていった。仲間がいると強くなれる。

　また，産業カウンセラーら，カウンセリングを学んでも活かす場がないと感じている人は少なくない。日常のコミュニケーションとカウンセリングのコミュニケーションは，違う面がある。その違いを学ぶためには，実際の面接現場に陪席する必要がある。しかし，陪席して学ぶ機会を得るまでには，師を探し，許可を得るまでの道のりは遠い。セラピストではなく，新人カウンセラーに対して日常生活により近いところで，訓練できる機会をつくりたいと常日頃から思っていた。

3. メールカウンセリングをするときのこころ構え

1）時間の確保

　カウンセリングの面接技術を学んでいなくても人から相談されたら，じっくりと落ち着いて話を聴くことができる人は少なくない。たぶん家庭教育，学校教育，産業現場で，無意識に身についているのだろう。

　対面カウンセリングでも，電話カウンセリングでも，自分が落ち着いて，話を聴ける時間を確保するということが，まずはこころ構えであろう。メールカウンセリングの場合は，返事を返すまでの時間がかかるので，ある程度は自分の中で

返事を咀しゃくすることができる。

　しかし，時間のない中で返事を書くと，やさしさというか，配慮に欠ける。やっつけ仕事のような出来映えになって，結果的に自分自身が落ち込むのである。かといって時間のない中で，丁寧に丁寧に書き込んでいると，自分がバーンアウトする。

　どんな産業人でも，とくにパソコンを活用した仕事に従事していると，眼精疲労と脳疲労が蓄積しないようにしないと，メンタルヘルス不全への道に舞い込んでしまう危険性がある。他者の支援の前に，まずは自己管理が必要である。

2) 文章のセンス

　たとえば，「本を読むこと」と「本が書けること」の能力は違う。多くの本を読んでいても，本が書けるとは限らない。本を読んでいなくても，文章のセンスが抜群の人はいる。ただし，相手に届く文章を書こうと意図したり意識したりすれば，能力はよりいっそう開発される。

　メールカウンセリングという文章的支援のセンスとは，「自分がどのような文章から，エネルギーをもらえるだろうか」という問いを追求しつづける人であろう。メールカウンセリングを学ぶことで，この問いが内側から沸き上がってくる人は，メールカウンセリングのセンスが向上していく人だろう。ここでいうセンスとは，「場の雰囲気を感じる力」と筆者は考えている。

　華やかな会合に出席するときに，いつも着ている地味なスーツであればセンスがない。いつも着ている地味なスーツであっても，ネクタイを変える，アクセサリーを華やかにするなど，場の期待や雰囲気に見えない相互作用を与える人がセンスがあるといえるのではないだろうか。

　自分の欲をだしすぎたり，または抑えすぎたりすると，場の流れが滞るように感じる。それは研修講師やファシリテーターなど，集団にかかわっていると開発される感覚である。そのためには全身をリラックスさせて，場の雰囲気を感じ，場に馴染み，その場で必要なことをひらめきやすい状態にしておくことで，自然に必要な言葉がでてくるだろう。このような日常の意識が，メールカウンセリングの土台になっていく。

3) 基本は対面相談

　対面相談や電話相談の経験があり，スーパーバイズを受けていれば，基本的にメールカウンセリングはその応用で対応できるであろう。よって，メールだけでしか相談の場がないというと，非常に対応に苦労するだろう。そういう状況であれば，自分がクライエント体験をつむことや，またはスーパーバイザーに指導してもらうことで対応のコツをつかむことができるだろう。

4．メールカウンセリングの開始

1) メールを読む・行間を読む

　まずはメールを読む。人により，最初はざっと読む人と，最初から細かいところまで丁寧に読み込む人と，個々人で違いがある。それはその人の仕事の仕方と思うので，自分のスタイルで始めたらよい。

　筆者の場合は，まず本文を読むという感じである。ざっとでも，読み込むでもない。そのときに，クライエントの性別・年齢・所属などは，後回しにする。なぜなら，以前に「きりこさん」（仮称）というメールクライエントがいらした。メールカウンセリングのやりとりの中で，クライエントの課題が明らかになってきて，解決を望まれていたので来談をすすめた。その方が来談したときは，男性だったのである。性同一性障害での相談ではないが，「男らしさ」に対しての劣等感が見え隠れしていた。

　筆者は，文面が男性と感じなかったのである。なんと鈍いのだろうかとあきれ果てた。クライエントは，女性と思いこんでいた。きりこさんと書かれた名前に，女性と断定して，疑わない筆者であった。仕事柄，これではいけないと文面を優先して読み，属性は文面から推測する癖をつけるように意識している。

　また，行間やスペースの置き方によって，こころの状態の手がかりになる。せっぱつまっていたら，会話をしていても矢継ぎ早やに言葉を発することがある。同じようにメールであっても，改行をしたり，スペースをおいたりしないのである。手紙やメールであっても，ある程度の空間があると読みやすくなる。相手に読んでもらえるような配慮が，レイアウト上に現れるのである。次のメールは，空間をあける余裕がないのだろうと，理解できるメールである。

〔例:蓄積した緊張感が伝わってくるメール〕

> 何から話してよいのか……。
> 今まで,色々ありすぎて疲れました。高卒で就職して2年目に,転勤してきた上司と折り合いが悪く,ことあるごとに文句や苦情をいわれ周りの人間は上司の人間性の問題を噂で知っていたので,気にすることはないといってくれていたのですが,私の態度に反抗的な部分が出ていたのでしょう。誰も周りにいないときに「ケリをつけよう」と上司にいわれ,殴られそうになりました。多分,殴るふりをしてビビらせようとしたのだと思います。それ以来,眠られなくなり,また,書類が合っていても文句をつけてくる上司だったので何に対しても必要以上に確認してしまうくせがつきました。食事もできなくなり精神科に通いました。当時は公務員をしていたのですが仕事も結局辞めました。仕事を辞めて問題の上司から離れれば病気も落ち着いてくると担当医にいわれたので……それを信じて。でも,確認ぐせといつのまにか身についた人間不信は今になっても治りません。(以下略)

このメールは,全文の5分の1を掲載している。このようにたくさん書いてくださると,どのように返事をしてよいかわからない。なぜなら対面カウンセリングであれば,話を聴いて,うなずきながらも「どこが一番重要なのか」声のトーンや表情から,伝わってくるものがある。しかし,メールでは,「かなりの苦痛な時間をなんとか,うまくやっていこうと我慢をして,無理をせざるをえない状態が続いてしまったのでしょうか」というような,行間から感じる返事を筆者は書く。行間や改行は,会話のリズムやテンポである。緊張を強く感じている人は,一定のリズムやテンポではないので,早すぎたり,遅すぎたりとこちらが呼吸を合わせるのがむずかしい。それはメールでも同じであり,ある程度クライエントの状況を理解する手がかりになると感じている。

2) 見立て・方針・支援

見立てを立てるときは,初回に読んだメールで,筆者に沸き起こってきた感情・感覚を大事にする。そのときは,無意識に次のような問いとそしてクライエントが望む方向を見つけようと読み込んでいる。

- クライエントはどのような気持ちで書いたのだろうか
- メールカウンセリング，メールカウンセラーに何を期待しているのか
- クライエントが本当に困っていることは何か
- クライエントは何を伝えたいのか
- メールのやりとりで解決できることは何か
- クライエントの課題は何か
- クライエントのパーソナリティの特徴は
- クライエントの健康度は？　自我水準は？
- クライエントの主訴は？
- クライエントのニーズは？
- クライエントの小ゴールは？　大ゴールは？

　無意識に文章に耳を傾け（文書に耳を傾けるというのは，おかしな表現だが），同時に指先は返事を書いているという段階では，すでに見立てが立てられている。なぜなら，メールを読んで共感できなかったら，返事が書けない。しかし，筆者の読解力，理解力の不足等で，見立てが立てられない事例もある。簡単にいうと「クライエントの訴えがわからない」のである。わからないときに質問しても，だいたい理解できないことが多い。知的レベルでわからないときは，情報さえあればわかることもある。たとえば，パソコンが起動しない。そうしたら，マニュアルを読む，ユーザーサポートに尋ねてみることで「わかる」に近づく。しかし，カウンセリングの場合，クライエントの訴えが感覚的にわからない，クライエントのイメージが浮かばないときに，それについてクライエントに質問をしても，クライエントもわからないのである。こうなってしまうと，カウンセリングは成り立たない。

　少々飛躍したたとえであるが，カウンセラーがクライエントを理解できないというのは，カウンセラーがクライエントの内的な世界を理解するための言語がない，またはそのクライエントの言語にカウンセラーの実感やイメージがともなっていかないのである。

　たとえば「うつ症状が続いて，やる気がでない」というクライエントの訴えを，うつの症状について実感的に理解できなかったら，返事を書くことができな

い。

　対面カウンセリングであれば，うつ症状と本人がいわなくても，雰囲気・表情・態度・動作から，何らか感じるものがあるので，クライエントを理解することができ，支援する言葉が自然にうまれる。

3) リファー

　一般的にカウンセリングでは，自分の守備範囲を超えるときには，他のカウンセラーにお願いする，いわゆるリファーをする。しかし，新米のインターンは，メールがくると「リファーをしてもよいこと」が，頭の中から消えてしまう。「何とかしてあげたい」「かかわりたい」「ことわったら申し訳ない」という気持ちが強くなってしまうのであろう。しかし，クライエントの文面を読んで，情緒的に理解できないと，返事が理屈っぽくなる。または，一般論のような返事を書いてしまう。たぶん，見立てが立てられないであろうときのメールのやりとりをスーパーバイズをするときは，クライエントという一人の相手と向き合っている感じが，伝わってこない。

　クライエントにとってはレストランに入って，食事を注文して，料理が出てきたら注文しているものとは違っている。こころやさしいクライエントや，自信を喪失しているクライエントは，注文と料理は違うことがいえない。まちがった注文をした自分が悪いと思ってしまう。または，自分の伝え方が悪いと思ってしまう。するとレストラン側は，いつになっても自分たちの間違いに気づかない。カウンセラーも同じようなことがないだろうか。本来，クライエントの主訴とニーズを理解し，方針を立て，支援の方法を伝えつつ，クライエントとカウンセリングの契約が成立するのではないだろうか。

4) 主訴とニーズの違い

　クライエントの訴えを聞くと，カウンセラーにとっては緊急性や重要性が感じられる場合がある。すると「早期に問題解決をしないといけない」とカウンセラーが焦ることもある。しかしクライエントは，問題解決よりもただただ，耳をかたむけて聴いてくれるだけでよい場合もある。ビジネス界の方々は，どちらかというと問題解決型で，早期に提案や情報提供をする傾向がある。一方，クライエ

―――― ＜コラム4＞行間を読む ――――

　メールの情報量の少なさと，匿名性の高さの関係は＜コラム3＞で指摘したとおりであるが，そういったメディア特性を持つメールを使ったカウンセリングを行うさいのポイントの1つ「行間を読む」ということについて，ここでは考えてみたい。
　匿名性が高いということは，たとえていうなら生垣の隙間からクライエントを垣間見るようなものである。つまりクライエントの姿は，一部しか見えないのである。クライエントにとってはこの生垣が隠れ蓑の役割にもなり，比較的こわさを感じずに自由にものいいができるという利点もあるわけであるが，一方カウンセラーにとってはこの隠れ蓑の隙間から垣間見えるクライエントの姿をもとに，カウンセリングをしていかなければならないわけであり，すなわちそこがメールカウンセリングの特質であり，むずかしさである。ここで大事なことは，カウンセラーはミスコミュニケーションを生まないように，丁寧に文章を読み，そしてさらに丁寧に文章を書き返信しなければならないということである。
　さて，そんなメールカウンセリングにおいて行間を読むということは，対面カウンセリングの技法では明確化や解釈にあたる。クライエントの内面の意識化，言語化を促すのである。情報量の少ないメールカウンセリングにおいては，とくにこの明確化である行間を読む力≒文章読解力が求められる＊。見えているものを正確に読む力だけではなく，見えているものから見えていないものを想像して読む力の涵養が求められる。
　しかし，この文章読解力はあるにこしたことはないのであるが，ないのであればそれは丁寧な質問で補うことも可能である。たとえば「もうちょっと○○のところを詳しく聞かせてもらえませんか」とか「そのときあなたのこころの中には，どんな気持ちが起こってきましたか」といった具合にである。行間を読む力はあった方がよいのであるが，しかしながら下手にきめつけてはクライエントの不信をかってしまうことにもなるので，解釈（読解）の乱用は戒め，丁寧に質問を使っていきたいところである。
　また，行間を読むとは想像するということであるが，これは画面の向こう側でキーボードを叩いているクライエントが，いったい何を抱え，どんなようすで今いるのかに思いをはせるという作業である。これはとても大事なことであるが，注意をしなければならないのはこの想像が相手を離れ，自分の頭の中で一人歩きを始めてしまうということである。いわゆるバーチャルリアリティ，仮想現実をつくりだしてしまうということである。こうなると頭の世界（空想）の方が肥大化し，現実の世界を陵駕してしまう。これでは正確なコミュニケーションができないし，カウンセリングどころではない。

その点,とくに注意しなければならないのは,カウンセラーの返信がクライエントのバーチャルリアリティを増殖しないようにすることである。これはカウンセラーの文章表現力にかかってくる。ではどうすればよいのかというと,行間を想像させる隙間を少なくするということである。すなわち誰が読んでも,ほぼ間違いなく同じようにカウンセラーの真意を受け取ってもらえるような正確な文章を書くということである。逆に戒めるべきは「いい足らず」である。

こういった,メールカウンセリングの弱点を補う上で効果的であるのは,一つにはカウンセラーが意識して自分のようすを記述しようとすることである。たとえば,「私は何回もAさんのメールを読み返し,感じたところにマーカーで線を引いていきました。そしてそのマーカーで塗りつぶされたメールを見ていると,Aさんの苦悩が目の前に浮かび上がってくるようで,私の心もまた重くなってきたのがわかりました」。こうすることにより,クライエントにとってはカウンセラーのベールがはがされてきて,カウンセラーがはっきりと見えてくる。それにより,クライエントにこのカウンセリングに対する安心感と,カウンセラーに対する信頼感とが生まれ,メールカウンセリングが効果的に機能してくることであろう。

つまり,メールカウンセリングにおいてカウンセラーは,行間を読む読解力と,その逆の行間を間違って読ませない文章表現力が重要なのではないだろうか。

　＊また情報量の少なさを補うためには,対面カウンセリングで使うインテークシートをさらに詳細にするなどの工夫も必要である。

ントのニーズが問題解決を求めているのに,解決方向に向かうための質問ができていない事例にもたびたび遭遇する（第9章のメールロールプレイの事例を参考）。

5） どのように返事を書くか

◉クライエントの行動変容を促す質問を心がける

メールの返事を書くときには,クライエントを理解したいため,質問項目が自然と沸き起きる。しかし,その質問を受け取ったクライエントは,どんな気持ちになるのか想像をして,質問をしてほしい。クライエントに「よかれ」と思っても,クライエントを追いつめる質問をしたら,次回の返事はこないだろう。

クライエントが答えやすい質問をしながら,クライエントとの関係を形成していくことが,必要である。たとえば,「大学をでてから就職活動がうまくいかずに,そのまま仕事につかない状態が3年続いてしまった。これから就職したい

が，どうしたらいいか」というメールが届いた。そのクライエントに対して，「どんな仕事をしてみたいですか」「得意なことは何ですか」「3年後は，どうなっていたいですか」と，質問をしたらクライエントはどう感じるだろうか。

それよりも，「あなたの今の状況は，一般的に理解されにくいと思われますので，なかなか相談しにくかったのではないでしょうか。よって，お察しするに，今まで仕事につかない3年間にいろいろな思いがあったと思います。まずは，3年間考えてきたこと，思っていたことをお聞かせいただけますか？」，または，「"大学時代の就職活動がうまくいかなかった"と書かれていますが，そのときのことについて，教えていただけますか？」。

「こちらが質問する意図は，今後の仕事探しを考えていく上で，あなたの今までの思いや就職活動の方法論を確認することによって，あなたの考え方を理解し，今後の方向性をご一緒に見つけていきたいと思っています。もちろん質問が適切でない場合があるかもしれません。そしたら質問をされたときのお気持ちを聴かせてください。」

過去の経験を聞くにしても，前者と後者ではクライエントに届く雰囲気が違うであろう。クライエントは，どちらが答えやすいであろうか。

◎結論を急がない

人に相談すると，いきなり「どうなりたいの？」「どうしたいの？」と早急に結論をだすように迫られることがある。いきなりショックなことが起き，途方にくれるような状態のときには，前述のようにいわれると，気力がなくなりさらに不安が増す。

メールのやりとりが心理的に安心できるようになることで，今後の方向性が見つかっていくのである。だからといって，「安心していいですよ」と言葉で伝えることではない。文面全体として，相手に安心感が伝わっていけるように工夫してほしい。

◎同じことをくどくど書かない。

対面のカウンセリングでは，クライエントの訴えをカウンセラーが繰り返したり，要約することで，クライエントが自分の言動を再検討することができる。しかし，メールカウンセリングで繰り返すとくどい。なぜなら，クライエントは自分の訴えを手元に持っているのである。これについては，第9章の事例紹介のやりとりを参考にしてほしい。

　よって，繰り返すよりも要約や感情の明確化をした方が，クライエントは「わかってもらえた」と感じるであろう。

◉自分の考えをいわない

　クライエントが，「カウンセラーだったら，どう考えますか」「カウンセラーもそのような経験がないのですか？　ぜひ，ききたいです」と，質問してきたら，どう答えたらいいだろうか。このような場合の対応は，おもに3つある。

　a．ここぞとばかり，自分の意見をいう。
　b．自分の意見をいってはいけないと思いつつ，どう対処していいかわからないので，よくないと思いつつ，答えない。場合によっては，はぐらかす。
　c．クライエントが納得いくように応える。

　正解はcで，「応える」という対応である。たとえば，「カウンセラーだったら，どう考えますか」という質問に対して，「この質問は，どんなお気持ちで話していたのですか？」または「このようなときは，一般に……という気持ちや……という気持ち，さらに……という感じになるのではないでしょうか。人によっては，……と考える人はいると思います。カウンセラーも人により，いろいろな考えを持っていると思いますが，一般論の中に入ります」というように返したら，自分の意見を主張していないので，クライエントはカウンセラーの答えに振り回されないだろう。

　「カウンセラーもそのような経験がないですか？　ぜひ，ききたいです」と，質問してきたら，「このようなときは，他の人はどのように対応するか，知りたい気持ちになりますね」と，さらっとかわしつつ，「ここでは，カウンセラーという役割で対応をしているので，私の考えを語る場ではないので，想定できるいくつかの考えをお伝えするということで，よろしいですか」と，複数の回答を示すと，クライエントは納得するだろう。

◉文面に登場していない人を引き出さない

ある母親は子どもが学校に行かないようすを嘆き，心配と不安でどうにもならないというメールを送ってきた。それに対してカウンセラーが，「子どもさんが学校に行かないごようすとご心配，よくわかりました。いてもたってもいられない感じが伝わってきます。さて，その状態をご主人は何といっているのでしょうか」と文面に出ていない人を登場させる。それは，いかがだろうか。なぜなら，離婚や別居をしているかもしれない，死別しているかもしれない。夫のことは思い出したくないと思っているかもしれない。どの母親にも夫がいるというのは，ステレオタイプで，感受性が低く，配慮に欠けていると思われてしまうかもしれない。

　もし，文面に出ていない人を引き込むのであれば，「そのような状態に対して，あなたが信頼している方からは（またはあなたのことを理解してくれている方からは），何とおっしゃってくれるでしょうか」といういいかたの方が，クライエントにより沿った伝え方ではないかと思う。

◉早急に断定しない

　上記と近いが，50代の女性が「職場を異動してから，気分が悪く，集中力が欠けて，頭もぼんやりしてしまう……」という訴えのメールカウンセリングの事例検討をした。そのときに，あるカウンセラーの返事は，「これは更年期障害ではないでしょうか」という返事だった。医師ではないのに診断をくだすようなことはさけたい。これは職業倫理上，問題でもある。さらにいえば，カウンセリングという心理的な支援の理解が不足している。

　「職場を異動してから，体調が不良ということを感じていらっしゃる……。するとその気分の悪さは，新しい職場と，何らか関係があるのでしょうか。職場とは関係なく，何らかご心配なことがあるのでしょうか」と，クライエントの訴えの背景にある状況を聞いてみることによって，クライエント自身が，症状にまつわる主観的な要因を，探索することのお手伝いができる。

　同じクライエントの相談に対して，別のカウンセラーは「これは，うつ病ではないでしょうか」と返事を書き，病院に行くようにすすめたのである。カウンセリングは，心理的な支援である。クライエントの症状を診断するのは，もってのほかである。さらに「……した方がいい」と早急にことを運び，行動化を促進するのは，いかがなものだろうか。

そして,「更年期だ。うつ病だ。だから病院に行け」では,日常会話と変わりない。せっかくメールカウンセリングという場に来談しているのである。日常生活と同じであったら,クライエントは拍子抜けするだろう。

　もし,クライエントの訴えを聞いて,カウンセラー側がうつ病の症状が気になると思ったとする。そうしたら,「このような症状について,どんな風に感じていますか？　何か思い当たることがありますか？」,「このような症状を改善するために,今までどのような工夫をしてきましたか？　その結果はどうでしたか」,「このような症状が続くと,どうなる感じがしますか？」と過去・現在・未来に向けた質問から,今までの経過の振り返りや,今後の予想イメージを聴いてみる必要がある。

　いきなり「病院に行け」,「病院に行ったほうよい」といわれても,クライエントは,納得しないだろう。それよりも,クライエントが納得して,病院に行けるような心理的な支援が必要である。

　「そうするとご自分では,どこかの専門医に治療を受けたいという気持ちと,一方では,治療を受けることが怖いというような不安も出てきて,なかなか治療に行けないという感覚があるのですね」と,クライエントの心情に理解を寄せる方が,クライエントは安心するであろう。

● やたらと誉めない

　「いいですね」,「すばらしいですよ」,「がんばっていますね」とクライエントを誉めるカウンセラーがいる。誉めるとどうなるだろうか。クライエントは,カウンセラーに見捨てられないように「どんどん,がんばりつづけてしまう」,または「カウンセラーのいうことをきく,よい子になってしまう」のである。その結果として「がんばれなくなった」ときを想像すると,怖い。

　そして,上記のような誉め方は「評価をすること」につながり,評価されないことは,語らなくなる可能性がある。そもそもカウンセリングの場面では,「評価されない」ことを,そしてそこに至る心情を語る場である。「評価されるようなできごとや行動」は,日常生活で語っているだろう。「評価されるような言動」がカウンセリングの場で出てきたら,その背景のこころの動きを聴くことで,クライエントを内側から理解できるのである。

6） メールを送る

5) のように，禁止事項ばかりを読んでしまうと，初心者のカウンセラーは身動きができなくなってしまう。だから，あまり気にしないでもよい。よって 5) は，メールロールプレイなどを実施した後に，目を通してほしい。メールロールプレイを始める前に，暗記するほど読み込んでしまうと，自然な表現ができずに，ぎこちなくなる。リラックスしていないと，かたい文章がクライエントに届いてしまう。

さて，メールを送ると不思議なことが起きる。それはメールを送った後に，「しまった」と感じるのである。「クライエントのニーズは，……だったんだ。……に返すことが必要だった……」と気づくが，それは後の祭りである。

対面相談であっても同じである。あとで「しまった」と思っても遅い。なぜ，早く感じないのだろうか。

日常でも電話を切ったあと「伝えたりないこと，いい忘れたこと」があることはないだろうか。「たびたび，すみません」とまた電話をする。メールでも「何度もすみません」「たびたび，恐れいります」と書かれたメールを読んだり，自らも書いている。なるべくこのような後悔を防ぐためには，いったん書いたメールを少し寝かしておく。勢いで書いてしまったメールなどは，時間を置いて読み返すと，送らなくて本当によかったと思う。なぜなら冷静さが欠け，勢いだけが目立ってしまっている文章を書いているのである。

このように，はじめに書いた文章は書くことに力が入る。時間を置いて読み返すと，クライエントの立場に立って読んでいる。よって受け手の視点で，修正点がわかる。

7） メールカウンセリングの役割

このようなメールカウンセリングで，初心者のころに思ったことであるが，クライエントに質問を向けすぎてしまうと，次回にメールの返事がこない。何でもそうだが初対面の人と，いきなり本題には入らないのと同じである。2往復と設定していれば，初回は相談内容を受け止めたこと，次回の課題を明らかにするという役割ぐらいで，十分であると思う。

そして 2 往復のメールのやりとりの後，クライエントが望めば，さらにメール

のやりとりを続けるのもよい。または，課題が明らかになってきて，解決する気持ちが沸いてくるのであれば，対面や電話カウンセリングにつなぐ。筆者の場合は，メールカウンセリングから，対面カウンセリングに至る事例が多い。

そのような意味ではメールカウンセリングは，インテーク面接と似ている。また，クライエントがカウンセリングを体験したり，カウンセラーとの相性を吟味したりするのに，役に立つと考えている。

5. メールカウンセリングの危機介入

さて，メールカウンセリングでの危機介入をどうしたらよいだろうか。幸い「死にたい」「消えたい」という内容だけのメールが，送られてきたことはない。

クライエントにとって，メールカウンセリングを始める前までに，ある意味では敷居が高い。電話相談であれば電話をすれば，すぐに話ができ，本題を語ることができる。しかし，メールカウンセリングの場合は，PCを開き相談内容を入力する必要がある。また返事はチャットではないので，即座に返事が返ってこないという前提においての相談である。

そして実際の相談場面になかなかたどり着けないという意見もある。それは支援の仕組みとしてよいことかどうかわからないが，リアルタイムで相談ができないメリット・デメリットであることを告知している。

筆者らも，「死にたい」「消えたい」などのメールが届いたときのための，対応の検討を重ねた。誹謗中傷のメールが届くことも恐れていたが，メールカウンセリングにくる来談者は，「真剣に自分を変えたい」「何とかしたい」という思いが強いのである。このような懸念は，相談するときの心理状態を理解できていないと，恥じた。

現時点では，文章の展開の流れで「消え入りたい」という内容のメールは届く。そんなときは，「消え入りたい」という前後の内容とともに，より丁寧に，その気持ちにかかわっていく。誰でもこの先見通しが立たないときには絶望するし，不安になる。「どっかに行ってしまいたい」という気持ちにもなるだろう。しかし，このように思ってしまう背景の気持ちを理解し，理解したことを伝えることは，メールカウンセラーにでもできると思っている。

そのためには，メールカウンセラーが孤立しないことが必要である。もし，このようなメールを受け，初心者で仲間やスーパーバイザーがいなかったら，震え上がってしまうだろう。そのようなことがないように，同業者や勉強会仲間との交流が欠かせないと思われる。

そして，対面カウンセリングでの自殺企図や自殺念慮の相談経験の蓄積が必要である。そのような経験ができない場合は，事例検討会やロールプレイ演習で実際の対応の練習をしておくと，危機管理の必要以上の心理的な負担が多少でも軽減できる。恐れずに危機管理のことを自覚しながら，支援ができると思われる。

補足になるが，このような危機管理がピンとこない場合は，病院見学などをさせていただき，精神科の現状を実感として体験しておくことも必要だろう。知らないことは，偏見が起こりやすい。現場を知って，現場から学ぶことなしに，活きた支援ができないだろう。

〔引用文献〕

NCDA, *National Career Development Association*, The Career Development Quarterly, 1991.

〔参考文献〕

池見　陽『心のメッセージを聴く』講談社現代新書，1995, p. 14.
佐藤敏子「メールカウンセリングのフォーカシングの試み」「キャリアカウンセリングにおける電子メールの活用」『現代のエスプリ 418　メールカウンセリング』至文堂，2002.
佐藤敏子『職場のメンタルヘルス Q&A』日本法令，2003.
佐藤敏子　第 22 回心理臨床学会自主シンポジウム「臨床現場における電子メール」2003.
佐藤敏子『実践職場のキャリアカウンセリング』日本法令，2005.
高石浩一「心理臨床とメールカウンセリング」『現代のエスプリ 418　メールカウンセリング』至文堂，2002.
日本オンラインカウンセリング協会 http://ww.online-counseling.org
武藤清栄・渋谷英雄編著『現代のエスプリ 410　治療者にとってのフォーカシング』至文堂，2001.

第6章　メールカウンセリングの効果的な方法

「つまり，メールの達人になるのは，目的ではなく，手段を手に入れるということなのだ。」（村上龍，2001）[1]

はじめに

　メールカウンセリングの効果的な方法について，本章では論じていきたい。ただし，ここで論じていることは，メールカウンセリングの効果的な方法についてのすでに確立された理論や技法を述べているのではない。そもそも日本においては，セキュリティで保護されたメールカウンセリング専門サイトが立ちあがりはじめたのが，2000年を前後する頃である。したがって，メールカウンセリングの歴史としてはわずか5年程度である。これはいまだ黎明期といってよいであろう。また，eメールというコミュニケーション手段が一般に急速に普及しはじめたのでさえ，ウィンドウズ95登場後のことであり，eメール自体の歴史とてたかだか10年である。このため現段階では，メールカウンセリングは試行錯誤あるいは発展途上期といわざるをえない。

　ただし，メールカウンセリングはカウンセリングにおける一方法である。これまでこの分野で培われてきた対面カウンセリングや電話カウンセリングの理論・技法でメールに置き換えられるものが多いことも事実である。

　そこで本章では，筆者自身のメールカウンセリングの臨床経験からえた経験知を中心に，また合わせて同じくこの黎明期に試行錯誤されている先輩・同僚諸氏の知見も適宜加え，さらに対面カウンセリング・電話カウンセリングの理論・技法もいかして，メールカウンセリングの効果的な方法についてまとめあげていきたい。

　とうぜんのことながら，メールカウンセリングとは，クライエントが相談文を

メール送信し，カウンセラーがそれに対してメール返信するというやりとりで成り立っている*。そしてそこでのカウンセラーの作業は大きくは「メール相談文を読み」，「メール返信文を書く」という2つである。したがって，そこで必要なことは「メール読解力」と「メール表現力」である。つまり，メールカウンセリングの柱は，とりもなおさずこの2つである。

しかし，この2つ以外にも大事な点はある。それは「思いをはせる」という精神的な営みである。これはとても大事なポイントであるので，2つの柱を述べるその前にまずしっかりとおさえておきたい。

> *現在，メールカウンセリングとして行われているものの多くは，カウンセラーとクライエントがダイレクトにメールをやりとりする形式ではない。これではセキュリティやプライバシーの問題が障害になる。このため通常は，カウンセラーとクライエントだけが入室できるようにした，ID／パスワードでログインするインターネット掲示板の体裁をとっている。そして，その中で2人がメールをやりとりしている。

1. 前提としての「思いをはせる」

> 「見えない相手に対して限りなく想像を膨らませ，対話をする。どういう気持ちで相談メールを送ってこられたのか？」（上河，2004)[2]

メールは便利なものであるが，一方でその特性上とても無味乾燥なものである。そのことについて，小林（2001)[3] は，メールを典型的な「キューレス」メディアだといっている。「キュー」とは表情や動作など感情を感じ取らせるもののことである。そういった「キューレス」メディアなメールであるからこそ，この「思いをはせる」という営みが一層大事なのである。極端に聞こえるかもしれないが，「思いをはせる」というプロセスなくしてメールカウンセリングは成り立たない。それは無味乾燥なメールに息（生命）を吹き込む作業なのである。

では「思いをはせる」とは，どういうことか。それはたとえば平木（1997)[4]がいう「クライエントの序奏」を考えよ，ということと相通じる。すなわち，

- 「メールを送ってきたこの人は，これまでどういう人生を歩んできたのか」

を考えなさい。
- 「今どのような問題に行き当たっているのか。そしてそのきっかけになるようなできごとはあったのか」を考えなさい。
- 「この人は何ゆえにメールで相談してきているのか（対面でも電話でもなかったことに理由はあるのか）」を考えなさい。
- 「どうしてメールで，どうして私のところに相談しにきたのか（どうやって相談機関を選んだのか）」を考えなさい。
- 「一体どんな気持ちでメールを送信してきたのだろうか」を考えなさい。
- 「いつ，時間は何時に，どこから，どういう風にメールを送ってきているのだろうか」を考えなさい。

といったことである。

そして「思いをはせる」ためには，メール相談者をある程度具体的にイメージできることが必要である。そういった意味で参考になるあるリサーチがある。淺沼（2002）[5]は，対面相談とeメール相談を被験者に選ばせ，「疑似カウンセリング体験」を行った。そして体験後の被験者にその理由，各相談方法の長所，短所などを質問した（表6・1）。この表からはおぼろげながらも，メール相談をし

表6・1 「疑似カウンセリング」体験後の質問紙調査の結果

回答数	対面相談群	質問	eメール相談群	回答数
6	非言語情報の豊富さ	選んだ理由	対面への抵抗	7
3	パソコンへの抵抗		時間的自由度	6
1	時間的枠組みがある		メールをよく使うから	1
4	非言語情報の豊富さ	長所	時間的自由度	7
1	ふと思ったことを伝えられる		抵抗の低さ	5
1	近くに感じられる		熟考できる	3
			記録性	1
2	思ったことがうまくいえない	短所	非言語情報の欠如	4
1	熟考できない		即時性の欠如	3
1	緊張した		枠組みの欠如	2
			いいたいことが伝わらない	1
			相談が深まらない	1
			メールを送る時間もない	1
1	eメール希望	今後	eメール希望	10
6	対面希望		対面希望	2
1	わからない		わからない	2
2	相談しない		相談しない	0

てくる人びとの像が浮かんでくるだろう。たとえば，「対面にはちょっと抵抗があり，時間を自由に使って相談したいと思っていて，パソコンにある程度慣れていて」といった具合である。しかし，ここでもまた重々気をつけなければならないことがある。それはこのイメージがステレオタイプ（固定観念）となってしまうことである。イメージが硬直したステレオタイプとなり，当のクライエントへの理解が歪んでしまっては元も子もないからである。

その人への理解

さまざまなことを考え，クライエントに思いをはせる，このカウンセラーの内的プロセスを通過してこそクライエントその人への理解が深まる。

理解が深まるとはどういうことか。それはつまり，クライエントとの信頼関係が成立しやすくなるということである。信頼関係とはカウンセリングの根本である。人は自分を真に理解してくれている人を信頼する。

それでは信頼関係が成立すると何が生まれるのか。それは，信頼関係そのものがピュアで原初的な癒しであることに付け加えて，この後のカウンセリングの効果にも影響がでてくる，ということがある。すなわち，信頼関係が成立していれば，カウンセリングの効果は上がるし，成立していなければ効果は相対的に下がる。つまり，信頼関係とはそれほどに重要な土台であり，そのために必要不可欠なのがクライエントへの理解であり，その理解の前に存在するのが「思いをはせる」という精神的な営みである。

そして不思議と「思いをはせ」た後にカウンセラーの口から，ではなく手からたたき出されてくる言葉には魂が宿る。まったく同じ文章でも言葉の重みが違う。その重みとはすなわち，カウンセラーの思いがどれほどに詰まっているか，ということである。

先にメールカウンセリングの柱として「メール表現力」をあげた。これはたしかに柱の1つなのであるが，カウンセラーが表現するにも表現するコンテンツ[*]＝「思い」がまずなければ始まらない。まずは「思い」（コンテンツ）が先にありきで，その後にメール表現力（テクニック）である。これが逆になってしまっては空虚である。くどいようだが，であるからこそこの「思いをはせる」である。もちろん，もう1つの柱の「メール読解力」においても，この「思いをはせる」が同じくたいへん重要なことに変わりはない。

*メールカウンセリングでカウンセラーが表現するコンテンツ（内容）は，大きく分けると，この「思い」と「専門知識」の2つである。

2. メール読解力

それでは次に，メールカウンセリングの柱の1つであるメール読解力について見ていこう。

メール読解力とは，ロジャーズ（Rogers, C. R.）の有名な3条件でいえば，カウンセリングの中の「共感的理解」と「受容（無条件の肯定的配慮）」のためになくてはならないものである。いうまでもないが，メールを読解できなければ，その人への「理解」も「受容」もありえないからである。しかし，これが存外むずかしい。なぜか。それはこれまでも繰り返し本書で述べてきたことであるが，このコミュニケーション・ツールとしてのメールの特性にある。先に典型的な「キューレス」メディアとしてのメールといったが，作家村上龍の言葉を借りるなら，「eメールには肉体も体臭も衣服も声も筆跡もない。そこにあるのはミもフタもないただの記号の羅列だ。情緒がゼロだから……」[6]ということである。つまり，カウンセリングにおいてはバーバル（言語）情報以上に重きをおいているノンバーバル（非言語）情報が，メールでは極端に少ないのである。だからこそ理解がむずかしいのである。メールカウンセリングのむずかしさが，おわかりいただけるであろうか。

なおかつ，その情報量の少なさと密接に関係している匿名性がある。この匿名性は良くも悪くも作用する。すなわち，匿名性があるおかげで本音をいいやすい面があると同時に，匿名性があるがためにふだんよりもアグレッシブになりやすい，ということである。ウォレス（Wallace, P.）は次のようにいっている。「身近な対面による支援グループよりも，比較的匿名性の高いインターネットのほうが，悩みを気軽に語り合えることにある。しかし，匿名性は環境次第で攻撃行動を引き起こす可能性がある。」[7] そしてキースラー（Kiesler, S.）たちの研究によると，オンライン上の匿名群の敵対発言の数は，実名群の6倍以上の数だったという[8]。

さて，それではそういったメールのむずかしさがある中で，メール読解力を高

めていくためにはどうしたらよいのであろうか。これには一般的な文章読解力を高めることが一つであり、そしてメール独特の読解力を高めることがもう一つである。そのそれぞれについて説明していこう。

1) 一般的な文章読解力を高める

一般的な文章読解力を高めるその方法は、当該専門書にゆだねることとし、ここでは一般的なことを列挙するにとどめる。

① 活字に多く触れる、良文をよく読む、詩・短歌に親しむ

習うより慣れろ、である。TV登場後の現代人はどちらかというとビジュアル思考に慣れており、活字思考は苦手な傾向にある。しかし、これも慣れることによりある程度解消されていく。またそれにつれ、読解スピードも上がってくる。カウンセラーにとっては、メールカウンセリングは実は通常のカウンセリングの1セッションよりも時間と手間がかかる。カウンセラーの現実問題としてこのスピードアップは重要課題である。

また、情報量が限られているメールカウンセリングにおいては、行間を読むことも重要なのであるが、これには良文をよく読むのがよい。良文は、名画と同じく、読むほどに味わいがでてくるのであるが、それはつまりは行間にさまざまなものが詰まっているからである。したがって、良文をよく読むということは、行間を読む作業につながる。また、メールには一方で簡潔志向というか、シンプルにまとまる傾向がある。長文になる傾向ももちろんあるのだが、一方で詩的に短くぎゅっと詰まっていく傾向もある。このため同じく凝縮された表現形式の詩や短歌などに親しむのも有効だろう。

② 語彙を増やす

読解の基本中の基本である。そして読解のみならず表現力を高めるためにも、もちろん役に立つ。メールではパソコンが自動変換してくれるがために、ときに書き言葉では通常見ないような漢字がでてくることもある。

③ 人生経験を積む

文章読解に限らないが、ある人の人となりを理解するためには、自身の人生経験が豊かであるにこしたことはない。また疑似体験、追体験として、他人のストーリーに触れることも、同じく他者理解に役立つ。その意味で本・映画・

演劇・対話などはとても貴重である。

2) メール独特の読解力を高める

一般的な文章読解力を踏まえた上で，次にメール独特の読解力を高める方法を述べたい。

(1) インターネットに多く接する

まずは，インターネットの世界にたっぷりとつかってみることである。そして，バーチャル・リアリティ（仮想現実）といわれているこの世界は果たしてどうなのかということを，バーチャル（仮想）ではなくリアル（現実）に体験してみることである。そうして，この新しいコミュニケーション空間のルールをしっかりと身につけることである。

インターネットは人間のこころに似ている。光もあれば影もある。まだ一般にはあまり認識されていないが，ネット上にあまたある大小さまざまなコミュニティ，これは実はセルフヘルプ・グループ的な役割も果たしている。そしてその形態もさまざまだ。メーリングリスト，掲示板，チャット，ソーシャル・ネットワーキング・サイト（SNS），そして最近では新たにブログも出てきているが，今後も引き続き新しい形態が次々と生まれてくるであろう。このネット上のコミュニティ空間には，誰でも参加できるオープン形式のものと，メンバー限定のクローズドのものがある。また匿名のものもあれば，実名のものもある。さまざまである。

一般にはあまり印象のよくない自殺系サイトも，実際には，自殺願望を持っている人びとのセルフヘルプ・グループとしての役割を立派に果たしているところもある。もちろん光もあれば影もあり，そのコミュニティの管理者やリーダー，そしてメンバーにもより内容は多種多様である。また善意を装った迷惑人や悪人も数多くいる。

このネットコミュニティには，いわゆる「メンヘル系」と呼ばれているメンタルヘルス関係のものが数多くある。筆者の印象では，とくにメンヘル系の人びとはネット上に集まりやすい傾向があるのではないかと思っている。はじめは抵抗のある方もいるかもしれないが，そういったコミュニティに足を踏み入れるなり，ようすを垣間見るなりして，メンヘラー*の世界をぜひ知って味わって欲し

い。こういったことを実感として知っているのと，知らないのとでは，実際のメールカウンセリングの仕方や効果がかなり違ってくる。あえて極端にいうが，メンヘラーを知らずして，メールカウンセリングをすることなかれ，である。

　　＊メンタルヘルスを病んでいたり，調子をくずしている人びとに対する，ネット上での俗称。また，最近ではネット上にかぎらず一般にも広まってきている。

(2)　eメールのやりとりを頻繁にする

　この新しいeメールというコミュニケーション手段に，まずは何よりも慣れる必要がある。それは野球をするためのキャッチボールのようなものである。そうしてさらに，何回も失敗することである。失敗なくして学習はない。そういったことをとおしてしだいにeメールに慣れていって欲しい。

　私が実際に失敗をとおして学んでいったことは，「早とちりをしない」ということであり，また「自分の読み（解釈）が正確だと思わない」ということである。何度もいうようにeメールは情報量が少ない。メールにこなれた書き手であれば，自分のいいたいことが相手に正確に伝わるスマートな書き方をしてくる。しかし，現実にはそういった人は今のところ少ない。ほとんどの人は言葉足らずであったり，自分のいいたいことを正確に表現できていなかったり，忙しさのため誤字・脱字交じりであったり——対面会話であればそういったことは修正しやすいのであるが——，不完全な文章でメールを送ってくる。要は書き言葉であり，eメール言葉に慣れていないということが大きいのだと思われるのだが，しかし一方ではメールとはそういうものであると，筆者は現在思っている。

　であるからカウンセラーとしては，なおさら読み方がとても大事である。メールは情報が少ないからこそ，お互い書くことに慣れていないからこそ，うまく伝わらないこともある。そして，意味不明のこともあれば，何通りにも読み取れるものもある。あきらめているのではないが，それはそれでいいと思っている。何よりも現実がそうであることを，まずはしっかりと認知することが重要である。そしてそれに対してカウンセラーは，せっかちに簡潔に理解しようと思わないことである。けっして「早とちりをせず」，またけっして「自分の読みが正確だと思わない」ことである。家族療法でいえば「あれも，これも」思考をするということだ。そしてそういうスタンスでメールを読んでいる人は，自然と「私の理解が及んでいないのかもしれませんが」といった謙虚なエクスキューズ（☞本章3

節1項参照）の言葉がでてくる。

3） 私のメール読解の仕方

　私は，メール相談文を画面で読むだけでは，なぜかしっくりこない。私はバーチャル・リアリティ（仮想現実）ではなく，リアルにメールカウンセリングをしたいといつも望んでいる。リアルでないことはうそっぽく思え，うそっぽいカウンセリングは何よりもしたくないと思っている。だから可能な限り，バーチャル・リアリティとならないように努力しているのであるが，そのために実践していることが2つある。

　1つはかならずメール相談文をプリントアウトして読むということである。そのときマーカーを手にし，相談者（クライエント）の思いがつまったところ，相談者に特徴的なところ，そして私が気になったところなどを太線，細線でハイライトしていっている。先に「うそっぽい」といったが，それは表面的で中身がない，つまりは心がこもっていないということでもある。私はこうやってマーカーでハイライトするというハンドメイドのプロセス，すなわちそうやって手をかけることにより，自分の心がこもっていくのだと思っている。画面をとおしてだけで相談文を読むのとでは，実感としてまったく違う作業である。画面を見るだけでは，バーチャルになりやすい危険性を持っていると私は思っている。

　もう1つは，この章のはじめにあげた「思いをはせる」ということである。この相談者はどういう気持ちでこのメールを送ってきたのか？　いつ，何時に，どこから，どんな状況の中でメールを送ってきているのか？　そのようなことを考え，あれこれと相談者のことを思い浮かべるのである。そして私は，あたかも実際に相談者がこのメール相談文を読み，私はその隣で実際にそれを聞いている，そのように想像力を働かせている。この一連の活動は，まさに面接カウンセリングにおいては，傾聴の過程そのものであると思っている。私の中ではこの「思いをはせる」ということと，ロジャーズのいう共感的理解，受容とは同じ性質のもの，仲間である。

　〔**参考**：SCTの形式的側面——文の長さに関して〕

　　投影法の心理テストの一つとしてSCT（文章完成法）がある。これはある刺激文（例：「私は」）に続けて自由に文章を書いてもらい，その文章からその人のパーソナリティを測定しようとするものである。このSCTには形式分析による解釈が

ある。形式分析とは，文章の形式（文の長短など）からパーソナリティを分析することである。しかしこの形式分析による解釈というのは，SCTの全体の中ではあくまでも補助的なものの一つである。

SCTの形式分析とはそういったものであるのだが，下表にあげたこの指標[9]はメールカウンセリングの読解に当たって参考になる。文章の長短によって，およそ以下のような傾向があるということである。また関連して筆者の経験値でいうと，変換ミスや誤字・脱字があるときは，ゆとりのない状況やせっぱつまったようすがうかがわれ，改行・段落などの体裁がきれいにできてくると，心の中にゆとりができてきたり，回復傾向が見られる，といったこともあった。

表6・2　（補助的資料としての）SCTの形式分析による解釈の指標──文の長さ

知的能力の低い場合には文が短い
循環気質が短く，粘着気質や神経質では長い
そう状態で長く，うつ状態では短い

3. メール表現力

おそらく，メールカウンセリングの効果的な方法といった場合，それは次にここで述べるメール表現力が読者にとってのおもな関心事項になるのではないだろうか。この章の本題といってよい。

さて何ゆえにメール表現力が重要であるのか。それは一つには，メールのノンバーバル情報の少なさを補うためである。こころのケアを主題としたカウンセリングにおいては，こころがつまっているノンバーバル情報は重要である。ではノンバーバル情報が少ないメールでは，どうしたらよいのか。その答えはいたってシンプルである。すなわち言葉（顔文字も含む）を駆使して，不足しがちなノンバーバル情報を表現して補えばよいのである。それだけのことである。しかし言うは易し，行うは難し，である。少々の慣れと手間が必要である。

メールカウンセリングにおいて，カウンセラーのメール表現力が重要である理由は実はもう一つある。それは世代差，階層差などの社会文化的ギャップに対応するためである。日本語は，相手との関係によって言葉遣いが微妙に変わってくるのが特徴的である。敬語，タメ語とは，相手によって使い分ける関係言葉である。敬語は上下（タテ）関係を，タメ語は横関係を表している。いくらメールが

新しいコミュニケーション手段とはいえ，はじめからこの関係を無視したやりとりはむずかしい。

このような中で，カウンセラーは相手の年齢，立場，育ち，階層などに合わせて，メール表現を調整しなければならない。カメレオンのように周りの状況にあわせて色（言葉遣い）を変えるのである。カウンセリングの技法でいうところのジョイニングである。

それでは，次により具体的にメール表現力のポイントを見ていってみよう。

1) エクスキューズを入れる

例）「私の理解が間違っているのかもしれませんが」
　　「失礼だったらおゆるしください」
　　「こんなことをいうのはちょっと気恥ずかしいんですが」

エクスキューズを入れるとは，このように前置きを入れるということである。枕詞をつけるともいっている。これらは，メールの情報量の少なさを補うためである。いい足らずなどでの，誤解を避けるためである。それは対面であれば，表情であらわしたり，ペコリと頭を下げたり，頭をかいたり，苦笑いをしたり，といったさまざまなノンバーバル表現で何気なく伝えている場合が多い。だがメールではそうはいかない。したがって，ややくどいようでもメールにはエクスキューズを入れるとよいのである。

また，このような誤解をさけるためということに加えて，もう一つカウンセラーの自己開示という点もある。相談者にとっては，対面であれば，見た目でカウンセラーのようすがある程度わかる。しかしメールではこれができない。このため相談者は，見えないカウンセラーに不安を抱きやすくなる。そこで自己開示的なエクスキューズを入れると，相談者にとってはカウンセラーのようすがうかがわれて，ホッと一安心する。そうやってカウンセラーとの信頼関係がきずかれていく。これはロジャーズのいっている自己一致にもつながる。

2) カッコ書き（ト書き）を入れる

例）（あらためて〇〇さんの状況を考えてみると，正直とても重い気持ちになりました。）

＜コラム5＞メールだと相談しやすい?──相談データから

　メールは「便利」「簡単」「いつでも」という印象は実際に利用した方は皆が感じることであると思うが，メールカウンセリングの利用者は具体的にどんな動機で，どんなイメージを抱きながら相談をしているのだろうか？　この疑問は相談を受け付けるカウンセラーにとっても気になるポイントであり，実感を知りたいところである。

　ピースマインド（http://www.peacemind.com）では，利用者に対してアンケートを行い，以下のような意見を得た。一部をここでご紹介したい。

◆初めてオンラインカウンセリングを利用したときの，利用しようと思われた理由は？　という問いに対しては，『色々とてもしんどくなっていて，カウンセリングなどで誰かに助けて欲しかったが，仕事や日々の生活が忙しく，休みを取れる雰囲気ではなかった。親兄弟や友人，上司，同僚などにも相談したくなかった。仕事でもよく使っているメールでカウンセリングを受けたかった。』『これまでの経験上，信頼できる医者に出会えていなかったし，医者に行ってもどっちみち薬を処方されて終わりで，何の解決にもならないと思ったので，医者でなく臨床心理士の方に助けて欲しかった。』『イキナリ精神科とかに行くのはどうかなーなんて思ってたので。こういうありがたいサイトがあるならばと思って……。』『一般的なカウンセリングを利用したかったのですが，情報がなく，インターネットで調べているときに「オンラインカウンセリング」を知りました。料金が明確だったので，利用してみました。』といった意見が見られた。

◆オンラインカウンセリングを受ける前の時点で，なにかカウンセリングに対して感じていた印象などはございますか？　という問いに対しては，『暗い。料金が高い。1対1では緊張感が高まり，話したいことも話せない。』『相性がよいカウンセラーに会える可能性が低い感じがする。』『どのくらい密に連絡が取れるのか，最後までつきあってくれるのか（いきなり連絡が途切れないか）ということは多少心配でした。』『また，逆に，来談の心理療法のように，ペース（週に1回，1時間といったような）枠組みをきめないで，ひたすらメールを打ち続けてもいいような気持ちもありました。』『カウンセリング自体受けたことがないのでどーゆーのかなぁって未知の領域でした。』といった意見のように，実際の対面相談に抵抗感やマイナスのイメージを持ちながらもオンラインで利用を始めようという流れを見ることができる。さらに，

◆なぜ来談のカウンセリングではなく，オンラインカウンセリングを利用しようと思われたのですか？　という問いに対しては，『直接受けるカウンセリングに抵抗があった。メールならば，自分も書きながら自分でも答えがでるように思えた。』

> 『仕事が休める雰囲気ではなかったから。』『仕事等で忙しかったから。』『来談のカウンセリングに行ったら後戻りできない気がしたから。』『口頭よりも文章にまとめる方が私は得意なので，状況をきちんと説明できそうな気がしたから。』『周囲に悟られるのを拒んだためです。』といった意見が示すように，やはり気軽に自分のペースを崩さずに利用ができそう，といった気持ちを持つ方が多いことが良くわかる。これだけでも大きなメリットを感じるのは私だけだろうか？

　　　（実は私，そういったことは思いもしませんでした。いわれてハッと気づいたというしだいです。）

　これは，補足説明をしたり，カウンセラーの気持ちを素直に自己開示するときなど，そういったときに使うと便利である。本文がフォーマル・スーツであるとすれば，（　）内はカジュアルな部分，本音：こころの声の部分である。1項の「エクスキューズを入れる」ということと多少重なる。

　メールではとにかく丁寧に文章を書いていくのがよいが，行き違いをなくすためにこのようなカッコ書きを入れて，丁寧に丁寧に書いていくことが，相談者に対しての親切である。

　そしてト書きとは，芝居の脚本に書いてあるセリフ以外の状況説明などの部分である。「そのままA子は淋しそうに去っていく」などといった説明の部分がそれである。メールにおいても補足説明的に（　）内にト書きを入れていくと，親切でわかりやすいし，メールが読みやすくなる。

　しかしながら（　）を使わずとも丁寧に補足説明をしたり，カウンセラーの本音を適度に交えていくことができていれば，とりたてて（　）を使う必要はない。この（　）を使うかどうかは，結局はカウンセラーの好みにもよるだろう。（　）を使う利点としては，文章に構造ができて整理され読みやすくなるということがある。ごった煮の状態よりは，整理した字面の方が相談者にとっては読みやすいのではないか，ということである。

3）　スペースや段落を使う／文字列の折り返し幅を狭くする

　これはメールの形式的なところであるが，メールの非言語というかメールの外見のことである。

　スペースや段落もなく文字だけがびっしりと書かれていると，読み手の第一印

象は悪い。きゅうくつである。極端な話，読む気が失せてしまう。一方で段落がきれいにあると，文章が整理されていて，親切でわかりやすく感じる。またスペースが適度にあると，そこにゆとりが感じられ，読む方は安心する。

　ディスプレイのサイズや文字ポイントの大小にもよるが，一般的に折り返し幅は狭い方が読みやすい。それは目の左右の動きが小幅で済むからである。短い文章であればさほど苦にはならないが，長文の場合折り返し幅が広いと，読んでいるうちにどの行かわからなくなったりして読んでいる目が疲れてくる。

　以下に2つの形式を並べたので比較検討してほしい。パッと見（第一印象）でどうであるのか，読みやすさの点でどうであるのか，また実際に読んでみてどうであるのか。デジタル文字だけの簡素なメールには，こういったことも重要である。

ベタ打ち文	そうでしたか，かなりつらかったのですね，○○さんのご苦労がとても強く私には伝わってきました。"無理もないですよ"と私は○○さんに声をかけたい気持ちでいっぱいです。（私自身，今とてもそう強く思っています。）上司も本当にいい人なんですね。とてもとてもありがたいことですね。（でももしかすると，そのいい人すぎるところが，逆にやさしい○○さんを追い詰めてしまっているように思えてしまうのは，私の考えすぎ……，ですかね）ここは思い切って，仕事を休んでしまいましょう。大丈夫です，この借りは必ず返せます。何よりも○○さん自身が，このままでは本当にこわれてしまいます。（私はそれがとても心配です。）またどうぞいつでもメールをください。内容は何でも構いません。何かあったら，また何はなくとも，どうぞメールをよろしければください。
スペース、	そうでしたか，かなりつらかったのですね。○○さんのご苦労がとても強く私には伝わってきました。 "無理もないですよ"と私は○○さんに声をかけたい気持ちでいっぱいです。 （私自身，今とてもそう強く思っています。） 上司も本当にいい人なんですね。とてもとてもありがたいことですね。

> **段落、折り返し幅で調整した文**
>
> （でももしかすると、そのいい人すぎるところが、逆にやさしい○○さんを追い詰めてしまっているように思えてしまうのは、私の考えすぎ…、ですかね）
>
> ここは思いきって、仕事を休んでしまいましょう。大丈夫です、この借りは必ず返せます。何よりも○○さん自身が、このままでは本当にこわれてしまいます。（私はそれがとても心配です。）
>
> ●
>
> またどうぞいつでもメールをください。内容は何でも構いません。
> 何かあったら、また何はなくとも、どうぞメールをよろしければください。

4） ひらがな、カタカナを意識的に使う

続いてこちらもメールの形式的なことであるが、次の2つの文を試しに比べて欲しい。

A） 鈴木様、心の問題は、大変重要な事です。
B） 鈴木さま、こころの問題というのは、とても大事なことです。

　文章が短いため、違いがあまり鮮明ではないかもしれないが、Bの方がやや柔らかいという印象を受け、安心する方が多いのではないだろうか。もうおわかりだと思うが、相対的にひらがな、カタカナを使った方が文章が柔らかくなるのである。逆に漢字を多く入れるとかたくなる。
　そして情緒志向の強いカウンセリングにおいては、また相談者をあたたかくサポートするカウンセリングにおいては、この仮名書きを意識的に増やしてソフトにしていった方がよいであろう。

5) 顔文字を使う（コラム6「顔文字」120頁参照）

顔文字とはメールの中でのノンバーバル表現である。田村（2003）は，これをデジタル化された疑似的非言語メッセージ[10]といっている。顔文字のようにさまざまな記号を駆使して，喜怒哀楽といった感情表現を記号化できたのは，――ある意味それはメールの必然であると思うが――メール世代の大発明の一つだと筆者は思っている。まさに称賛に値する!(^^)!

無理して使ってまでして不自然になることはないが，スマイルを意味する「(^o^)」や，お詫びやお礼を意味する「m(_ _)m」などはふつうに使えるようにしておくととても便利である。現在では，ネット上から顔文字変換ソフトを無料でダウンロードできるなど，ますます便利になってきている。

なお顔文字ではないが，よく雑誌などで見かける文末についている「（笑）」も，役割としてはこの顔文字と同じである。

6) 相談文を引用する。メール対話形式

> 例）
> ＞こんなことってあるんですか，私は全く信じられません。
>   そうですよね，それはまったくもって信じられないですよね。

相談文を引用すること，コピー & ペーストすること，これはメールの王道であり，メールの利点の一つである。何かと便利であるので，どしどし使って欲しい。なおこれは，引用箇所によっては，「明確化」や「ミラーリング」となり，相談者に気づきや洞察を促す。

また筆者は相談初期の段階で，全文を引用する場合がある。全文を引用するといっても，1文〜数文で区切っている。そうすると，メールでありながらもまさに対話風のメール相談になるのである。メール対話形式とでもいったらよいであろうか。これはとくに相談の導入において，信頼関係を作るためにはたいへん適していると感じている。その，相談者の一言一言をもらさずに受け答えをしているようすからは，カウンセラーの丁寧さが確実に伝わる。そしてなおかつ相談事項の確認をしながら進めることができる。これはいわば，とても優れたメールならではの対話式カウンセリングであるといえる。しかし，これも誌上相談のよう

なカウンセラーからのまとまった専門知識や，うんちく入りの返答を求めている相談者にとっては，まどろっこしいと感じる方もいるだろう。

> メール対話形式
> 例）
> ＞こんにちは，よろしくお願いします。
> 　こちらこそよろしくお願いします。
> ＞実は私どうも仕事ができないんです。できないといっても以前はちゃんとできていたんです。
> 　仕事ができない，困りましたね，それも以前はちゃんとできていたってことですよね。

7）リンクを入れる

　これもメールの優れているところの一つであるが，何らかの情報を提供するとき，このリンクを付け加えると相談者は提供情報にすぐにたどりつけるので大変便利である。そしてまたこういった細かい気遣いというか親切さは，プラスアルファとして相談者に伝わり，信頼関係をより強固にしていく。

> 例）
> 　□□町の先には，とても緑豊かな公園があるので，気分転換にその公園にいってみてはいかがでしょうか。地図等は，下記ホームページに……
> … URL）http://www.oxpark.com/map

8）ボディメッセージを記述する

　これはまさにメールでの弱点である，ノンバーバル情報を直接的に補おうとするものである。相談者がカウンセラーのようすを具体的にイメージできるよう記述する。そしてこれはうまく伝えることができればとても効果的であり，相談者は安心する。

> 例）「ここ東京は今とても寒いのですが，私は手を震わせつつ，こうしてメールを打っています。」

「○○さんのメールを読んでいたら，思わず私の身体も震えてきました。そしてどうしてこんなことがおこるのだろうかと，眉間にしわを寄せてしばらくは考え込んでしまいました。」

9）相手の語体・文体に合わせる（第4章「ジョイニング」56頁参照）

　相手の語体・文体に合わせるというのは，信頼関係づくりにおいてとても重要である。

　たとえば，おばあちゃんが孫の幼稚園児と話すとき，自然とおばあちゃんは幼児ことばになっていることがあるが，あれはまさにジョイニングのいい例である。おばあちゃんと孫のそのようすを思い浮かべれば，ジョイニングがいかに両者間の信頼関係作りに役立っているかがわかるであろう。

　そして書き言葉においてはとくに，年代が離れるにつれて言葉遣いも離れ，このジョイニングがむずかしくなりがちであるが，それでもなるべく相手にジョイニングしていって欲しい。なぜなら上記のとおり，ジョイニングがカウンセリングの中でもっとも重要な信頼関係づくりの鍵をにぎっているからである。なお，ジョイニングできないときは，自己開示で正直さを表すと好印象である。少なくとも不自然にジョイニングするよりは，正直さに好感が持てる。たとえば，「若い人ってとても面白い言葉をどんどん作っていってすごいですね。あなたから見るとお母さん位の年齢の私にとっては，そういった言葉を使うには実はちょっと勇気がいるのですが……」，といった具合にである。

10）誰も見ていないので，思いっきり吐き出してもらう

　これはメールの匿名性を逆手にとって大いに利用してしまおう，というものである。ゲシュタルト療法にはこの手のワークがあるので，ゲシュタルト療法的といってもよいだろう。「あなたも私も元は見ず知らずの他人，このメール相談は他の誰にも見られないのだから，思いっきり自分の気持ちを吐き出してしまおう」，というものである。

　「王様の耳はロバの耳」と大声で叫ぶ，あれである。現実の生活で他人に迷惑をかけないですむように，その前にネットで適宜吐き出してもらいたいという予防的なねらいもある。これがうまくいけばカタルシス効果がでる。しかし，当た

り前のことであるが，相談者の中に，このカウンセラーにいっても大丈夫だという信頼感がなければ，そう簡単に思いっきり吐き出してはもらえない。やはりその基礎には，カウンセラーとの信頼関係が必要である。

11） 日記のように使ってもらう

日記は誰か見ている人を意識することにより，日記の書き方や書くことの効果がまったく変わってくる。ここのところのブログ（ウェブ・ログ"ウェブ日記"の略）の流行りは，おそらくそういった欲求というか効果もあるのだろう。

日記のように使ってもらうというのは，カウンセラーからの返信を1回1回待たずに，いつでも好きなときにどんどん送信してもらうという方法である。そして，カウンセラーは毎回かならず目を通すが，返信は毎回そのつど行わなくてもよい。ただし，この場合は事前に，相談者によけいな不安をかけなくてすむようにことわりを入れておくべきである。たとえば，「私からの返信を待たなくてもいいので，いつでも好きなときにどんどんメールを送信してください。私は返信せずとも，あなたからのメールにはかならず毎回しっかりと目をとおしています。ですので，どうぞいつでもお好きなときにメールを送ってください。毎回貴重なメールをしっかりと読ませていただきます」といった具合いである。

これはメールを使った日記療法とでもいうものである。通常は相談者が送信し，カウンセラーが拝読するのだが，ときにカウンセラーから一文でもよいのでコメントなどを送ると，相談者のモチベーションはあがり，効果もいっそう期待できる。

12） 情報を載せる

メールカウンセリングでは共感したり，受容したり，専門的見地からアドバイスをしたりと，そういったことのみが有効というわけではない。プレゼントは相手を想っておくるからこそ意味があるわけだが，それと同じ気持ちで相談者に必要な情報は惜しみなく差し上げよう。

メールは情緒は載せにくいが，情報はとても載せやすいメディアである。カウンセラーは相談者に愛情をかけるように情報を差しだそう。何よりもそういったカウンセラーの心のこもった情報により相談者は勇気づけられ，自分が大事にさ

れているとうれしく感じるものである。

　この情報はメンタルヘルスに直接関連することでなくてもよい。趣味のことでも仕事のことでも，相談者が喜ぶようなことであれば何でもよい。ただし情報提供するさいは，その情報を吟味・厳選しなくてはならない。そしてもし不確定な情報であれば，提供をやめるか，それでも提供したい場合には「あまり確かなことではないのですが」などと前置きし，その情報の信頼度合いをきちんと伝えなければならない。

> ＊なお念のため付け加えておくが，情報が提供され，そしてその情報をもとに行動した人が不利益をこうむった場合，その不利益の責任が情報提供者に発生することがある。このためメールカウンセリングでは，申込のさい「情報のお取扱いは個人の責任においてお願いします」といった内容の入った利用規約に同意してもらっている。しかし，この同意があるからといって，どんな情報を載せてもいいというわけではけっしてない。とうぜん，そこにはカウンセラーの倫理的な行動が要求される。

13) 代理発散する

　筆者も回数は少ないがまれにやることがあるが，相談者の代わりにカウンセラーがその気持ちを代理発散するのである。「そんな状況に私がもしいたとしたら，すぐに上司に私は思いっきり（言葉を）ぶつけていますね。そんなことは絶対に信じられません，けっしてゆるされることではありません。それでももしダメだったら即刻私は会社を辞めます，ケンカ別れだって構いません！」のように多少オーバーにでもたんかをきるような感じで，カウンセラーが思いっきり書くのである。そして"そこまでいわなくても……"，と相談者が思ってくれ，相談者の感情が発散されたなら，カウンセラーが思いきってした甲斐があったというものである。このように，もしいえなくてモヤモヤしているものが相談者にあるようだったら，ときにはそのことをカウンセラーが思い切っていってあげることも効果がある。

　ただし，これは中途半端な気持ちでやっても偽善者に見えるだけであり，効果も期待できない。その辺はカウンセラーにそれなりの覚悟が必要なところであ

る。

14) 専門知識をコンパクトに解説する

これはいわゆる誌上相談で主として使われている方法である。専門知識をコンパクトに解説して，相談者に教えてあげるという方法である。どちらかというと継続相談ではなく，1回きりの，あるいは短期終了のメールカウンセリングの場合には，この方法も適している。しかし，あまりにも長文のメールや，カウンセラーの知識を誇示するような書き方は，相談者に敬遠されがちであるので，ひかえた方がよいだろう。このため長くなるときには，専門情報を提供している信頼できるサイトへリンクをはるなどの工夫も必要である。

15) ミラーリング

メールカウンセリングでは，実は相談者みずからによる自分自身との対話が大きな位置を占めている。そしてこの自分自身との対話に役立つ技法がこのミラーリングである。ミラーリングとは，カウンセラーが相談者の鏡の役目をするというものであるが，カウンセラーは相談者がいったことの要所を鏡のようにフィードバックしていく。

そのままの文章を返すだけでもミラーリングになりうるのだが，カウンセラーがポイントをまとめるなり拾うなりして，相談者に返してあげるのがよい。相談者自身がメールで書いたのと同じことであっても，それがカウンセラーという他人をとおして返ってきたものの場合，相談者にとってはそれは自分の姿を客観的に見ることになる。したがって，これによって自分自身への気づきが得られやすくなる。ハッと，今まで見すごしてきたものが眼前に現れる感があるのである。

16) 長くなりすぎない

メールカウンセリングに慣れてくると，またキーボード入力もストレスなくできるようになってくると，ついついカウンセラーの文章が滑らかになって冗長になってきてしまうことがある。相談者にもいろいろな方がいるが，一般的にはメール返信文は長すぎると読む方にとっては一苦労である。ポイントをおさえかつ無駄を省いて，できるかぎり長くなりすぎないように注意すべきである。また，

自分の美文に酔っているかのような鼻にかかるカウンセラーの文章は，これも避けたい。いうまでもなく，メールカウンセリングはカウンセラーの表現のための場ではないからである。相談者が主人公の場であり，カウンセラーは相談者の役にどれだけ立てるかが大事なのである。

17) 丁寧すぎない

これはメールカウンセリングの初心者にありがちだが，丁寧にしようという気持ちが強すぎて，言葉遣いがあまりにも丁寧になりすぎてしまうことがある。そして結果として相談者との距離が開いてしまうことがある。先に書いたように敬語とは関係言葉であり，そもそも敬語とは上(かみ)と下(しも)を分ける必要から生まれた言葉であった。つまり，人と人との関係を遠ざけるという機能があるのである。丁寧語と敬語は同じではないがその機能は似ていて，丁寧すぎる丁寧語も敬語と同じように相手との距離を広くしてしまう。これは，カウンセラーと相談者の間の隔たりが少ないカウンセリングとは逆方向になる。したがって，丁寧すぎる言葉はカウンセリングには適さない。とくにメールでは，ノンバーバル情報が伝えにくいこともあり，このためそれはよけいに冷たく見え，両者の関係が離れていきやすい。

18) 手書き，一夜寝かし式

メール読解のところでも触れたが，メール返信文を書く場合にも筆者はかならず下書きを手書きで書いている。なぜなら，その方が無機質なメールにも心がこもりやすいと思っているからである。そしてなおかつメールカウンセリングに不慣れなうちは，筆者はそのメール返信文を書いたあと，一夜寝かしておいた。それはなぜかというと，「夜書いたラブレターを朝読むと恥ずかしい」のと同じことが起こりうるからであった。どうしてかというと，夜，気がのったところで書いた場合，つい調子にのりすぎてしまうことがあるからである。これを制御するためには，メールを一夜寝かして，朝推敲するのが効果的である。

19) メール返信までの時間，返信期限

返信は早いにこしたことはない。そして期限はそれぞれの事情に合わせて，守

れる範囲で設定するのがよい。なお今のところ，返信期限はおよそ5日間程度が一般的だ。メールカウンセリングのシステムによっては，相談が長期継続することもあるので，そうなるとカウンセラーは途中で息切れしないように，はじめから無理をしすぎず返信していくことも必要なことである。

　なお早すぎる返信がマイナスに作用しうる場合も，数少ないがある。それは相談者の依存心をあおってしまうおそれのある場合や，相談者に考える時間を与えてあげることが必要な場合などである。

20）その他

キーボード操作

　ブラインドタッチとまではいかなくとも，ストレスなく入力できるくらいまではもっていきたい。キーボード操作がストレスになっていたのでは，カウンセリングどころではないだろうからである。

リファーおよび電話・来所へのつなぎについて

　メールに限らないが，メールカウンセリングだけですべてが解決できるわけではない。したがってリファーすることも必要である。

　メールカウンセリングのリファーにおいては，電話相談・来所相談へのつなぎがもっとも多い。やはり会って話した方がいいと思えることがあるからである。そしてすべてのリファーに通じることであるが，リファーの場合には相談者の「見捨てられ不安」を引き起こさないようにすることが肝要である。「私はカウンセラーから見放された」と相談者に思われるようなリファーは好ましくない。

　このため注意点としては，「○○さんがよろしければ，私（カウンセラー）はいつでもメール相談します」などと安心感を与えつつ，「それでも○○さんのことを考えると，一度お近くのカウンセラーのところで会って相談をされた方がいい」ということをしっかりと伝えることである。

　また，電話相談にも来所相談にも抵抗があるからこそ，あえてメール相談をしている人もいる。したがって，こちらがリファーをすすめても応じない場合もある。その場合は根気強くメールカウンセリングを続けていきつつも，チャンスをうかがってはリファーをしていくのがよい。

　そしてこれはリファーに限らないが，しっかりと相談者にそのことについての

説明をすることである。とくに不安を喚起しやすいリファーにおいては，なるべく早い段階で，より詳しく，より親切な説明が必要である。先にも触れたが，メールは一般情報は載せやすいメディアであるので，リファー先の情報などは，丁寧にメールで説明していくことである。

〔注〕
1) 村上龍『eメールの達人になる』集英社，2001，p. 72.
2) 上河扶紀枝『ハートセラピー　心にしみるメールカウンセリング』太陽出版，2004, p. 150.
3) 小林正幸『なぜ，メールは人を感情的にするのか―Eメールの心理学―』ダイヤモンド社，2001, pp. 19-23.
4) 平木典子『カウンセリングとは何か』朝日新聞社，1997，pp. 7-16.
5) 淺沼志帆「Eメールカウンセリングのアクセサビリティ」『電話相談学研究』Vol. 12-2，日本電話相談学会，2002，pp. 57-65.
6) 村上龍，前掲書，p. 10.
7) ウォレス／川浦康至・貝塚泉訳『インターネットの心理学』NTT出版，2001，p. 159.
8) ウォレス，前掲書，pp. 159-160.
9) 生熊譲二・稲松信雄「文章完成法」上里一郎監修『心理アセスメントハンドブック　第2版』西村書店，2001，p. 237.
10) 田村毅『インターネット・セラピーへの招待』新曜社，2003，p. 122.

第7章 メールによる心理教育

1. 心理教育（psychoeducation）とは

　人はなぜ傷つくのか。その背景となる理由は、さまざまであったとしてもこのことは、人格特性、自己内葛藤、対処法（coping）の不全、ライフイベント（生活上のできごと）などの視点から考えることができる。このような心理的問題への対応は、人格へのかかわりと、必要とする対処技能の強化という2つの条件に集約できよう。すなわち、感情を共有できる人間関係の存在と、当面する問題への対処技能を身につけることが求められる。

　今日、インターネットによる教育・訓練はe-learningと呼ばれている。したがって、インターネットを用いた援助活動をe-helpingと呼ぶことができよう。メールによるカウンセリングや心理教育は、このe-helpingの機能の1つである。

　カウンセリング・心理療法の役割の1つとして、専門的な心理的援助活動の役割を果たすものが心理教育である。

　心理教育は、社会的支援（social support）の機能の1つである。周知のように社会的支援には、主効果と緩衝効果の2つの側面がある。主効果は問題への対応の仕方、すなわちノウハウを受けることによるものである。緩衝効果はサポート源を認知することによる、安心感のもたらす効果である。これらの機能は、心理教育の役割でもある。

　インターネットによる心理教育の働きかけは、カウンセリング・心理療法の場合と同様に、面接相談・援助と併用して実施される場合と、インターネット単独で行われる場合との2つのパターンがある。

1) 面接相談・援助と併用される場合

この場合は，援助者は相談をもちかける人（相談者）を直接知っているという利点がある。そのために，一般的な対応以上に踏み込むことが可能になる。

またメールによるカウンセリングと同様に，面接の間隔を補う役割を持たせることができる。相談者の側では，必要なときに随時カウンセラーや担当者と連絡がとれるという安心感がある。

2) インターネット単独の場合

この場合，援助者は相談者を直接知らないことから，対応が慎重にならざるを得ない。どうしても控え目なかかわりになる傾向がある。いきおい一般的な対応か，その周辺にとどまってしまう。

こうした理由から相談者の側では，対応や提示される情報についてもの足りなさを感じることがある。場合によってはコミュニケーションに，噛み合わないものが生じてしまう。

相談者がおかれた状況は，さまざまである。相談者の状況やニーズに応じて，いわばその受け皿としていろいろなパターンの心理教育としての対応が求められる。

2. 援助活動と心理教育

現在，一般に行われている心理的・社会的援助活動は，次のように分類できる。心理教育は，それぞれの援助活動に関連する。

1) 日常の対人関係における援助

通常の対人関係の中で行われている，日常的な相談・援助である。ありきたりとはいえ，いかに人は通常の対人関係の中での援助に支えられていることであろうか。

そのことは認めながらも，日常的な援助の限界と問題は考えざるを得ない。したがって，心理教育として日常的な援助活動に対するかかわりも必要である。知

人や友人の相談に乗っている人や，ケアを行っている人への援助も求められる。たとえば，ケアを行う人の慢性ストレスの軽減も課題となる（例：Elliott et al., 2001；Vedhara et al, 2002）。ケアをする人に必要なものは，社会的支援と侵入回避的（intrusive-avoidance）思考をすることである（Robinson-Whelen et al, 2001）。

必要に応じて日常的な対人関係の援助を行う人，受ける人に対する正確な知識の提供や情動への支援が求められる。

2) いわゆるパラ・カウンセリングとしての援助

カウンセリング・心理療法の訓練や，講習の機会が普及しつつある。そのため，ある程度カウンセリング・心理療法の知識と訓練を受けた人びとも少なくない。そしてこれらの人びとが，いろいろな領域の公式，非公式の相談・援助活動にかかわっている。

このようなパラ・カウンセリングとしての援助活動の中にも，心理教育が一つの機能を果たすことになる。

3) 専門職（カウンセリング・心理療法以外の）による援助

カウンセリング・心理療法以外の専門職の人びとの援助活動の中にも，心理教育としての機能がある。またこの機能が求められることがある。

これは医療，教育，福祉，産業，司法などの領域の活動における専門的業務に付随する役割である。

4) カウンセリング・心理療法としての援助

カウンセリング・心理療法の過程の中でも，心理教育としての働きかけがふくまれることがある。

5) 心理教育としての援助

社会的技能訓練（SST: social skills training），構成的エンカウンター，段階的援助プログラムなどは，基本的に心理教育を意図した活動である。

また心理教育の一つの役割が，自己援助（self-help）への支援である。

問題に当面したときに，人はまず自分だけで問題解決をはかろうとすることが一般的であろう。問題に対する積極的なかかわりはよいとしても，自分の知識と判断のみによる対処行動には，限界と問題がともなう。必要に応じて専門的援助が求められる。これが広義の自己援助行動への援助である。

　もう一つの機能は，自己援助グループ（あるいは自助グループ"self-help group"）などの，専門家のかかわる狭義の自己援助活動に対する援助である。断酒，喫煙，難病，子どもの死などのさまざまな課題をテーマとする自己援助（あるいはセルフヘルプ）グループが組織され，活動している。

3. 心理教育の役割

　心理教育の活動は，「問題」を持つ人びととその家族への支援として始まった。しかし，今日ではこの概念は拡大して理解されている。心理教育は，継続した問題を抱える人たちに対する教育的側面をふくんだ一連の援助法（後藤，2001）と定義される。

　心理教育の試みは，統合失調症（精神分裂病）の患者を持つ家族への介入から始まった（Anderson／鈴木他監訳，1988）。そして，他の症状や問題を持つ人びととその家族へ対応する活動へと拡大する。心理教育は症状への治療的介入の最初のステップとなる（例：脳卒中　Sakano et al, 2002）。この心理教育に共通するものは，知識・情報の共有，対処技能の増大，心理的・社会的サポートの要因である（後藤，1998；上原，2001）。

　家族の患者へのかかわり方は，症状の経過に影響する。たとえば，家族の強い感情表出がうつ病の再発，横断的症状，病相遷延化に関係していることがほぼ肯定されている（上原，2001）[1]。

　精神あるいは身体の問題や障害を持つ人びととその周辺の人びとは，当面する問題への日常的な対応の仕方についての，情報とノウハウとを求めている。それを得やすい状況にいる人びとだけではなかろう。一方，世間の一般的な情報の場合には，その内容について確実性の問題が疑問視されるものがなくはない。また，その根拠が第三者にはわかりにくい場合がある。さらに，ときとしては矛盾した情報に振り回される。たとえば「血液型と性格論」は，今日のところ趣味の

世界の事柄でしかない。また市販されているダイエットの本にも，問題がふくまれる場合があることが指摘されている（大野，1989）。

　問題や障害の表れ方は，状況によって異なる。それに対して情報は，まず一般論として提示される。そのために個別的な問題や症状の理解や対応と，一般的な情報との橋渡しの役割が必要となる。

　問題や障害へのかかわりは，かならずしも個人的な愛情や努力だけで対応しきれるものではない。対応がうまくいかなかったからといって，愛情不足として自分や関係者を責めることはない。さらに誰が悪いかといういわゆる犯人探しをすることよりも，関係そのものに問題があると理解する，短期療法（brief therapy）の考え方は参考になる。とくに悪いともいえない人同士の食い違いやトラブルは，日常生活で珍しくない。

　また，善意による対応が，かならずしも好結果をもたらすとは限らない。かえって逆効果になることさえある。たとえば，うつ病の家族への対応の仕方の問題点として，a. 管理過度のタイプ，b. 叱咤激励タイプ，c. 神経質なタイプがあげられる（山岡，1987)[2]。ぐちも混じるとしても，夫をだめにしようと思って，故意に本人を悩ます言葉をかけているわけではなかろう。

　問題や症状は変化を続ける。対応の仕方もそれに応じて変える必要がある。しかし，状態を的確にとらえて対処することはむずかしい。さらには，容易に好転しない症状や問題に，当事者もその周囲も疲れてしまう。このことから，二次的問題，さらには三次的問題も派生する。このようなことから，ケアをする人へのケアの機会が求められる。先の場合も，妻が一人でうつ病の夫を見守るということは，容易なことではあるまい。妻を責める人さえもいるのだから。

　さらに問題の解決といっても，当面の問題解決，あるいは一時的，暫定的な解決にしかすぎないこともある。このようなことから当事者とその周囲の人びとへ，必要に応じた継続的援助の機会が求められる。また表面はとにかく，実質的には周囲から切り離された状況で生きる人びとがある。障害を持つ人とその家族とが，孤立してしまう例などは珍しくない。

　一方，教育の分野では，心理教育をカウンセリングの予防的・開発的な機能に位置づけようとする試みがある。この視点から國分（1998）は，心理教育を，1. 集団に対して，2. 心理学的な考え方や行動の仕方を，3. 能動的に，4. 教える方

―――――――― <コラム6>顔文字という非言語メッセージ ――――――――

　メールカウンセリングにおけるコミュニケーションは，原則としてテキストをベースとした顔を合わせないコミュニケーションである。対面のコミュニケーションと大きく違う点は，顔の表情，しぐさ等の非言語メッセージなしに，文字で書くことのみで伝えるという点で，それがメールカウンセリング特有のメリットでもあり，デメリットにもなる。

　ピースマインド（株）によるアンケートによると，「自分の悩みを文章で伝えることについて，むずかしいと感じますか？」という質問には，「話すより，冷静に自分を見つめなおしながら書けてよい。」「むしろ口でしゃべるよりも簡単であると感じている。」など，メールで書くことの利点をあげるクライアントが目立った。ただ，「じっくり考えて書けるので間違ったことをいってしまうようなことがないので，それが良い点。しかし，細かい心のひだというか，ニュアンスが伝わりにくい気がした。」というように，相手の顔が見えないために感情が伝わりにくい，ということを指摘する意見も聞かれた。

　対面のコミュニケーションでは言葉とともになんらかの表情がついてくる。メールによるコミュニケーションでは言葉と伝えたい感情や表情のギャップがどうしても生じる。この点を何とか補い相手に自分の気持ちを伝えようとするために，顔文字や記号が使われるようになったのである。とくに日本語の顔文字は，半角しか使えない英語に比べて，半角・全角文字を駆使して表現方法が多彩であるといえる（図1参照）。

　しかし，顔文字を駆使して表情を伝えようとしても，微妙なニュアンスまでは伝えきれないのは事実である。対面のコミュニケーションであっても，表情から相手が読み取る感情は受け手に依存することは同じであるが，感情を表すメッセージの量がメールによるコミュニケーションの方が少ないのである。

　メールのコミュニケーションでは，テキストや顔文字の表現量の限界を理解して，お互いがコミュニケーションをとる必要があるといえる。そうすれば，テキストに顔文字を補完して有効に使うことで，メールによるコミュニケーションをより効果的なものとすることができるであろう。

泣き顔	(T-T)	怒り	(`´)	痛い	(>＿<)
笑顔	(^－^)	照れ	(*^・^*)		
驚き・ショック	(̄□ ̄;)!!	嬉しい	(≧∀≦)		

図1

法であると定義している[3]。

　自己や他者の行動のメカニズムを理解することや，自分なりの働きかけの方法を身につけることで，対人関係のもたらす圧力が軽減される。さらには，より建設的な人間関係や集団状況の形成が期待される。すなわち，「育てるカウンセリング」の役割である。岡田（2002）は，この育てるカウンセリングの機能として，行動の学習，思考の学習，感情の学習をあげ，それぞれの方法論を対応させている。

　以上のようなことから今日のわが国における心理教育の概念は，主として医療関係に比重が置かれるものと，教育・訓練の領域に比重が置かれるものとに大別される。もちろん両者の機能には重複するところがある。

　このように心理教育に求められる内容は，活動領域や問題の領域によって強調点が相違する。たとえば看護師の場合では，患者に対する援助の内容としては，不安軽減の方法，対人関係の持ち方，自分の気持ちのチェックの仕方，恐怖（phobia）への対応，身体的障害への対処法，気持ちの整理の仕方，自己表現の仕方，退院後に予想されることへの対応の仕方の必要性の評価が高い。患者家族への対応の内容では，不安軽減の方法，対人関係の持ち方，個人的な問題への対応，恐怖（phobia）への対応，精神病の症状への対処法，身体的障害への対処法，相手理解の仕方，退院後に予想されることへの対応の仕方の必要性の評価が高い（林，2002）。そして患者教育は医療者のかかわり方や内容，方法，時期等によって患者の受け止め方が異なり，のちの患者のセルフケアに影響を与える（尾形・内海，1997）のである。

　「治癒」とともに，かならずしも潜在化している問題のすべてが消失するわけではない。

4. 心理教育の対応

　心理教育の基本的な役割は先にあげたように，人格へのかかわりと，必要とする対処技能の強化に集約される。これは，感情の共有，情報の提示，対処法（社会的技能訓練をふくむ），サポート源の認知の4つの視点から考えることができる。

1) 感情の共有

感情の共有は心理教育だけではなく，心理的なアプローチの基本である。感情が共有されたという実感を持つことによって，人は受容されたと感じる。受容は人間に対する基本的な支持の意味を持つ。

人は対人関係のかかわりの中で成長し，安定する。しかしこのことはかならずしも，直接の人間関係に限定されるものではない。手紙，さらには書物や絵画，音楽もその役割を果たす。インターネットなどの間接的な関係であったとしても同様である。ただしこの場合も，コミュニケーションの相手を直接知っている場合と，そうではない場合とでは異なるところはある。間接的な人間関係の場合は，一般的にはその限界は認めざるを得ない。

2) 情報の提示

当事者とその周囲の人びとが，問題の理解や対応に必要な情報を提示する。たとえば，発達理解については，発達段階についての，問題と課題に対する情報を提示する。相談者の状態に応じて適切に用いれば不安の軽減や，対処法を考えるための手がかりとなろう。その他，対処法，サポートなどについての情報である。

3) 対処法

社会的技能をふくむ対処法である。

A．一般的対処法

自分が必要かつ重要と思う事柄に対して，対処する方法が見い出せないと認知したときに人は傷つく。

心理教育の機能の1つが，対処法の提示である。対処法を提示することは，セルフケア，あるいは自己援助の方法ともなる。たとえばその内容は次のような領域にわたる。

　a．対人関係理解への対処
　b．自己内葛藤への対処法　気づきの促進をふくむ
　c．対人関係葛藤の対処法

d．認知の変容の手続き　自己の認知構造の変容を進める方法

   e．精神，身体障害者への対処法

   f．高齢者への対処法

   g．酒，たばこ，薬物に関する問題への対処法

   h．ダイエットをめぐる問題への対処法

   i．身体病へのケアの方法

B．精神保健上の問題への対応法

精神保健にかかわる問題を持つ人びとへの対応と，その家族援助の方法。

   a．患者と症状理解

   b．患者への対処法

   c．症状への対処法

   d．ターミナルケアについて

対人関係の持ち方，不安軽減など，カウンセリング・心理療法の領域にはさまざまなスキルが用意されている。

インターネットの場合には，一般的に方法を提示せざるを得ないという限界はある。しかしコミュニケーションが継続する限り，ようすを見ながら生起する問題に逐次応じた対処技能の提示とフィードバックが可能である。

4）サポート源の認知

社会的サポート源の認知は，抑うつ傾向の低減に寄与する。

今日さまざまな社会的なサポート源が存在する。しかし，その情報は少なくとも up-to-date な形では整備されているものばかりとはいい難い。とくに本や雑誌，印刷物の情報は，発行された時点から古くなるという宿命を負っている。時間の経過した情報は，変化している可能性がないわけではない。変化している情報が与えられると，相談者は失望感を抱く。

web ページ，メールマガジンなどのインターネットによる情報の提示は，随時の更新や伝達が容易な点では相対的には印刷物よりは有利である。

5. インターネットによる心理教育

心理教育の機能について,インターネットがどのように寄与し得るか。なおこれらは実際には,カウンセリング・心理療法の機能とは明確に区分できないところはある。

インターネットによる介入はwebページを利用した,一般化から個別化へ進む方法と,e-mailによる最初から個別化した対応とに分けられる。その中でもよく調整された(computer tailored)介入は,自分の肯定的な面を確認し,否定的とは逆の過程をもたらす。このことは,認知的変化に寄与する(Dijkstra, 2002)。そしてゲシュタルト心理学が主張するように,この認知的変化によって行動の変化がもたらされる。

1) 感情の共有

感情の共有にもさまざまな過程がある。メールによるコミュニケーションも,その1つである。

その他自己の作品や経験の提示も,感情の共有の役割を果たす。自己開示と共感の役割である。

次項に記述する抑うつの人びとのためのオーストラリアの抑うつ援助活動のサイトdepressio Net(2000年に設立)の「11. あなたにできること」には,多くの詩が寄せられている(「抑うつの人びとに対して,あなたができることの意味」主として自分の体験の開示)。

タイトル:「空気,火と水」「だれが世話をするの」「なくしたもの,見つけたもの」「空しさへの旅」「仮面」「しばらないで」「泉」など。いろいろな思いが伝わってくる。

また同じサイトで,抑うつ,うつ病経験者が自分の例を記載するページである「12. あなたのこと」にも,多くの経験例が寄せられている。

「あなたがうつ病になったり,家族や友人が病気になったとき,自分だけではないと本当に感じたら,大変助けになります。以下の例を見て下さい。あなただけではないでしょう。あなたと同様な大勢の人がいるのです。あなたの場合を他

の人にも知らせて下さい。」

　寄せられた事例は，年齢・性別（男－女）では，15-20歳（11-42），21-25歳（9-35），26-30歳（10-22），31-35歳（3-29），36-40歳（7-19），41-45歳（8-14），46-50歳（2-5），51-55歳（6-8），56-60歳（4-2），年齢不明（1-7）となっている（2002年8月6日現在。なお一定期間経過したものから消去される）。これを見ると，若い年齢ほど女性の比率が高い。

2）情報の提示

　情報の提示も，相談の中で一問一答式に随時なされるものと，ホームページ化されたものと2つのパターンがある。ホームページ化されたものとして，先述のdepressio Netの例をあげる。このホームページには，以下の情報が提示される（www.depressionet.com.au/）。これらの項目についての解説の内容は，かなり詳しい。

　1. 抑うつとは何でしょう（定義，症状，その他），2. 関係する状態（抑うつに関係する病気や状態），3. 抑うつQ＆A（抑うつについてよく寄せられる質問），4. あなたの地域での援助（あなたの地域で援助を受けられるところ），5. あなたの地域で行われていること（興味が持てること，援助になること），6. 家族と友人（抑うつの人びとの生活支援），7. 治療（援助となる伝統的，その他の方法），8. 人びと（抑うつの有名人），9. インスピレーション（あなたにひらめきを与えるような言葉，詩，文章），10. 記事・ブックレット（関心のある記事），11. あなたのできること（あなたの送ってくれた記事，文章，詩），12. あなたのこと（他の人の経験を読みましょう），13. 本（抑うつや関係したトピックについて），14. ニュースから（オーストラリアの新聞から），15. 研究（最近の研究），16. 承認（オーストラリアの保健サイト），17. われわれは（目的・メンバー，訪問ケアチーム），18. 保健パートナー（このネットの援助），19. リンク（役に立つサイトのリスト），20. 新聞。

　他に，メッセージボードとチャットルームがある。なおe-mailで相談したければteam@depressionet.com.auへ連絡を，と付記されている。ホームページとメールとの併用の試みである。

　また，次は同国のバララット大学心理学科のパニック障害（恐慌性障害）への

対応のサイト PanicOnline のホームページである。

ここでは，以下の情報が提示される。

1. パニックの性質，2. パニックの原因，3. パニックの影響，4. パニックへの対処，5. あなたはパニックの状態か，6. パニックの治療の情報について。(www.ballarat.edu.au/ruralhealth/panic/)

情報の提示も，よくある質問への一般的な提示と，個別的な提示と分ける方が対応がしやすい。

3） 対処法

比較的よく用いられるインターネットによる社会的技能訓練をふくむ対処法としては，リラクゼーションの実際や不安処置の方法があげられる。

あがりやすいという問題を持つ人びと，ただし面接による対応の必要性が低いか，物理的に面接が困難な人びと，あるいは面接と面接との間で行う，問題に対応したリラクゼーションの一般的な基礎を提示する。

例1．ベンソンのリラクゼーション（中西他，1993）やイメージ，呼吸調整法（Davis，河野監訳，1999）など。

不安対処の実施例：

例2-1．「もし不安を感じたら，ゆっくり息を吐きましょう」

2-2．「もしいやな夢を見たら，目が覚めたとき，ゆっくり呼吸して，ああこれは夢だったんだと思いましょう。

これは勝手に神経が興奮しているだけなんだ。興奮させといてやろう。そして，またゆっくりと呼吸をしましょう。それから身体の力をゆっくり，ゆっくり抜きましょう。そのあと，楽しいことをゆっくり，ゆっくり思い浮かべましょう」

2-3．「お寝みになる前に

(1)ベッドの中で大きく背伸びをしましょう。

(2)もういっぺん背伸びをしましょう。

(3)そして，身体の力を抜きましょう。

(4)もし，いやな夢を見たら，同じことをしましょう。

くれぐれも，夢の内容をフォローしないようにしましょう」

例3．自観法の方法

　　Koshikawa ら（2000）の自観法は，自分を第三者の目で見つめるという方法である。ただしその場合，一生懸命やっているとか，かわいそうな自分というような感情移入は一切しない。ただ見つめるだけ。そうすると，かえって気持ちが楽になる。なお越川は，現在はこの方法を只観法と呼んでいる（石井他，2005）。

例4．禁煙指導の例も報告されている。奈良市立病院で1997年より実施されているメールによる方法である。

　　実施後12ヵ月で53.3%が禁煙に成功している。全国どこに住んでいても，仕事やふだんの生活をできるだけ乱さず，丁寧でタイムリーな禁煙指導ができるようにという趣旨から生まれた（Takahashi, 2000; Takahashi et al, 2002）。

4) サポート源の認知

現在さまざまな社会的サポートの機関がある。

サポート源についての情報としては，教育・児童相談所，断酒会，ぼけ，感覚器官障害から患者団体にいたるまで非常によく整理して記載されている本もある。しかし時間の経過にともなう情報の変化は，いかんともしがたい。

書物や印刷物による情報の価値は十分に認めながらも，それとは別に情報の変化に対して即時的に近い対応が容易なシステムも併せて求められる。このようなup-to-dateの情報の構築は，インターネットが得意とするものである。

6. 課　題

カウンセリング・心理療法による「解決」といっても，当面の問題解決にすぎないことがないわけではない。一時的には当面する問題が解決あるいは軽減したとしても，問題を生む潜在的な可能性を抱え続けている人びとがある。このようなことから問題についての継続的なかかわりも必要である。そして，インターネットという方法であったとしても，人は必要なときに他者とつながっていられるという安心感を持つことができる。

インターネットによる心理教育にも，同じ手続きによるカウンセリング・心理療法の場合と同様にさまざまな限界と問題とがふくまれる。インターネットのシステム上の秘密の限界，記述された内容のみに依存することから事実関係を判断する手がかりが乏しいこと，対応が一般論に傾かざるを得ないことなどである。さらに対人関係で防衛的，閉鎖的な人ほど，オンライン，オフラインの自己像のズレがあることが指摘されている（田中，2002）。

一方，経済的な問題もある。提供者側ではwebサイトの構築と維持の費用の問題である。利用者の側ではモバイル形式の方が固定式よりも便利であるが，コストが違う。また特定の在日外国人の相談機関では，以前はメールの相談の機会も設定していたが，その人びとが主として経済的理由からメール端末を持てないことから利用されず，休止しているところもある（この機関の場合，電話は利用頻度が高い）。経済的な制約を持つ人びとや，さらには機械操作になじめない人びともある。インターネットによる心理教育も，必要に応じて他の方法との併用も考えられる。すなわち面接との併用や，自己援助図書／文献（例：Davis／河野監訳，1999；丹野・坂本，2001）などとの併用である。

人間の問題のレベルはけっして一様なものではない（池見，1982）。したがって問題の性質いかんによっては，対応の仕方にもさまざまな方法論をとり得る可能性がある。また援助活動には，心理的なものだけが要求されるわけではない。他の専門，他の領域の活動とのバランスを欠いてはならない。

個人の問題に，家族や，パートナーなどとの関係が密接に絡む場合には，対応がどうしても長引くことが少なからずある。家庭内の問題に第三者が踏み込むことはむずかしい。現実には第1の機能が強調されているとはいえ，カウンセリングには治療，予防，開発の3つの機能がある。先にあげたように，第2，第3の機能を総合して心理教育と呼ぶことがある。

たとえ日常よくある事柄でも，問題を一人だけでかかえるのはきびしい。考えているうちに否定的な思考が生まれ，それが拡大すると感情的にも負担になってしまう。こうした思考を生む前に，第三者と話し合うことも意味がある。カウンセリングの第2の役割である。また他者とのかかわりが，自分に気づき，自分を伸ばしていく契機となる。たとえば，別にまずい問題ではなくても，自分なりに努力していることについて，第三者のコメントを求めることも参考になる。カウ

ンセリングの開発的機能の例である。直接の人間関係だけではなく，インターネットを通してであったとしても，それぞれの可能性を持っているのである。

　さまざまな社会的活動とのバランスの中で，インターネットによる心理教育も，限界を持ちながらも，心理・社会的援助について1つの役割を果たすことができる。しかしその方法論や倫理については，さらに検討が必要である。また，使用機器の簡便化など，年齢や条件に応じてはハード面での配慮も必要である。

　e-learning と e-helping の機能とシステムとは，重複するところがある。両者が相互に影響を与えながら，人間の能力的・人格的側面への支援活動として発展することが期待される。

〔注〕
1）　上原徹「感情障害と心理教育」『臨床精神医学』30，2001，pp. 467-476.
2）　山岡昌之「うつ病と家族――家族の援助」河野友信・筒井末春編『うつ病の科学と健康』朝倉書店，1987, pp. 264-265.
3）　國分康孝・片野智治・小山望・岡田弘『サイコエジュケーション』図書文化，1998，p. 8.

〔参考文献〕
Anderson, C. M., Reiss, D. J. & Hogarty, G. E., *Schizoprenia and the family*, 1986.（鈴木浩二・鈴木和子監訳『分裂病と家族』（上，下）金剛出版，1988，1990.）
Davis, M., Eshelman, E. R. & McKay, M., *The relaxation & stress reduction workbook*, 1995.（河野友信監訳『こころのセルフ診療室』創元社，1999.）
Dijkstra, A. "Integrating tailored intervention in health practice", *International Journal of Behavioral Medicine*, **9**, Supplement, 1, 75, 2002.
Elliott, T. R., Shewchuk, R. M. & Richard, J. S., "Family caregiver social problem-solving abilities and adjustment during the initial year of the caregiving role", *Journal of Counseling Psychology*, **48**, 223-232, 2001.
後藤雅博「効果的な家族教室のために」　後藤雅博編『家族教室のすすめ方』金剛出版，1998.
後藤雅博「心理教育の歴史と理論」『臨床精神医学』30, 445-450, 2001.
長谷川啓三・若島孔文『よくわかる！　短期療法ガイドブック』金剛出版，2000.
林　潔「心理教育（Psychoeducation）の役割についての一考察」『日本応用心理学会第69回大会発表論文集』91, 2002.

林潔『ケアする人と心理学』犀書房, 2005.
池見酉次郎「心身医学, 行動医学, 生命倫理」『心身医学』22, 382-388, 1982.
石井康智・坂入洋右・越川房子・伊藤義徳・丹野義彦「心理療法における東洋思想の展開」『日本心理学会第69回大会発表論文集』W 38, 2005.
石隈利紀『学校心理学』誠信書房, 1999.
岩本隆茂・大野裕・坂野雄二編『認知行動療法の理論と実際』培風館, 1997.
Koshikawa, F., Haruki, Y., Ishii, Y. & Kubozono, Y., "Effectiveness of Jikan-ho (a Japanese self-awareness technique) on stress reduction", *International Journal of Psychology*, **35**, 3/4, 78, 2000.
中西信男・古市裕一・三川俊樹『ストレス克服のためのカウンセリング』有斐閣, 1993.
尾形悦子・内海滉「患者教育の検討」『日本応用心理学会第64回大会発表論文集』80, 1997.
岡田弘「平成13年度学会特別賞育てるカウンセリング國分康孝賞講演・育てるカウンセリングと21世紀」『日本カウンセリング学会第35回大会発表論文集』15, 2002.
大野誠「一般的治療法——治療1」筒井末春編『肥満』同朋舎, 1989.
Robinson-Whelen, Tada, Y., MacCallum, R. C., McGuire, L. & Kiecolt-Glaser, J. K., "Long-term caregiving: What happens when it ends", *Journal of Abnormal Psychology*, **110**, 573-584, 2001.
Sakano, Y., Suzuki, S., Kusakabe, N., Chen, J. & Uchiyama, K., "Development of community based cognitive behavioral prevention program for cerebral apoplexy", *International Journal of Behavioral Medicine*, **9**, Supplement, 1, 235, 2002.
沢田慶輔『カウンセリング』創価大学出版会, 1984.
Takahashi, Y., "Computer-based strategies for assisting smoking cessation", *International Journal of Behavioral Medicine*, **7**, Supplement, 1, 2, 2000.
Takahashi, Y., Higashiyama, A., Miura, H. & Ota, A., "Smoking cessation program using the internet", *International Journal of Behavioral Medicine*, **9**, Supplement, 1, 265, 2002.
田中美帆「インターネット上の自己に関する研究」『日本心理学会第66回大会発表論文集』60, 2002.
丹野義彦・坂本真士『自分のこころからよむ臨床心理学入門』東京大学出版会, 2001.
Vedhara, K., Bennett, P., Shanks, N. M., Wilcock, G. K. & Hightman, S. L., "Chronic caregiver stress and vulnerability to infectious disease", *International Journal of Behavioral Medicine*, **9**, Supplement, 1, 284, 2002.

第8章　メールカウンセリングと職場のメンタルヘルス

1. インターネットを活かした職場のメンタルヘルス

　インターネットを活用したメンタルヘルスが日本においてもその可能性が注目され始めているが，本章では，とくに従業員に対するメールカウンセリングの有効性について考えていきたい。
　メールカウンセリングという新しいカウンセリングの手法は，対面のカウンセリングや電話相談など，既存の手法にはない，新しい価値をふくんでいる。このことは，あらゆる現場でのカウンセリング活動に共通していえることであるが，本章のテーマである働く人を対象とした企業におけるカウンセリング活動においても例外ではない。ここでは，とくに企業における「メンタルヘルス活動」で活かされる，「メールカウンセリング」というカウンセリング手法の有効性をいくつかあげることにする。その有効性は大きく以下の4つの視点から捉えることができよう。
　①　働く人（利用者）への時間の制約がない
　働く人は，勤務時間の関係上時間が限られていることが多い。平日は朝から夜遅くまで仕事関係に時間をとられ，休日は家族とすごす時間にあてられ，時間が取れるのは相談施設が開いていない，などのケースは往々にしてあるであろう。近年，企業では従業員一人ひとりに課せられる仕事量が増加し，それにしたがって労働時間においても負担を強いられる従業員はますます多くなっている。そのような多忙なビジネスマンにとって，時間を合わせる必要がなく，いつでも自分の都合で利用できるメールカウンセリングはとても便利なカウンセリング手法となるのである。

② 場所を選ばない

会社の近くに相談できる施設が少ない場合や，海外勤務など遠隔地にて日本語で相談できる相手がいない場合，さらに出張でなかなかきまった時間にきめられた場所でカウンセリングの予約ができないさいなど，場所にとらわれないメールでのカウンセリングは非常に有効な手段となる。

また，会社内の産業医などへの直接相談に抵抗がある場合なども一つの新たな援助手段となるであろう。会社内に限らず，自宅でもカウンセリングを気軽に受けられるメールカウンセリングは，働く人にとって利用しやすいツールとなる。

③ 利便性・適性

企業活動において，現在インターネットは必要不可欠なコミュニケーションツールとなっていることはいうまでもない。同時に電子メールの利用も企業の従業員にはなくてはならないものとなってきている。

総務省情報通信政策局「通信利用動向調査」[1]によると，企業（従業員100人以上）におけるインターネット利用率は平成12年度89.3%で平成10年から約25%の増加で，電子メール利用率となると88.3%で約30%も増加している（図8・1）。

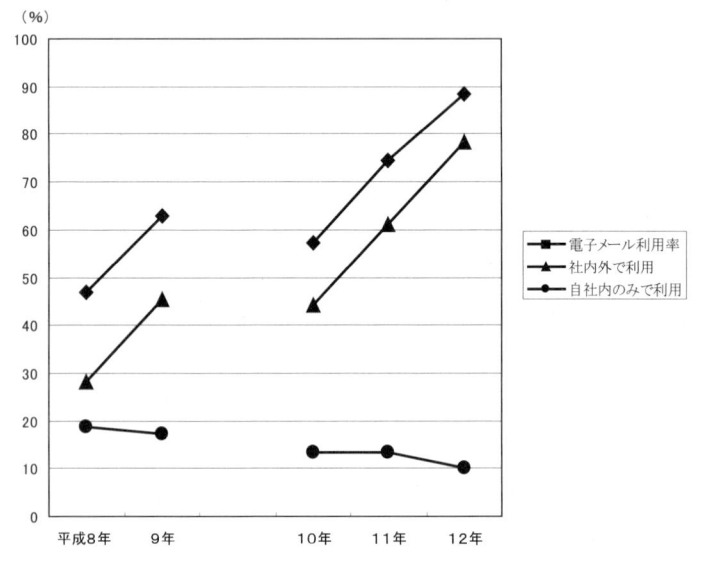

図8・1 企業（従業員100人以上）における電子メール利用率

働く人にとって，インターネット，とくにメールは生活の不可欠な要素となっており，業務の大半をインターネットやメールを活用して行う企業も少なくない。そのためメールカウンセリングも，従来までのカウンセリングの利用に抵抗感があった層にも身近で気軽に利用できるものとして，広まっていく可能性は高いと思われる。

また電子メールは，利用頻度が高く使い慣れた人にとっては，対面で話をするよりも自分の悩みや内面の感情を表現しやすいこともあり，コミュニケーションの手段として有効なものになる。

④　匿名性

企業内にある健康相談室等のカウンセリングサービスの，利用率向上を阻む大きな要因として，プライバシー保護に関する不安がある。従業員がもっとも気にすることは，相談内容が上司，管理者，同僚等の関係者へ漏洩されること，およびカウンセリングの利用に関しての事実である。企業内の相談室であると，どうしても利用のさいに人目が気になってしまうことがあり，そのため第三者の機関である外部 EAP との契約が，利用する企業の従業員には一つの有効な手段になる。外部の機関であるということでプライバシーに関する不安はかなり解消されることになる。さらに，メールカウンセリングとなると対面で直接話すことと違って，匿名での相談が可能であるため，利用の有無を把握される心配がより軽減されることとなる。このメールカウンセリングの匿名性は，企業の従業員に対するカウンセリングにおいては非常に有効な点といえるであろう。

2. EAP と企業

人事担当者等の事業場内産業保健スタッフ等の間では，近年 EAP[2]（employee assistance program：従業員援助プログラム）や旧労働省の「心理的負荷による精神障害等に係る業務上外の判断指針」[3]，「事業場における労働者の心の健康づくりのための指針」[4] などがメンタルヘルス対策の必要性の議論の中でさかんに取り上げられるようになったこともあり，大きな関心事になっている。労働形態や職場環境の変化に加え，リストラクチャリングやＭ＆Ａなどの組織変化が，日本企業の全般的な傾向として現れ，労働者のストレスを増大し，

かつ多様化させている。

　実際に旧労働省が実施した「労働の場におけるストレス及びその健康影響に関する研究」では，1ヵ月以上の疾病休業の理由の15％程度が精神障害となっている。業務による心理的負荷を原因として精神障害を発症し，あるいは過労自殺したとして労災請求される事案が急増していたり，企業側に労働者の健康や安全に対する配慮が欠けていた場合には，安全配慮義務違反として民事訴訟で遺族が勝訴する事例も出ている。今後より一層の事業者側の取り組みと被災労働者の家族救済が重要な課題となっている。今日，労働者のメンタルヘルス問題が労働者とその家族，事業者および社会全体に与えている影響はきわめて大きくなったといえるだろう。

　企業におけるメンタルヘルス対策が従来の精神障害の早期発見，早期治療またはその発生予防にとどまるのではなく，メンタルタフネスとしてより活力のある労働者や職場づくりに反映されるよう，経営方針として打ち立てていく視座が必要である。積極的にメンタルヘルス対策を打ち出すことによって，創造性や自主性を喚起し企業の生産性を上げることこそ，今日的な課題となっている。推進するにはとうぜん経営者層の理解が必要であり，その主導のもとに展開されることが望ましい。もし経営者層の理解が得られない場合には労働組合がその必要性を事業主に訴え続ける必要があり，かつての経済闘争中心の活動から，いかに心豊かな労働生活を目指すかということに転換していく時期を迎えている。メンタルヘルス対策を推進することで社員をあらゆるストレスから守り，パフォーマンスを維持していくことが大切である。労働者のメンタルヘルスを害することで，困るのは本人はもちろん，その家族，ひいては組織そのものが不利益を被るのである。企業にとってもその損失は計り知れないということを十分に認識する必要があろう。むしろ労働組合としては，積極的な関与があって当たり前ともいうべきもっとも重要視すべき課題のはずであるといえるのではないだろうか。

　アメリカを始め，カナダ，オーストラリアなどに広く普及しているEAPはそれなりの経済的効果も実証されている。しかしながら，日本においては，企業風土，日本人の気質，人事制度の違いなどから，アメリカで誕生したEAPのシステムをそのまま導入しても，その経済的効果は疑問視せざるを得ない。今回の旧労働省の指針でもメンタルヘルス対策の原則的な実施方法について総合的に示さ

れたものであり，職種や企業風土の実態に即した形で実施可能な部分から取り組んでいくことが重要とされている。その部分で担当者にとって効果的な対策がわからず試行錯誤を繰り返し，頭を抱えてしまう姿も見られている。さらに，異文化へ出向を命じられた海外赴任社員とその家族のこころの健康にどう取り組むか，そしてまったく対策がなされていないと思われる中小零細企業におけるメンタルヘルスのためのシステムづくりも急務なのである。

このような課題もある中，産業メンタルヘルスの分野でも電子メールやオンラインメンタルヘルスプログラムを併用し，合理化と利便性を計ったさまざまな取り組みが始まろうとしている。

企業の職場環境においても，とうぜんのことながら電子メールはいち早く浸透し，先述のように，1998年から2000年の2年間だけで30％の利用増加（図8・1）がある。逆にいえば，企業における電子メールの活用は数年前には未発達の分野であった。それにともない，電子メールを介したカウンセリングの取り組みもここ1年ようやく脚光を浴びるまでになっている。

この新しい情報伝達手段の登場は，先述したとおり，アメリカにおいても日本においても，従来のカウンセリング手法に取って代わるものではなく，従来ではフォローのできなかった部分や，従来の電話相談や来談相談では都合が悪い分野において非常に有効な新しいカウンセリング手法ということができよう。

とくに，日本人の場合，気質として相談に通うことに負い目を感じたり，人事査定に影響が出ることへの不安を感じたりするなど，かならずしも従来型のメンタルヘルス対策が企業の風土と仕組みに合致するわけではない。また，EAP活動はその利用率を向上させ，潜在的なより多くの従業員のケアを事前に取り組んでいけるかが大きな課題でもある。

それゆえ，電子メールという利便性の高い手段を通じて精神衛生を保つ機会に接することができるようになることは，日本人にとっては親和性の高い手段であるといえる。

今後，企業は電子メールの持つ新たな利便性をうまく取り入れたEAP活動を推進し，従来からの対策と併せた効率的で実効性のあるメンタルヘルス対策を講じていくことが望まれる。そのためにも，臨床家にとっても電子メールによるカウンセリング手法の研究とカウンセリングスキルの研磨が今後一層必要とされる

―――――――――― ＜コラム7＞相談機関のホームページ ――――――――――

　先日，筆者が全国300件の民間相談機関にアンケートを実施したところ，その約半数がホームページ（以下，HP）を開設していた。このアンケート調査は千葉・東京・大阪を除く相談機関の実績や代表者の経歴等を把握するために行ったもので，電話とFAXによるアンケート依頼とHPを開設している機関はそれを閲覧して情報を収集したものである。

　今回の調査を含め，6年前から筆者が勤める相談機関で実際にHP作成を担当してきた経験から，相談機関のHPについての私見を述べてみたい。周知のとおり，小資本で，広い範囲に，多くの情報を公開することができるHPは，相談機関にとって利用価値の高い宣伝媒体である。インターネット利用者数は現在でも驚異的な増加を続けると同時に，ADSLなどのブロードバンドと呼ばれる新たな接続方式が出現して，利用環境が急速に向上している。HPを開設している機関とそうでない機関の集客力の差は歴然としてくる。

　しかし，HPを開設すること＝相談依頼増という図式がすぐに結びつくわけではない。HPを作成して相談増を目指す作業というのは，大変な労力と時間をかけて徐々に定着させていく作業なのである。プロセスを簡単に列挙すると次のようになる。HP作成→検索サイトやリンクサイトへの登録→アクセス増→問合せ→相談申込という流れになる。筆者も，6年前にHP作成を担当してから相談増に結びつくまで，徹夜の作成作業と半年以上の時間を要した。

　このプロセスでポイントになるのは作成と登録とフォローである。愚痴をこぼしてしまうがHPの作成というのは非常に面倒くさい。素材を集めて，写真を撮って，わかりやすい文章で表現し，レイアウトや色彩を考えているうちに夜が明けてしまう作業である。好きでなければできないし，好きでも嫌いになっていく作業である。したがってHPを見てそれなりの好印象の持てるHPというのは，クライエントの立場にたってどれだけ思いをめぐらせたか作成者の親切心が現れてくる。業者に依頼して作成するのも高額な制作費を支払い，度重なる打ち合わせをすることで思いは同じである。そのようなHPは好印象を与え，結果として相談依頼を増やすことになるだろう。

　冒頭で述べた調査でも各HPに目をとおして感じたことがある。すべてのHPに運営側の状況や仕事に対する意識，個人運営なら代表者（カウンセラー）のパーソナリティまでもが伝わってくる。やはり情報の見せ方，伝え方が結果的に相談増に繋がることを確信した。相談機関のHPの場合には，技術を駆使してアニメーションや動画を増やしても，その相談機関の信頼は買えるものではない。技術を用いるなら見る側が最小限のマウス動作で情報や写真を閲覧できたり，予約しやすいフォーム等を組み

> 込んで作成することが望ましい。そして，アクセスを増やすために検索サイトへの登録作業は欠かせないが，昔とは違い有名サイトに一括登録できる親切な HP もあるので活用したい。フォローについては遅くても翌営業日に返事を出すことを心がけ，よくある質問は HP に FAQ として反映させ手間を省く。
> このように HP というのはこまめな対応と地道な情報更新を繰り返すことで熟成され，その相談機関の施設やカウンセラーをイメージさせる媒体（顔）として機能するのである。

であろう。

〔EAP 機関のメールカウンセリングの活用〕

ここでは EAP 機関がメールカウンセリングをどのように活用しているかについて，EAP が発達している北米および，日本の代表的な例をそれぞれ紹介する。

1) 海外——WSE-Counseling[5]

北米で 1,300 の企業，団体において 300 万人の従業員およびその家族のカウンセリングサービスを手がけるウォーレンシェペル社は，「WSE-Counseling」というメールカウンセリングのサービスを契約会社に提供している。

同社はメールカウンセリングについて，「従来の対面カウンセリングおよび電話相談に取って代わるものではけっしてなく，あくまで従来のカウンセリングを求められなかったさい，もしくは都合上で利用できないさいの有効的な手段」という見解を持ちながらも，メールカウンセリングについての有効性は高く評価してサービスを提供している。

メールカウンセリングは，契約会社の多くが採用し，サービス開始の数ヵ月で，同社 EAP サービスの中でもっとも利用率の伸びた主力なサービスの1つとなっているという。

2) 日本——＠メンタル（ピースマインド [Peacemind] 社）

次に，日本でのメールカウンセリングの応用について述べていきたい。インターネットを活用した外部 EAP の日本における先進的なサービス例として，「＠メンタル」[6] があげられる（図 8・2, 8・3）。

ピースマインド社の＠メンタルでは，メールと web 掲示板が連動した特殊なオンラインカウンセリングシステムを採用している。企業の従業員は，自ら自分

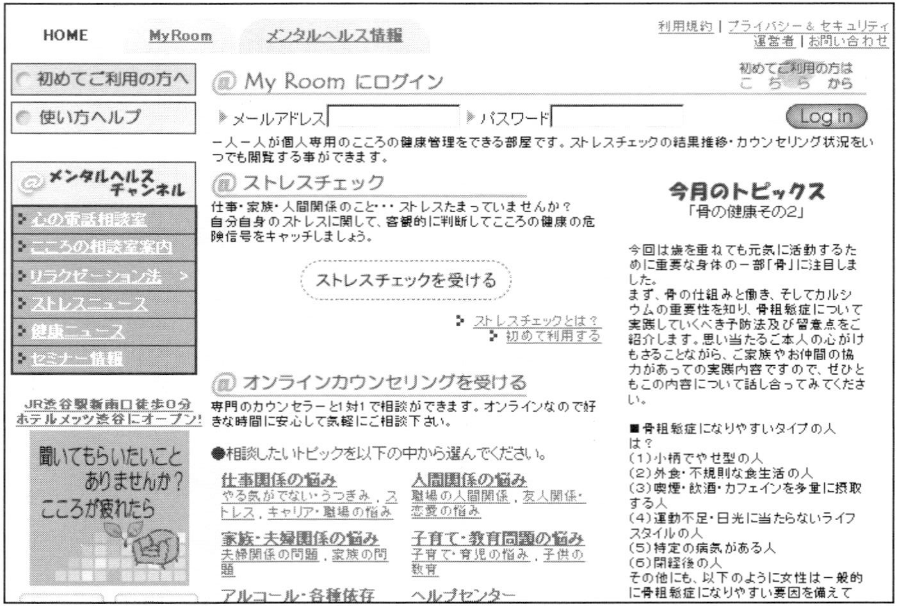
HOME
MyRoom
メンタルヘルス情報
利用規約 | プライバシー & セキュリティ
運営者 | お問い合わせ
初めてご利用の方へ
使い方ヘルプ
My Room にログイン
初めてご利用の方は こちら から
メールアドレス
パスワード
Log in
一人一人が個人専用のこころの健康管理をできる部屋です。ストレスチェックの結果推移・カウンセリング状況をいつでも閲覧する事ができます。
メンタルヘルスチャンネル
心の電話相談室
こころの相談室案内
リラクゼーション法
ストレスニュース
健康ニュース
セミナー情報
ストレスチェック
仕事・家族・人間関係のこと・・・ストレスたまっていませんか？
自分自身のストレスに関して、客観的に判断してこころの健康の危険信号をキャッチしましょう。
ストレスチェックを受ける
ストレスチェックとは？
初めて利用する
オンラインカウンセリングを受ける
専門のカウンセラーと1対1で相談ができます。オンラインなので好きな時間に安心して気軽にご相談下さい。
●相談したいトピックを以下の中から選んでください。
仕事関係の悩み
やる気がでない・うつぎみ，ストレス，キャリア・職場の悩み
人間関係の悩み
職場の人間関係，友人関係・恋愛の悩み
家族・夫婦関係の悩み
夫婦関係の問題，家族の問題
子育て・教育問題の悩み
子育て・育児の悩み，子供の教育
アルコール・各種依存
ヘルプセンター
JR渋谷駅新南口徒歩0分
ホテルメッツ渋谷にオープン!
聞いてもらいたいことありませんか？
こころが疲れたら
今月のトピックス
「骨の健康その2」
今回は歳を重ねても元気に活動するために重要な身体の一部「骨」に注目しました。
まず、骨の仕組みと働き、そしてカルシウムの重要性を知り、骨粗鬆症について実践していくべき予防法及び留意点をご紹介します。思い当たるご本人の心がけもさることながら、ご家族やお仲間の協力があっての実践内容ですので、ぜひともこの内容について話し合ってみてください。
■骨粗鬆症になりやすいタイプの人は？
(1)小柄でやせ型の人
(2)外食・不規則な食生活の人
(3)喫煙・飲酒・カフェインを多量に摂取する人
(4)運動不足・日光に当たらないライフスタイルの人
(5)特定の病気がある人
(6)閉経後の人
その他にも、以下のように女性は一般的に骨粗鬆症になりやすい要因を備えて

図8・2　ピースマインド

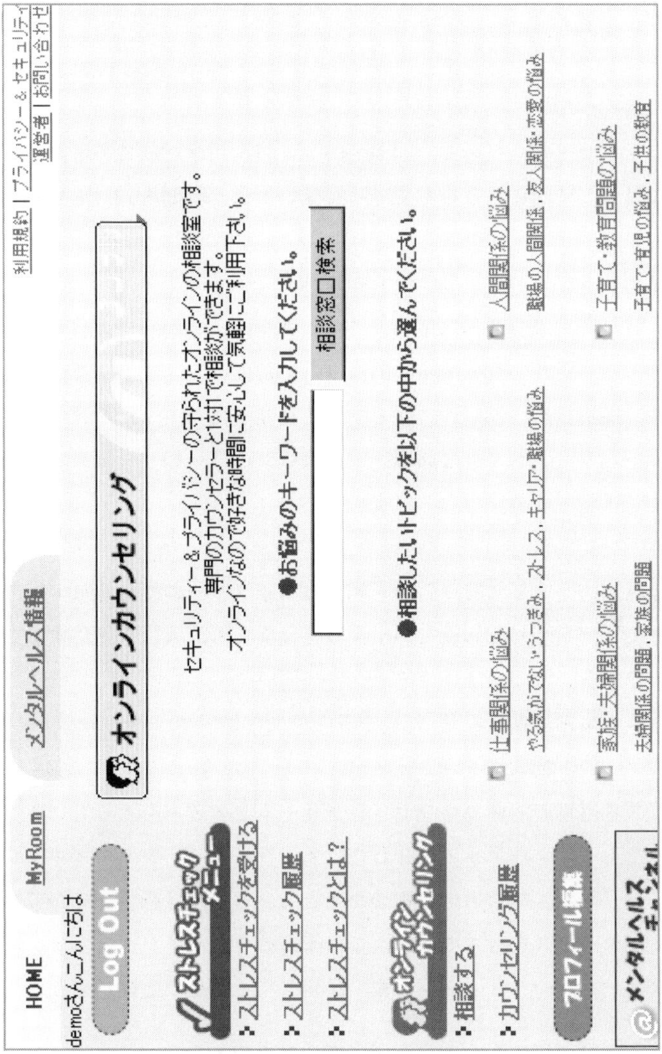

図8・3 ピースマインド (@メンタル)

専用の管理画面からカウンセリングを受けることが可能になっている。現在，すでに企業の人事部門，管理部門をはじめ，健康保険組合・労働組合などを通じて大企業を中心に導入が進んでいるサービスである。

ピースマインド社の@メンタルの特徴として，以下のようなものがあげられる。

① 時間の制約がない

オンラインサービスなので，24時間・365日利用が可能である。仕事で忙しい従業員も，時間にしばられている従業員でも，時間を気にせず利用することができる。

② クライエントによっての利用のしやすさ

場所を気にせず，会社・自宅等どこでも都合のよい場所で，自分から相談が可能である。また，身体・精神的な都合で対面のセッションを受けることができない従業員や，遠隔地に住んでいる従業員でも，ふだんはなかなかコンタクトをとることもできない専門家・カウンセラーのサービスを気軽に受けることが可能になる。

③ 匿名性

外部の専門的サービスで，しかも利用はニックネームで可能なので，会社の内部健康管理室や外部施設での出入りとは異なり，人目を気にすることなく相談ができる。

④ 来談との併用と連携

ピースマインド社の@メンタルでは，メールカウンセリングに加えて，日本全国にある直営の対面カウンセリングルームとの連携をとっている。利用者がいつでもインターネットを介して，オンライン（インターネット）でもオフライン（来談）でも自由に相談ができる，もしくは相談予約ができるワンストップサービスを行っている。この来談カウンセリングとのワンストップな連携は，相互のメリットをうまく活用している点だといえよう。

以上の点は先述の利便性をうまく活用している点であろう。

ピースマインド社の@メンタルではとうぜん，従来のEAPと同様に，厳重な倫理規定に則り，従業員のコンフィデンシャリティの擁護に努めている。事業

主・人事担当者は，相談者とカウンセラーの会話の詳細，および従業員のカウンセリングサービス利用の詳細を知ることはできない。相談者の情報は，相談者の署名付の許可文書がある場合以外は，事業主・人事担当者および第三者に公開されることは一切行わない。

インターネット上で相談に必要な個人情報を送るさい，セキュリティ確保のため「SSL」（第12章を参照）という暗号通信方式を採用している。通信内容を暗号化することによって，第三者が通信内容を参照したり勝手に変更したりすることを防止している。また，日本ベリサイン社によるサーバ認証により，「盗聴」や「なりすまし」に対して高い安全性を確保している。＠メンタルでは，さらに，本人確認のシステムを登録時に設置している独自のカウンセリングシステムのため，なりすましが一切発生不可能なシステムになっている。

ただし，ピースマインド社の＠メンタルにおいても，オンラインですべてのEAPサービスが完結するという立場には立っていない。メールカウンセリングは有効なEAP活動の一つの手段としているが，従来からの来談カウンセリングのフォローや電話相談，そしてセルフテストプログラムも同時に配備しているという点は先述の特徴の「④　来談との併用と連携」（前頁参照）でも触れたが，見逃してはならない重要な部分だといえる。

3. 保健スタッフと電子メール

次に，企業の保健スタッフとメールについての関連と有効性について考えたい。企業のメンタルヘルスにおいては，外部のサービスだけではなく，企業内の保健スタッフの活動と努力が不可欠な要素である。この保健スタッフによるケアの重要性については，旧労働省の指針である，いわゆる「4つのケア」においても記述されている。

今回はこの「4つのケア」にそって，企業のメールカウンセリングの重要性と，「保健スタッフとメール」の関係を考えたい。

メールカウンセリングがこの「4つのケア」（旧労働省〔現厚生労働省〕は「事業場における労働者の心の健康づくりのための指針」）において果たす役割も今後少なくない。

まず4つのケアについて簡単に触れる。指針によれば，メンタルヘルスケアの具体的進め方として，

(1)　セルフケア（労働者が自ら行うストレスへの気づきと対処）
(2)　ラインによるケア（管理監督者が行う職場環境等の改善と相談への対応）
(3)　事業場内産業保健スタッフ等によるケア（産業医等による専門的ケア）
(4)　事業場外資源によるケア（事業場外の専門機関によるケア）

以上4つのケアを示している。メールカウンセリングでは，この「4つのケア」において，それぞれ次のような役割を果たしていく可能性がある。

まず，1つ目のセルフケアにおいては，「事業者は，労働者が自ら相談を受けられるよう必要な環境整備を行うこと」とされている。これはメールカウンセリングによって自らが気軽に相談を受けられるような環境を企業が整備するような体制作りが考えられる。現状の事業所で，労働者が自ら相談を受けにいけるような体制を完備しているところは残念ながら少ない。電子メールという新しい情報手段を使うことにより，事業所にとっては莫大なコストをかけずに新たな相談窓口を設置することができる。

2つ目のラインによるケアにおいては，「管理監督者は，日常的に，労働者からの自主的な相談に対応するよう努めること」にあるように，管理監督者がメールカウンセリングにより対応していく役割が求められていく可能性がある。これについては，管理監督者がカウンセリングマインド・リスニングについてしっかりと研修していく必要があることが大前提であるが，電子メールを利用した管理者と労働者とのコミュニケーションは従来よりも相談する敷居の高さを払拭する効果があるところからも，一つの有効な方法である。

3つ目として，事業場内産業保健スタッフ等によるケアがある。ここでは，「産業保健スタッフ等は，労働者のストレスや心の健康問題を把握し，保健指導，健康相談等を行うこと」にあるように，産業保健スタッフによるメールカウンセリングが役割としても求められていくと考えられる。これについては，ラインによるケアと同様，産業保健スタッフによる電子メールによるコミュニケーションのスキルアップが大前提であるものの，非常に有効な方法となり得る。また，「心の健康問題を有する労働者の職場復帰及び職場適応を指導及び支援すること」にある，職場復帰へのフォローについてもメールカウンセリングは一つの門戸を

開くであろう。産業保健スタッフにとって，この職場復帰までのフォローというものは大変な人的労力とコストがかかるが，電子メールを活用することでスタッフの労力も大きく削減することが可能である。当該労働者も電話や対面相談と異なり，自分の時間的ペース・精神的ペースでスタッフとのコミュニケーションができることが大きな理由である。

つまり，保健スタッフ自身がメールというツールを上手く活用し，社内の従業員への従来までは行き届かなかったフォローを行ったり，コミュニケーションを取ること自体が，新たな援助手段となることがいえるわけであるが，この場合においては，保健スタッフ自身がメールカウンセリング，メールコミュニケーションについての深い理解と体験が求められてくる。

そして4つ目として，事業場外資源によるケアにおいては，「事業者は，必要に応じ，それぞれの役割に応じた事業場外資源を活用することが望ましい」とあるように，外部の専門カウンセラーと従業員をメールカウンセリングにより繋いだ新しい活用方法が求められる。これについては先述の「EAP機関のメールカウンセリングの活用」でも触れたが，外部のカウンセラーとの効率的な連携が実現可能である。

4. さまざまな病理とメンタルヘルス

メールカウンセリングを実際に行っていく上で，とくに留意すべき点としてあげられるのは，病理の可能性がある利用者についてどのように対応していくか，という部分があるだろう。対面での直接対話や診療と異なり，間接的な媒体を通じてのケアとなるため，注意が必要である。

とくに，職場のメンタルヘルスを考えた場合，近年うつ病の労働者が急増している。メールカウンセリングにおいても「うつ傾向」の利用者は多く，メールカウンセリングの経験が少ないカウンセラーなどはとくにその対応方法に苦慮してしまう現実的な課題がある。

以上の課題に対処していくためには，
① うつ度チェックなどのアセスメントを使用する，
② 治療や投薬が必要なケースに備え，リファー先を確保する，

③　メールカウンセリングの限界とその後の提案を利用者（クライエント）に誤解がないように伝達するメールコミュニケーションスキルを磨く，

といったことがあげられよう。ここで，先述のピースマインド社の@メンタル[6]のメールカウンセリングサービスにおける例を紹介する。

①については，職場の従業員用に特化した「ストレスチェックプログラム」を併用し，利用者にストレス度合いの危険性や専門医療への相談の必要性をデータ化してフィードバックをしている。これによってデータとして利用者は自分の現状のメンタルヘルスについて把握できるようになっている。

②については，メールカウンセリング以外の対面治療，および対面相談の提携機関へのリファーを行っている。心療内科等にリファーする必要がなく，対面相談でフォローすべき利用者については対面カウンセリングを実施している。

③については別述のメールカウンセリング事例の章などをぜひ参照いただきたいが，カウンセラーにはメール独特の利用者との距離感と伝達方法を体得してもらうことが重要である。NPO法人日本オンラインカウンセリング協会（JOCA）がメールカウンセラー養成講座を先進的に行っているが，当講座でのポイントも，臨床経験を前提とした上で，上記のような実際の対応方法についてとくに留意している。

〔注〕
1)　「通信利用動向調査」総務省情報通信政策局，2000．
2)　EAP（employee assistance program）
　　アメリカ合衆国政府機関が1984年に公式規定を作り全米の企業内に普及させた従業員の精神面をケアするメンタルヘルスプログラム。米「フォーチュン」誌に記載されている企業の上位500社のうち95％以上がEAPを導入している。
3)　「心理的負荷による精神障害等に係る業務上外の判断指針」旧労働省労働基準局補償課職業病認定対策室。
4)　「事業場における労働者の心の健康づくりのための指針」旧労働省労働基準局安全衛生部労働衛生課。
5)　WSE-Counseling（Warren Shepell Consultants Corp.）
6)　メンタルヘルス対策プログラム「@メンタル」
　　（株式会社ピースマインド提供）

http://www.kenko-program.com-mental

〔**参考文献**〕
上里一郎他監修『メンタルヘルス事典』同朋舎，2000.
(財)中部産業労働政策研究会季刊誌「産政研 No. 37」1998.
日本法令「ビジネスガイド No. 537 企業のメンタルヘルスのすすめ方」2000.

第9章　メールカウンセリングの学び方と事例

1. メールカウンセリングのスキルとは

　いったいメールカウンセリングのスキルは，どうやって学びとったらいいのだろうか。なぜならクライエントは，匿名で来談する。非言語のやりとりがないため，クライエントの表情や雰囲気などの変容を手がかりに，カウンセラーの実感や感覚で，自己研鑽できにくい。メールカウンセリングのカウンセラーの対応が，クライエントのニーズに充足しているかいないか，実際のところわからないのである。もちろん対面相談でも，その後の追跡をしないと，本当のところはわからないだろう。

　NPO日本オンラインカウンセリング協会でのメールカウンセリングの終結の後に「評価の欄」がある。フランスのグルメガイドブックのミッシュランのように5つの星★★★★★で，クライエントの満足度を測ることができるような仕組みがある。しかし，クライエントは本音をいうとは限らない。初心者のメールカウンセラーは，事例検討会で満点星がついた事例を提出する。スーパーバイザーへの（以下，SVと略する）の依頼も，5つ星の事例を依頼する。しかし，やりとりを読んでみると，5つ星はクライエントの優しさやねぎらい，カウンセラーが傷つかないような配慮であることが少なくない。

　それでも，事例を提出したカウンセラーは，なかなか納得しない場合がある。「クライエントが5つ星をつけているのだから，このやりとりは，これでよかった」といい張る。筆者も人ごとだから，このようなことがいえる。初心者のときの自分を振り返ってみると，やはり素直に認められないのである。むしろ，このような過程は，スキルが身についていくための必要な経過の1歩と考えている。

傷つく　→　気づく　→　築く

図9・1　スキルが身についていく過程図

2. 指導者がいる場合の学び方

　メールカウンセリングをEAP（従業員支援システム）などで実施している場合は，24時間〜48時間以内に返事を書いている。カウンセラーも組織で働いている一般人なので，出張もあるし，打ち合わせもある。体調不良で休むこともある。すると，時間内に返事を書くことはできない。たとえば，退社後すぐに相談が到着して，翌日出張だったりすると，24時間以内に返事が書けない。そういう場合は，どうしているのだろうか。個人の名前を記載するのではなく，相談室として返事を書いている。電話カウンセリングでも，個人名を伝える場合もあれば，相談室の名前で個人名は伏せて対応している場合もある。

　初心者であれば，相談室として返事を書く方が安心である。その場合，メールカウンセリングだからこそできることがある。同僚，先輩，上司に返事のメールをチェックしてもらう。対面カウンセリングでも初心者，メールカウンセリングでも初心者であれば，なかなか適切な対応ができない。よって，援助や支援の方針も立たない。そんなときにはメールカウンセリングは，すぐに返事を書かなくてもよい，時間的余裕がある。返事を出さなくても，その過程が勉強になる。

　まずは，①メールを読んで返事を書く。②そして同僚，先輩，上司に見てもらって，返事を書き，またチェックを入れてもらうと安心して学べるのである。不幸にして，同じようなレベルのカウンセラーしかいない場合や，職場で信頼関係ができていない場合は，このように研鑽できることはむずかしい。しかし，そういうときは，次のように事例検討会への参加という方法がある。

3. メールカウンセリングにおける事例検討とは

1）　事例提出の体験
　事例を提出するということは，非常に傷つく体験をするということである。自

分としては，精一杯やったつもりであるが，外から見ると，まだまだ至らない。事例提出者の気づいていない点を，指摘する立場も辛いのである。これがなぜか他の職業と大きく違うのである。たとえば，会社員が上司に仕事のやり方を非難されても，まちがっている以上，非難は正当な非難である。苦痛ではあるが，受け入れざるを得ない。もちろん本人が受け入れられるような指導が適切であるが，訓練は訓練である。訓練によって，仕事のスキルが磨かれていく。

しかし，なぜかカウンセリングの業界？の場合は，指摘することがむずかしい。これが非常にやっかいである。お互い恨みつらみを残したくない。よって事例検討は，提出者もコメントを出す人も，心理的に非常に負担になる。だれだって，他者がへこんでいるようすを見るのはつらい。へこまないように，どんなに配慮をしたとしても，失敗に気づいてしまう人は落胆する。コメントをされて，失敗に気づかない人も問題である。どちらをとっても，このときの雰囲気はお互いに消耗する。もちろん，このような状態に耐えられないとカウンセラーという役割は，全うできないということだろう。

そして，事例提出の回数を重ねるごとに，「コメントされる側」「コメントする側」の役割も，傷つくことの意味と効果を感じ，洗練されていく。この役割を経験して，学びとっていく。

2）カウンセリングの効果測定

メールカウンセリングでの事例検討では，相談内容全文がリアルに読めるのである。対面のカウンセリングであれば，記録に書かれていない部分や，説明していない部分で，少しは自分を守ることができる。しかし，メールカウンセリングの事例検討は，構造的に容赦なく，自らの対応の全部が他者の目に触れるのである。初心者の場合，とくに日常生活でメールをやりとりしているのであれば，「メールカウンセリングは，簡単」と思っている人がいて，筆者もあわてたことがある。

横道にそれるが，筆者の専門である「キャリアカウンセリング」も，一部には簡単と思われていて驚いた。「仕事の経験や人生経験があれば，そんな相談は，誰にでもできる」という。これだけニートが増えること自体，必要な時期に必要な教育や支援を受けることができていない，ということも一部にあるのではない

だろうか。

　カウンセリングの効果の有無は、クライエントの評価も必要であるが、まずはカウンセラーが自己評価できる能力を磨く必要がある。

　「このときのクライエントの気持ちが想像できないので、どうやって返事を書いてよいか、わからないので、ちょっとごまかした返事になってしまった。」

　「なんだか、この返事はピントがはずれているように感じるけれど、適切なことばが浮かばない。」

　「クライエントの訴えが多すぎて、だんだん何を求めているかわからなくなってきた。」

　このように、カウンセラーが自らの課題が明らかになるために、自己の内面とつきあわせることなしに、返事を書くのはむずかしい。

　しかし、事例検討会に参加しているカウンセラーが、クライエントの相談内容を読んでも読解力が低い人や、カウンセリングの支援ということが十分に理解できていない場合もある。もちろん、初心者のころの筆者も事例検討会では、まったくわからないと感じて、居心地の悪さを感じていることも多かった。そのような状態の方々には、どうしたら学びやすくなるだろうか。意欲があって学習会に参加して、傷つきが深くならない方法は、メールロールプレイであると最近感じている。

4. メールロールプレイとは

1）　メールロールプレイとは

　カウンセリングの技法を身につけるには、知識と技能が必要である。技能は見て学ぶ方法、体験して学ぶ方法がある。見て学ぶためには、実際のカウンセリングの場面からやりとりを学ぶ、陪席という方法がある。体験して学ぶ方法は、学習者が相互にカウンセラー役、クライエント役、または観察者役をとり、面接の実習を行う方法である。

　メールカウンセリングでは、クライエントという相手の反応は、メールという非対面の文字のみである。その技能を学ぶためには、筆者は「メールロールプレイ」という学習方法を日本オンラインカウンセリング協会の「メールカウンセラ

ー養成講座」で実施している。要するにカウンセラーとして，クライエントのメールに返事を書いてみて，お互いに検討しあうということである。頭ではわかっていても，実際に相手に伝わるように，いい回しを考えて伝えるということのむずかしさを体験してもらう。さらに，メールカウンセラーの特徴として文面が残るので，検討しやすい。さらに，匿名にして検討をすれば，該当するカウンセラーが特定できないので伝えやすい。該当するカウンセラーも，ある程度落ち着いて検討内容を聞けるだろう。

　また，参加者全員の同意を得られれば，メールロールプレイで実施した文面を持ち帰って，自己研鑽できる。何をどのように学習したらよいか，見当がつくのである。ただし，実施人数が少なすぎると，相手が特定されてしまう懸念がある。

2）メールロールプレイの実施方法の基本

　次のように学習枠をきめてから実施する。メールカウンセリングのやりとりは，実際にパソコンなどを使用したほうが，リアリティがある。昨今は手書きで文章を書くことが少なくなっているので，パソコンを使わないと書けないという人もいるであろう。養成講座の全員がノートパソコンを使えるのであれば，理想である。しかし，なかなかむずかしいので養成講座では手書きで実施している。

　また，メールカウンセリングのやりとりが2往復について，「2往復では足りない」とご意見をいただく。たしかに，人生の大問題であれば，2往復では解決できない。ただし，対面のカウンセリングでも，1回でやめてしまう人もいると思う。適切な対応や支援ができていないことに，カウンセラーが気づかないのである。メールカウンセリングの場合は，とくに，「依存を強化させる」「知性化を助長させる」などの懸念がある。だからといって，1往復ではかかわりを持てたか持てないか，実感が持てない。よって，日本オンラインカウンセリング協会の無料相談では，1回の相談を2往復としている。前述の養成講座では，次のような制約下にて実施している。

・参加者は，カウンセリングの学習の体験者（ロールプレイの体験がある人）
・実施人数は，10名前後
・メールカウンセリングのやりとりは，2往復

＜コラム8＞メールカウンセラーの悩み？

　メールカウンセラーの悩みを一言で表せば，迷うことなく「言葉」と答える。メールは文字，すなわち言葉を媒介としているのだから当たり前といえば当たり前なのだが，カウンセラーは相談のメールを受け取ってから返信するまでひたすら「言葉」と向かい合うことになる。

　対面のカウンセリングあるいは電話カウンセリングも，言葉を媒介としているのは同じである。しかし，そこには声や言葉遣い，話し方，表情，しぐさといった非言語のものが加わる。それらはときには，クライエントの言葉よりはるかに多くのヒントをカウンセラーに与えてくれるものだ。ところがメールは，文字で表された言葉が目の前に並んでいるだけである。もちろん，使っている言葉の特徴や文字の並び方など一人ひとりの違いはあるので，それらを手がかりにクライエントの訴えを読み取ろうと努力する。

　たとえば怒りの言葉が書かれているとして，煮えたぎるような怒りなのか，押し殺した怒りなのか，あるいは怒りというよりは哀しみの感情なのかといったようなことを，前後の言葉や文章全体から推察するのである。この推察するというのがポイントで，メールの場合はその場でクライエントに確認することができないまま，つまり自分の推察に基づいて返信を書くことになる。クライエントからの次のメールで訂正されるということがあっても，時間的なずれがあるのはどうしようもない。とくに事実だけを淡々と書いてあったり，とても短い文章しか書かれていないときはむずかしい。

　返信もとうぜんメールである。クライエントのいおうとしていることを読み取るのに四苦八苦した後には，もっと大変な作業が待っている。クライエントを受容し，理解したということを文字による言葉で伝えなければいけないのである。やっと一山越えたらもっと大きな山があったという感じである。

　対面カウンセリングでいうべき言葉が見つからないときなど，沈黙が助けてくれることも多い。ところがメールの場合白紙で返信するわけにはいかない。クライエントの書いている言葉を繰り返すだけというわけにもいかない。カウンセラー自身が推察したこと，あるいは感じたことを言葉に変えるのがこんなにも大変だとは思わなかったというのが正直なところだ。辞書を片手に言葉探しである。これまでの経験からすると『なんかちょっと違うような気がするけど，まあいいか』と妥協した言葉はやはりうまくいかないことが多い。たんに国語力という問題ではなく，自分の感性を十二分に働かせる必要があるのだ。

　クライエントの気持ちを読み取るときも，カウンセラーが返事を言葉にするときも悩むのは「言葉」だが，そのために一番大切なのは自分の感性を磨くことであろう。

- クライエント，カウンセラーは匿名性
- 制限時間を設けて，制限時間の中で実施する

3) メールロールプレイの実際（10名で実施の場合）

① A4判の用紙を横長に用意し，はじめの4分の1(1)にクライエント役が自分のことを相談する内容を書く。クライエント役の匿名性を保つためにも，ニックネームをつける。

② 指導者などが，全員が書き終わったことを確認して，回収する。

③ 相談が書かれている用紙(1)をグループ全員に配る。手元の相談内容が自分の相談ではないことを確認して，カウンセラー役としての返事を書き始める(2)。

　事例検討をしやすいようにカウンセラーもニックネームをつける（本来のメールカウンセリングでは，カウンセラーは匿名性ではない）。

④ ②と同じように回収する。

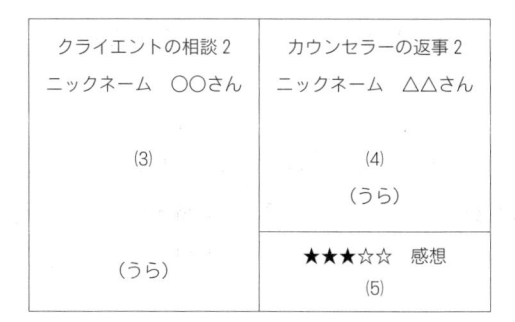

図9・2　メールロールプレイ演習の書き方

クライエントの相談1 ニックネーム　〇〇さん (1) (表)	カウンセラーの返事1 ニックネーム　△△さん (2) (表)
クライエントの相談2 ニックネーム　〇〇さん (3) (うら)	カウンセラーの返事2 ニックネーム　△△さん (4) (うら) ★★★☆☆　感想 (5)

⑤ (2)を見て，初回のメールを書いたクライエント役が返事を書く(3)。
　　返事を書きたくない場合や返事が必要ではない場合は，返事を書かなくてもよい（しかし，今まで1往復のやりとりでの中断は，メールロールプレイではない）。
⑥ ②と同じように回収して，(2)を書いた人が，(4)に返事を書く。
⑦ ②と同じように回収する。(4)の返事を読んだクライエント役は，(5)に評価を☆の数で表す。評価の☆は最大5つ星である。短い感想もつけると，カウンセラー役の自己評価を促進する。

5. メールロールプレイの事例紹介

次は養成講座中に実施した2往復のやりとりである。クライエントの相談に5分，カウンセラーの返事に15分～20分，そして2回目のクライエントの相談に10分，最後にカウンセラーの返事を15分～20分をめどに実施したものである。そして「自分のことを書いてください」と伝え，相談の表題はとくに設けていない。

1) 事例1

〔クライエント　初回　ニックネーム　み　さん〕

私はある相談機関に行き，悩みを解決したいと思い，カウンセラーに相談しようとしました。しかし，本題に入る以前に自己紹介したらカウンセラーは私は「こうだから」「ああだから」とか「なぜ」とか「ああだからあなたはこうなんだ」といって私を評価しようとしました。
私は今はまだ目標に向けての過程であって途中なんです。
それなのにどうして今，私を評価したり判断しようとするんでしょうか。私にはまだ先があります。はっきり言って結論を出されることは苦痛です。カウンセラーに不信感を抱いてます。あなたは大丈夫？　信じても大丈夫？

第9章　メールカウンセリングの学び方と事例　155

〔カウンセラー　初回の返事　ニックネーム　1225　さん〕

こんにちは。メールありがとうございます。
思いたってカウンセリングを受けにいかれたのに，不快な思いをされて大変でしたね。カウンセラーは，あなたが結論を出していくのをサポートする存在ですから，評価したり判断したり結論を出す存在ではないですものね。私はまずあなたのお話を伺って，あなたと私が信頼関係を築くことができてから，今あなたが悩んでらっしゃることや目標について一緒に考えていきたいと思っています。秘密は必ず守りますので，メールのやりとりでの話が他にもれることはありません。どうぞ安心してあなたのお話しやすいところから書いてみてくださいね。
では，お返事お待ちしています。

〔クライエント　2回目　ニックネーム　み　さん〕

カウンセラーさん，ありがとう。カウンセラーって「こころで感じる」って聞いたことがあるけど，そのカウンセラーのこころを通して感じるから，評価するんですよね。でもあなたは客観的なのか，本当のカウンセラーの態度はそうなのかはわからないけど，あなたの意見には賛成です。
あなたにだったら私の本当の誰にもいえない悩みを相談してもよさそうだと今感じています。でもまだ完全に信用はできないでいます。ごめんなさい。あなたが悪いわけではないのに……でも以前に相談したカウンセラーとのやりとりの中で傷つけられたことが今もまだこころにあって，それが取り除けないでいます。

〔カウンセラー　2回目の返事　ニックネーム　1225　さん〕

みさん，お返事ありがとうございます。
私の意見に賛成していただいてとても嬉しく思っています。私はみさんと同じ「こころ」で感じてみたいです。みさんのこころの中には，以前に相談さ

れたカウンセラーとのやりとりの辛い記憶が深く残ってらっしゃるんですね……信じようと思った人を信じられないどころか傷つけられるなんて……本当に辛かったことと思います。

そんな辛い経験をされたのですから，簡単にカウンセラーを信じることができないのもとうぜんのことだと思います。

そして私は，みさんさえ良かったらそのときのことをもう少しお伺いしてみたい気持ちでいっぱいです。そして，みさんの本当の悩みも一緒に考えていくことができたら嬉しいとこころから思っています。

〔クライエントみさんの評価とコメント〕

★★★＋

「こころで感じる」の理解が少し違っているかな……という感じ。でも私の気持ちをカウンセラーは「こころのフィルター」（色めがね）を取り払ってくれました。

〔クライエント①の返事に対しての筆者の返事の参考例〕

（前文等は略）

目標が途中で，その過程についての相談をしたいと思い，相談機関にいかれたのではないかと，想像しています。すると，カウンセラーはあなたが自己紹介をして，話終わらないうちに評価をしてきたのですね。

＞わたしは今はまだ目標に向けての過程であって途中なんです。とあります。

途中の経過にもかかわらず，評価をしてきたのですね。これでは，自分の相談ができないですよね。さらに，不必要な評価につきあわされて，結論だされて，苦痛にも感じるでしょう。

せっかく相談するために，時間とエネルギーを使ったにもかかわらず，そのようなカウンセラーがいたら，不信感を感じるのはとうぜんです。同業者と

して，申し訳なく思います。

＞あなたは大丈夫？　信じても大丈夫？　と書かれるのは，無理もありません。

悩みを解決したいのに，悩みが増えてしまったら……たまったものではありません……。このように書かれたご心情，お察しします。

2) 事例2

〔クライエント　初回　ニックネーム　A〕

はじめてメールでカウンセリングを受けます。
メールでのカウンセリングなので上手く文章にいい表したり，まとめてカウンセリングして下さる方に伝わるか，不安の中でお送りしています。

私の悩みは仕事にかかわることです。外資の組織で大きくはありませんが，本社は海外にあります。私の上司，同僚がすべて日本人ではありません。英語力をかわれて雇われましたが，最近，上司のやり方についていけずに考え込んでしまうことが多々あります。たとえば日本での仕事なので，私は日本のビジネスのやり方を主張するのですが上司はそれに賛成せず，挙句のはてには自分の方針についていけないのなら，あなたにとっていいことにはならない，つまり辞めさせるというニュアンスの返答をしてくるようになりました。
今の仕事は大好きですし，外部との仲間との信頼関係も築き始め，何より異なった文化にふれるのは楽しく思います。でも仕事に対してこの上司の下では最近はやる気をなくしてきています。
どうしたらやる気を取り戻し，また楽しく仕事ができるのか考えこんでしまっています。

〔カウンセラー　初回　ニックネーム　B〕

こんにちは。よろしくお願いします。
職場での上司との関係に悩んでおられるのですね。あなたは日本人としてこの国でのビジネスのやり方を考えられ，きちんと上司に主張をするのですが，上司は聞く耳を持ってくれないということですね。辛いですね。大丈夫ですか？　上司はあなたの主張に対してまったく賛成してくれないのでしょうか。ときどきは聞き入れてくれることがありますか？　それにしても自分の意に沿わないと解雇，というのはあまりにもひどい考え方ですね。
今の仕事には愛着を持っておられるということですね。できれば続けていきたいと……。その上で，上司との関係は非常に重要な部分ですよね。あなたの他にもあなたと同じ気持ちを抱いている同僚はおられるのでしょうか。そういった方がおられるのならば相談し合って上司に一緒に訴えてみる，というのはいかがでしょうか。

〔クライエント　2回目　ニックネーム　A〕

早速のお返事をありがとうございました。
まず質問「上司はわたしの意見に全く賛成しないか」については私と意見が対立するようになってからはそのように感じることが多くなりました。
「ときどきは聞き入れてくれるか」については内容によっては聞き入れてくれているように感じています。
そして「同僚に同じ気持ちを抱えている人がいるか」については，いると思います。実際そういって辞めていった人もいますので。

おっしゃるように上司と部下の関係はとても大事だと思います。仕事に対する満足や雇用条件というものも，人間関係ひとつ悪ければすべて悪いように影響してくる気がしています。

そういう意味では，自分にとって魅力的な仕事であるならある程度は上司の意見に折れるというのも大切なのでしょうか。

〔カウンセラー　２回目の返事　ニックネーム　B〕

お返事ありがとうございます。
そうですね，他のことでもそうですが仕事をする上で人間関係というものは非常に大きな柱かもしれませんね。どこで何とか良い方向へ調整ができると一番良いのですが，もしそれが叶わなかったときにある程度上司の意見に折れるというのも大切か，ということですが，それはあなたがその部分に対してどれだけ許すことができて，どれだけ辛い思いをするのか，ということが心配になります。仕事を続けていくことに比べて上司との関係を我慢する方が良いのか，その逆なのか。その上で上司との関係を何とか調整するか（前回申し上げたとおり同僚などと多数で訴えたり，上司の上司に可能であれば現況を訴えてみる等……）あるいは仕事を続けていくのかどうか……。
お気持ちに沿えない部分がたくさんあったと思います。申し訳ありません。
問題が何とか打破できるよう願っています。

〔クライエントの評価〕

★★★
悩んでいる部分の一部は整理づけを助けてくださったと思います。ですが何となくとぎれた感じがします。

〔クライエント①の返事に対しての筆者の返事〕

「今の仕事，外部との仲間との関係，異文化に触れることなど，ご自分としての満足度は高い環境にいらっしゃるようですが，上司とのことでやる気をなくし，今後楽しく仕事ができるかどうかも，わからなくなってしまったようですね。

Aさんのメールには，最近，上司のやり方についていけずに……とありますが，その前までの関係はどうだったのでしょうか？　何かのきっかけがあっ

て，このような状態になってしまったのでしょうか。何か感じることはありますか？　それとも，まったく見当がつかないと思われますか？

なぜならAさんは，英語力をかわれて雇われたと書かれていますが，入社した動機は，どのようなことだったのでしょうか。そして，そのときは，上司はAさんを評価していたのではないかしらと思いました。入社した頃を思いだすことで，何らか解決の糸口が，見つかるのではないかと思い，質問させていただきました。」

〔クライエントとカウンセラーのやりとりから感じること〕

カウンセラーは，「上司」「同僚」との人間関係に焦点を当てている。そして，クライエントが，カウンセラーの質問に丁寧に答えるような形になっている。そして

＞そういう意味では，自分にとって魅力的な仕事があるならある程度は……

と，カウンセラーの対応に，クライエントが自分を納得させているように感じる。これでは，クライエントのもやもやした要因が，あきらかになっていかないだろう。それよりも，やる気をなくす前のAさんは，どんな仕事をしているときが一番楽しかったのか？　思い出してもらえるような質問をすることで，上司との関係の背景が見え隠れし，クライエントが何らか気づくのではないでしょうか。もちろん，カウンセラーも返事の時間にゆとりがあれば，ズレが修正できたのではないかと想像できる。

3)　事例3

〔クライエント　初回　ニックネーム　KS〕

カウンセリング手法についてこれまでいろいろな勉強をしてきました。
その過程でいろいろ気づいたこと，今後のカウンセリング実務において持っていたい心構えや質問の考え方のポイントをノートやメモ帳に書き留めてきました。

これからカウンセリングだけではなく，情報発信もしていきたいと考えていますが，そのネタとしてノートやメモ帳に書き留めたことや読み終えた本を活用したり，読みかけだったりまだ読んでいない本もしっかり読んで活かしていきたいのですが，なかなか情報をまとめる時間や本を読む時間がとれずに積みあがった情報を前にして焦っています。

〔カウンセラー　初回　ニックネーム　⑧〕

はじめまして。
今回のご相談を担当致しますカウンセラーの⑧と申します。
よろしくお願い致します。
いただいたメール拝読致しました。
KS様はこれまでカウンセリング手法についてさまざまな勉強をしてこられたとのこと。その中でご自身が気づいたことや，今後カウンセリングをしていくにあたってのポイント等をノートやメモ帳に書き留めてこられたのですね。
今後はカウンセリングに加えて情報発信もしていきたいとお考えとのこと。そのために今まで勉強してきた中で集めた情報を活用したいけれど，なかなかこうした膨大な情報をまとめたり読みかけの本を読む時間がとれず焦っていらっしゃるのですね。いただいたメールの中で，KS様が時間がとれないけれどやっていきたいこととして
　①　ノートやメモ帳に書き留めたことを活用する
　②　読み終えた本を活用する
　③　読みかけの本，まだ読んでない本をしっかり読んで情報を集める
がおありになるようですが，まずはこの中で一番KS様が取り組みやすい行動はどれでしょうか？　取り組みやすいものからまずは行動に移すことで，一歩でも先に進むことができるかもしれないですね。

〔クライアント　2回目　ニックネーム　KS〕

ありがとうございました。

3つにまとめていただいた行動についてですが，私の中で取り組みやすい順位をつけるのはむずかしいと申しますか，どれも難易度は同じくらいのような気がします。

自分の書いたメールとご返事のメールを改めて読み直して感じることは

　　A．一度にたくさんのことをやろうとして焦ってしまっているということと

　　B．書き留めたネタを早く活用しないと忘れてしまうのではないかという恐れと

　　C．もっともっと新しい知識を学ばねば

という自信のなさが問題のような気がします。

この中ではとくにB.の恐れ，不安が強いように感じますが，これに対してはどのように考えていったらいいでしょうか？

〔カウンセラー　2回目　ニックネーム　⑧〕

こんにちは，⑧です。

メールでのお返事ありがとうございました。

3つの行動はどれも難易度は同じくらいなのですね。

KS様としてはどれから取り掛かるのがよいかどうかという難易度の問題でなく，

　　A．一度にたくさんのことをやろうとして焦っているご自分

　　B．書き留めたネタを早く活用しないと忘れてしまうのではという恐れや不安を感じているご自分

　　C．もっと新しい知識を学ばねばならぬという自信のないご自分

の3点が問題であるように感じていらっしゃるとのこと。

こうした恐れや不安という気持ちに対してどのように考えていったら良いでしょうか？とのご相談ですが，KS様は今，こうしたご自分のお気持ちに

対してどのように考えていらっしゃいますか？　あるいはどのように考えられたら良いと思っていらっしゃいますか？　ご自身の現在のお考えと，こうなれば良いという考えについて整理してみてもいいかもしれませんね。

〔クライエントのコメント〕

私の書いた文面をそのまま繰り返されている部分がくどい感じがしました。カウンセラー2回目の最後の6行で2つの質問と1つのコメントがありましたが，次はどう考えていけばいいかの方向性がつかみたかったです。

〔クライエントの初回の返事に対しての筆者の返事の参考例の骨子〕

いろいろな勉強をしてきて，今後につなげて，活かしていきたい思い，たしかに伝わってきました。
そして吸収するだけではなく，発信もしたいという思いもあるものの，時間がとれずに，焦っていらっしゃる……。

さて，焦りは，時間がとれないから焦っているのか……，
何をどのように発信したらよいか，あと一歩明確になっていないのか……，
それとも，今の状態がまだ満足できていないので，発信できない力不足に焦っているのか……，
または，発信先がはっきりしていないのか……もっと別な要因で焦っているのか……，
よろしかったら，この焦りについて，感じていることを詳しくきかせていただくことで，何らかヒントが見つかってくるように感じていますが，いかがでしょうか。お返事お待ちしております。

〔クライエントとカウンセラーのやりとりから感じること〕

何度も繰り返して書くと，くどい感じがあるのは確かである。クライエント

の気づき，問題解決に向けてのスピードが速いので，カウンセラーもクライエントのペースに合わせて，速く深く対応できないと，クライエントはイライラしたり，物足りなくなるだろう。

カウンセラーがクライエントのペースに合わせることができたら，2往復でも解決できる醍醐味を感じることができたと思う。残念である。

カウンセラーは，3つの点に整理をして優先順位をきめることの提案をした。そして，クライエントにとっては，優先順位の問題ではないことに気づいた。カウンセラーの提案が直接的に的を得なくても，クライエントは自らの力で，ヒントを見つけていく，典型的な例である。

4) 事例4

〔クライエント　初回　ニックネーム　R〕

はじめまして。よろしくお願いします。

私には小さいころからずっと悩みがあって，それは自分に自信がないことです。自分自身の本来の姿と自分が理想とする自分の姿に大きな落差があり，いつも自分にうんざりしてしまいます。努力はするのですが，どうしても自分を好きになることができません。結婚したり子どもを産んで育てられるかなぁ……と思います。

何とか自分のありのままの姿を受け入れたいです。

〔カウンセラー　初回返事　ニックネーム　宏〕

はじめまして。こちらこそよろしくお願いします。

小さいころからずっと悩みがあったんですね。自分にうんざりしたり，好きになることができなくてこの先このままでいいのかなぁって。

「何とか自分のありのままの姿を受け入れたい」その気持ちのとおりにありのままの自分を受け入れる……ということができなくてもがいているように感じます。

辛いですね……。

〔クライエント　2回目　ニックネーム　R〕

そうですね。いつも自分で自分を苦しめている気がします。苦しまなくていいところで苦しんでしまったり……。
あなたは自分に違和感を感じたりうんざりすることはありますか？（誰にだってあるでしょうけれど……）そういうとき，どうしていますか？　私はただ「やっぱり私はダメな人間だなぁ……」と思うだけです。どうしてもプラスの方向へ考えることができなくて。次に同じことで失敗しても「やっぱり私はダメなんだ」その繰り返しです。
無駄ななにかを失い続けていて，非常に損をしているなと思います。もっと，こういう部分がなければいろんなことができるのになと思います。
もっと自分を許してあげたいです。
どうすればいいでしょう。

〔カウンセラー　2回目の返事　ニックネーム　宏〕

返信読ませて頂きました。
いつも自分を苦しめちゃって非常に損をしているなって感じているんですね。
もっと自分を許してあげたいのになかなかそうすることができなくて，やっぱりダメなんだって思うわけなんですね。
なんだかもったいない気がします。Rさんは努力もしてきたし，頑張ってきたことがたくさんあって，他にもいいところがいっぱいあるのに，そういう部分が結果の良し悪しだけで評価されなくなってしまうことがとてももったいないです。
よく頑張ったね，失敗したけどよくやったねって声をかけたい気持ちです。

〔クライエントの評価とコメント〕

★★★☆☆

気持ちにすごく同意してもらえたことは良かったです。カウンセリングってこんなものかもしれないですが，もっと「こうしたらいいよ」ということも入れてもらえると私としては良かったです。あと疑問と問いかけた部分にもこたえてもらいたかったなーと思います。ありがとうございました。

〔クライエント②の返事に対しての筆者の返事の参考例の骨子〕

Rさんのメールをお読みすると，「いまのままでいいんだという，ありのままの姿を受け入れたい自分」と，「なぜか，気づいてみると自分で自分を苦しめている自分」が葛藤しているように感じました。そして，自分を変えたい気持ちがありながら，それがうまくいっていないようにも感じ，何とかうまくいく糸口を一緒に見つけていけたらと，思いました。
さて，少しでも「変えたい気持ちが行動にむすびつき，その結果，自分を好きになっている」ことができたら，苦しまなくてすむと思いますが，このように考えることで，違和感がありますか？ おっしゃってください。
それでは少々質問させてください。先の文面から，

>「私はやっぱりダメな人間だなぁ……と思うだけです。どうしてもプラスの方向へ考えることができなくて……。どうすればいいのでしょう」

と書かれています。できれば，この過程もう少し詳しく聞かせていただけませんか。なぜなら，ここにヒントが隠されていると思うのです。
「やっぱりダメ」というときのことを，詳しくお聞きしたいと思いました。

「やっぱりダメ」とメールに書いたときに頭の中に浮かんでくる場面は，どんな場面でしたか？ その場面で，Rさんはどのような対応をしたのでしょうか。
本当は，どうできればいいのでしょうか。何らかのイメージが浮かびます

か？　そのイメージが自らの行動につながりますか？　つながらないとすると，別なイメージが浮かんでいるのではないでしょうか。それは，どのようなイメージでしょうか。さらにどのような気持ちが沸き起こってくるのでしょうか？

矢継ぎ早に質問して，ご負担になってしまったでしょうか。なぜ，このような質問をしたくなったかと申しますと，

>「もっと，こういう部分がなければいろいろなことができるのにな」とおっしゃっているところから，ご自分の「こういう部分」について，多少気になっていることがあきらかになっているように感じました。

「もっと，こういう部分がなければいろいろなことができるのにな」
のこういう部分が，どうできていればいいのでしょうか。もしよかったらそこのところを，教えていただけたら，解決のヒントになるように，感じました。

メールを読むとＲさんは自分の行動のよくない面は，しっかり見ています。そして理想の自分の行動面を意識することが，少ないように感じましたが，いかがでしょうか。
一般的に自分のよくない面に，違和感を感じてうんざりして，そこで止まってしまうタイプの人と，理想の行動面をイメージして，できるようにしているタイプの人と，Ｒさんは後者に向かいたいと思って，メールをお送りしてくださったように感じていますが，いかがでしょうか。

5）　事例5

〔クライエント　初回　ニックネーム　なし〕

深刻に悩んでいるわけではないのですが，気になってはいつもなかなか手をつけられないことがあります。
家の中がちらかっていて，片づけなくてはいけないと思いつつもずっとそのままにしてあります。

もっと整理整頓しておけば気持ちよく生活できるだろうな，とか友人に遊びに来てもらえるのに，とか思うのですが，休日は遊びに出かけてしまうか，そうでなければ一日中寝ているかで片づけようという気が起こりません。
若いころはエイヤ！と一気に片づけていたのですが，年とともに持ち物が増え，余計に片づけにくい状態になり悪循環です。
自宅の 10％ も有効活用していない，というのが現実です。

〔カウンセラー　初回　ニックネーム　P〕

メールありがとうございました。
さて「片づけられない」という悩みをお持ちのようですね。
毎日毎日いろいろな用事があるとそれが忙しくてついできない，またせっかくの休日は片づけなんかより寝ていたい！という気持ちよくわかります。
ですが，こうしてメールをくださったこと，これはすでにあなたが自分の行動を変えたいと本気で思っていることの表れだと思います。メールとはいえ，こうして相談を送られてきたのです。ご自分の中で今までとは違う固い決意が生まれてきたのだと思います。これは今までとはちがうとお気づきなのでは？
それでは何ができるのか，何からできるのか考えてみましょう。年とともに持ち物が増えて，とおっしゃいますが，そこから少しずつそれを片してみることはできそうですか？
一度に全部やるのはつらいかもしれません。もしそうであれば外出してもまた寝てすごしても一日のわずかな時間 5〜10 分でも何が不要かを考え片してみるということはできそうでしょうか？
あなたがやりたくないときはやらない，というルールでもいいのでは？
家の中の小さなスペースが少しでも片づけられてきたらあなたのいう「気持ちがいい」生活を少し感じられるかもしれませんよね。そのスペースが広がってきたら友人も呼びたくなるかもしれません。
無理のないリズムで始めてみたらいかがでしょうか？

〔クライアント　2回目　ニックネーム　なし〕

早速お返事をいただいてありがとうございました。
ご提案いただいた「やりたいことと感じたときに少しずつ片づけていく」という方法はこれまでも試したことがありました。ただ「やりたい」と思う気持ちが何日も継続しなかったり「やりたい」と思っても時間や体力に余裕がなかったりしてその間に元の錯乱状態に戻ってしまう，というのが「オチ」でした。
ただ，いただいたメールを読んでいるときに感じた（というより気づいた）のですが，これまで自分は「完璧に片づけることをゴールに設定し，そのための段取りを考える」ということに固執していた，つまり完全主義に執着しすぎていたかもしれません。
これに気づいたからといって「じゃあどうすればいいのか」ということがわかったわけではないのですが……。

〔カウンセラー　2回目の返事　ニックネーム　P〕

自分の完璧主義にはじめて気づいた，というのはとっても大きな発見でしたね。私の方からいったわけでもなく，あなた自身がご自身を振り返ってこのメールのやりとりをきっかけに気づいたことですよね。
やりたいと思う気持ちが何日も継続しなかったり忙しい毎日や疲れていればその気持ちを無理に維持する，というのはかえってご自分を苦しめてしまうことになってしまうんでしょうね。きめたことをいつも強い気持ちで継続する，というのは誰にとっても大変なことですし，そのことでご自分を責めることはないのでは。
ご自分が完璧主義である，という発見といったんきめたことを続けられないといけないと思ってしまうということを，ご自分できちんと受け入れてみましょう。

その中でご自分ではなにができると思いますか？
無理のない課題をつくってみる。守れなかったらそれはそれで翌日埋め合わ

せをする。そんなことから始めてみてはいかがですか。その中で自分がダメだと思うことよりできた，という自信を積み重ねていくことができたらと思うのですが。課題は無理だと感じたら変更していく，そんな風にかまえずできたらいいですね。

〔クライエントのコメント〕

解決策の提案が少し多すぎる気がしました。

〔クライエント②の返事に対しての筆者の返事の参考例の骨子〕

>完全主義に執着しすぎていたかもしれない……とあります。
完全主義のために，「完璧にやらなければいけない」と思ってしまうと，はじめの一歩が気楽に踏めない。そんなサイクルになってしまうのではないでしょうかと感じました。

次に，いかに「片づけ」行動に移すかについて，お返事をします。
完全主義に執着する方の行動特性として，「するか」「しないか」のはっきりしているタイプが考えられます。きっと「片づけをする」ときめたら完璧にするのでしょう。仕事も完璧なタイプなのでしょう。たとえば，新しい仕事のはじめの一歩のときは，どんな風に考えたり，行動したりしているのでしょうか。
うまくいっているときのはじめの一歩のイメージを思い出してみたら，何らか「片づけ行動」を起こすための，はじめの一歩の肯定的なイメージを浮かべることが，できるのではないでしょうか。
または，「片づけ」をしている自分をイメージしてみてください。ワクワクしながら，「片づけ」をしているイメージが浮かべられたら，行動に移せるでしょう。ワクワクできていないイメージしか，浮かべられないときは何とか工夫して，ワクワクしているイメージを浮かべてみると，たぶん気づくと「片づけ」をしていると思われますが，いかがでしょうか。

6) **事例6**

〔クライエント　初回　ニックネーム　M〕

子ども（1歳）がいる母親です。
子どもが4ヵ月のときから地域の同世代の子どもを持つ母親とグループをつくり，月1回程度集まっておしゃべりしたり情報交換したりピクニックに行ったりしてます。そのグループのリーダーをやっています。元々人の世話をすることが好きで友人の間でもすぐ仕切ってしまう性格です。喜んでやっていたのですが徐々に皆の参加率が悪くなり，リーダーをやっていて不安になってきました。季節的に風邪や悪天候などの理由があるにせよ，皆の協力が少なくなってきたように感じています。メンバーは13人いて最近は7〜8組，悪いときは2組くらいしか集まりません。

〔カウンセラー　初回　ニックネーム　3〕

はじめまして。
メールを読ませていただいて，Mさんがとっても人のお世話をすることが好きでリーダーシップがとれる方だということを感じました。社会の中で，さまざまな集団の中で，Mさんのような方の存在は本当に貴重だと思います。
とくに率先してリーダーができるということは素晴らしいことです。
リーダーとして周囲……（返事が切れている）

〔クライエント　2回目　ニックネーム　M〕

文章が途中で終わっているので，カウンセラーさんが何を伝えてくださるのかよくわからないのですが……リーダーをすることは私自身嫌ではないし，皆が喜んでくれると本当にうれしくなってしまいます。ただ今回はその手応えがなく，もしかしたら私のやり方が悪いのかなぁーと自信がなくなってき

て，できるものなら他の人にリーダーをお願いしようかと考えているほどです。
最近はこのことをとおして自身の強引（？）な性格を改めなければと反省しています。しかし一方で，仕切る人の気持ちもわかってよーと思うこともあります。もっと気楽にやればいいのかもしれません。

〔カウンセラー　2回目　ニックネーム　3〕

前回はお返事が途中になってしまい大変申し訳ありませんでした。困惑されてしまいましたよね，すみません……。
Mさんは周囲の方が喜んでくれると，いろんな大変なこともどこかにいってしまうくらい嬉しく感じるのでしょうね。それが今はグループの参加率が悪くなってきているので「喜んでもらえている」という手応えがないのですね。
もしかしたら，Mさんの心の中に自分が頑張ったことへのごほうび（相手が喜んでくれること）をたくさん期待してしまっていることはないでしょうか？　私の勝手な推測なので違っていたらすみません。
時間がなくてまた途中にすみませんでした。

〔クライエントのコメント〕

カウンセラー2回目を読んでハッとさせられました。と同時にそうだったのかもと素直に思えます。私は見返りを期待していたのです。すっきりしました。ありがとうございました。
カウンセラー初回で正直，不安を感じました。しかしカウンセラー2回目でわかって下さったんだぁ，と思えました。今考えるとカウンセラー初回で中途半端だった返信のおかげでもっとわかってもらおうとカウンセラー2回目で自身を見つめ直せたと思います。

〔クライエント①の返事に対しての筆者の返事の参考例の骨子〕

せっかくリーダーをなさる機会にめぐまれ，喜んで人のお世話をなさっているにもかかわらず，参加者が少なくなってきた……すると，手応えを感じなくなり，「どうして？」という思いが生まれてしまうだろうなぁと感じました。

文面を読んで，確認したくなったのですが，リーダーをやりはじめて，「友人の間でもすぐに仕切ってしまう性格」とありますが，リーダーは，「仕切る」ことはとても大切ですが，「すぐに仕切る……」とあることは，ご自分なりに何らか感じることがあるのではないでしょうか。よろしかったら，そこについて，きかせてください。

〔カウンセラーとクライエントのやりとりに関して〕

文面が途中で切れていることがあっても「やりとりは続いている」ということが，改めて確認される事例である。両者の信頼関係をつくろうという無意識の思いは，アクシデントを活かす方向に働いていると感じた。

7. まとめ

　今回の実習は，限られた時間内での実施のため，カウンセラー側の修正点はたくさんあると思われる。しかし，はじめてのメールロールプレイで，ここまでできているのはご立派である。読者が学ぶためには，適切な材料になっているのではないだろうか。
　メールカウンセリングは，対面のカウンセリングと違い，クライエントの訴えがどの程度深刻なのか，文字のみしか情報がないので，わかりにくい。よってある程度想像で，対応することになる。しかし，重要なことは短時間のやりとりで，クライエントに気づきが生まれていることが，事例から明らかである。カウンセラーは，メールカウンセリングでも，小さな手応えを感じることができる。

この感覚を大切にしたいと思う。

　また今回は，返事の内容を重点的に実習したため，文章のレイアウト等（改行・スペース等）を考えること，挨拶文等は割愛した。通常のメールカウンセリングのやりとりは，第10章に記載しているので，参考としていただけたらと思う。

第10章　メールカウンセリングの実際

はじめに

　この事例は，実際の事例である。ただし，クライエントが特定されないように加工修正してある。読者の方は，カウンセラーの対応を参考にしたいと思うだろう。しかし，メールカウンセリングはまだ確立途中であるため，どの対応が適切か試行錯誤である。さらにクライエントからの実際の反応がわからないので，やりとりについては，第9章のメールロールプレイを参考にしていただきたく，ここでは筆者の見立てと対応の骨子を述べる。

　事例は「仕事と自立の事例」（32歳　女性　未婚），「目標と実力のギャップの事例」（34歳　男性　未婚　会社員）を除き，すべて有料の相談である。有料の相談と無料の相談は，少々違う場合がある。とくに，メンタルヘルスカウンセリングの場合は，有料の相談の方が，問題解決を急いでいると感じている。しかし，上記の事例は，キャリアカウンセリングの事例であり，有料と無料の差を感じない事例であった。

1. キャリアの事例

　次の事例以下すべての事例は，レイアウト（改行・スペース）などは，原文のままである。よって，改行やスペース，文章量なども，クライエントの心理的な何かを表すヒントとして参考にしていただきたい。

1）　事例：勉強が続かない（30歳　女性　既婚　会社員）

　はじめまして　飯田啓子（仮名）と申します。現在，会社の研修制度の適用

を受けて公認会計士資格の受験のため，毎晩仕事のあと予備校に通って勉強をしています。試験まであとちょうど1年ありますが，週6日の授業についていくのは結構たいへんです。自宅学習もきちんとやらなければ，と思うのですが，すぐにくじけて日曜などのんびりしすぎてしまいます。できることからコツコツやらなくてはならない，とわかっているのになぜかだらけてしまう。何をどう相談すればいいのか（というか相談する間に少しでも勉強すればいいのに）と思いますが，よろしければ時々相談に乗ってください。よろしくお願いします。

(1) 筆者の見立て

　この事例は，企業とEAP[1]の契約をしている社員の相談である。相談回数は，この従業員が在籍する企業とは3往復の契約を結んでおり，個人負担はない。

　この事例のクライエントは，自分の名前を名乗っており，たぶん自信があったり，またはきっぱりしている性格ではないかと思う。

　公認会計士の勉強であるから，知的レベルが高いと想像できる。そして仕事の後に勉強に通うというのは，かなり厳しい現実があると思われる。そこをねぎらいたい。ただし，その勉強が「おもしろい」と思えると，結構がんばれるものである。よって，この試験勉強をする目的や動機を明確にすることで，クライエントの悩みの骨子が明確になるように感じる。

(2) 対応の骨子

🌀ねぎらい

- 「勉強の意欲がわかない」ということに対して相談することの勇気をねぎらう。
- 公認会計士の資格試験を勉強し，さらに仕事と両立することへの大変さをねぎらう。

🌀気持ちと考え方の理解のための質問

- どのようなきっかけで公認会計士の勉強をしようと思ったのか？　動機を聴いてみたい。
- 頭ではわかっているのに，勉強ができないときに，何を考えているか？　そのとき，どんな気持ちでいるか。

- また公認会計士の勉強をしようと思ったときの気持ちと，試験に合格したとき（を想像して）のイメージは，どのようなものか。
- 資格の勉強に対する気持ちのゆらぎとその背景にある考え（義務感，責任感，または内発的動機の有無）。
- 資格の勉強をしているときの心理的満足感や達成感は何か。

◎将来設計
- 今後のキャリア形成についての考えと自覚。
- 公認会計士の資格取得をする目的（会社の業務命令なのか？ それともキャリア形成のための手段か？ または，それ以外なのか？）。
- 試験まで1年あると書かれているが，その勉強のスケジュールを再度一緒に見直してみないか（遊びやゆとりがあるかないか等）。

◎その他
- 家族の支援の有無。
- 一緒に勉強する仲間の有無。
- 今までの資格取得の学習歴などで学びとった勉強法等の確認。

以上を返事の中に負担にならない程度に，少しずつ，質問をしてみたい。

(3) クライエントの返事の骨子

このクライエントには，「心理的満足感を得るという発想がなかった」と，書かれていた。今まで，勉強は義務感だけであった。上司の推薦で，会社が費用を負担してくれて勉強をしているので，会社の期待を裏切らないように必死に勉強をしている。よって，自らも勉強をもう少し楽しもうという思いを持つことによって，楽になるような気がすると書かれていた。小さな気づきを得ることができたようである。

2) 目標と実力のギャップ事例（34歳　男性　未婚　会社員）

まずは，簡単に略歴を紹介します。幼少の頃から半導体技術者になることを目標にしてさました。大学も大学院も次世代半導体の基礎研究を行い，修士終了後，A社で半導体の応用開発の仕事を4年間していました。A社での業務を進めているうちに大学で行っている研究の必要性を感じ，A社を退社

し，博士課程に進学しました。そこでは，自分のやりたいことを直接することは出来なかったのですが，通過点と考え研究を行っていました。ある学会で今の職場の方に声をかけられ，私が望む研究をしてくれる研究員を募集しているとのことだったので，博士課程を中退し，現在に至ります。今行っている研究は私が思い描いていた理想の研究です。研究環境も素晴らしいです。A社を辞めた時にこんな所で研究が出来ればと想像していた通りの理想的な環境です。しかし，実際に携わってみると，何かが違う気がするんです。がんばるぞっという気持ちが沸かないんです。昨年は研究インフラを整える（設備の発注，装置のマニュアル作成など）ような仕事をしていたのですが，本格的に研究が始まると……。今までの仕事上で経験してきたことで無我夢中になれたことといえば，その場で結果が判断できるような事柄が多かったように思います。何か工夫したり，ちょっと変えては測定したりというものです。お客さんが目の前にいて，これでどうですか？ こうしましょうか？ なんてゆうような感じの仕事にすごく興味を持っています。いまの業務は非常に長いプロセスを経て，完成するもので，かつ完璧さが求められます。半年ほど前にはストレスから胃潰瘍になりました。今まで思い描いていた夢も大事だが，自分に合ったことではなかったのではないかと思います。こんな職場は他にはないので，気の持ちようで変わるのであればと思い相談しました。思うがままに書いたので，支離滅裂な文章で申し訳ございません。

(1) 筆者の見立て

キャリアカウンセリングでは，ホランド理論[2]や，シェインによる「キャリアアンカー」[3]を活用（以下の説明を参照）して，見立てを立てるヒントにしている。このクライエントは，ホランド理論でいうと，クライエントが思っている自分は，I（研究的）やR（現実的）が高い。しかし，文面から察するクライエントは，S（社会的）が高く，この自己認知の誤差が，仕事選びの迷いになり，より満足する仕事を得られていない現状に至っていると考えられる。

キャリアアンカーは，今までは「特定・専門指向」「安全・安定指向」であったが，仕事で喜びを得られることは，目の前のお客さまに満足してもらえるため

に，挑戦しつづけること「奉仕・貢献指向」「挑戦・克服指向」であろう。もちろん，「特定・専門指向」は，変わらず高いと考えられる。
　クライエントの現在の仕事の満足する要因は，
・長期よりも短期的に完成すること，
・完璧を目指すことよりも，お客さんと一緒につくりあげていく過程，やりとりが喜びにつながること，
・直接お客さまから仕事の手応えを感じること。
　ただし，仕事をする環境は非常にめぐまれているので，今後の選択に悩むだろう。むしろ，仕事の環境がめぐまれていなかったら，決断しやすいのではないだろうか。

(2) **対応の骨子**

◉感想

　改行やスペースを入れていないことは，一気に文章を書いているという勢いを感じる。その割には，非常にわかりやすい文章で，クライエントの現状や思いが伝わってくる。たぶん，クライエントは，無意識に他者に読みやすいように，書こうとし，他者を配慮することが自然に身についているのではないだろうか。このような能力や感覚を活かさないのは，非常にもったいないと思う。この文面の書き方について，クライエント本人に肯定的にフィードバックをしたい。
　そして，理屈っぽい感じはまったく感じられない，人懐っこい，愛想のよい感じが想像できる。

◉気持ちや考えの理解

> ＞Ａ社での業務を進めているうちに大学で行っている研究の必要性を感じ，Ａ社を退社し，博士課程に進学しました。そこでは，自分のやりたいことを直接することはできなかったのですが，通過点と考え研究を行っていました。

　クライエントは，修士をでて現場の仕事をして，何か達成感のなさを感じていたと思われる。または仕事の現場からの期待が，自分に合わなかったと思われる。それを，博士課程で得ようとしていたのかもしれないが，現実には得られなかったのだろう。いずれにせよ，自分の満足度を求めて，行動を起こすクライエ

ント像が浮かんでくる。

また、修士をでて大企業のA社を離職するには、決断するまでにかなり悩んだだろう。家族は反対をしただろう。退職しなくても、博士課程に行くのであれば、A社からの援助を受けて、研究を続けることもできないことはないだろう。もしかしたら「博士課程に行く」ということで、離職理由にしやすかったのかもしれない。このクライエントの意思決定時の背景を確認してみたいと思う。

> ＞A社を辞めたときにこんな所で研究ができればと想像していた通りの理想的な環境です。しかし、実際に携わってみると、何かが違う気がするんです。がんばるぞっという気持ちが沸かないんです。

外的キャリア（外から見たキャリア：環境や職位など）は満足できるが、内的キャリア（内から見たキャリア：仕事のやりがい・達成感）は、満足できないため、内発的動機が沸かないのである。なぜなら、仕事のモチベーション要因は、自ら次のように語っている。

> ＞今までの仕事上で経験してきたことで無我夢中になれたことといえば、その場で結果が判断できるような事柄が多かったように思います。何か工夫したり、ちょっと変えては測定したりというものです。お客さんが目の前にいて、これでどうですか？ こうしましょうか？ なんてゆうような感じの仕事にすごく興味を持っています。

このような思いを充足できずに、現実の仕事をしなければいけないことに、ストレスを感じ、胃潰瘍になったのではないだろうか。仕事が合わないということは、自分を活かせないということである。意欲が高く、能力が高ければ高いほど、自分を活かせない欲求不満な状態は、苦痛であろう。

◉将来設計

> ＞いままで思い描いていた夢も大事だが、自分に合ったことではなかったのではないかと思います。

ここまで自分を理解できているので、「これからどうするか？」である。「何か自分を活かして、イメージできるような、仕事はありそうですか」と確認してみ

たい。また，転職経験もあるので，より自分の価値観が明確になっているかもしれない。自らの答えを持っているのではないだろうか。

⑶ **クライエントの返事の骨子**

現在の仕事は，リアルタイムに「相手が満足していることを一緒に分かち合えないこと」の未充足感がないことが明らかになった。そして，クライエントは，「今の仕事もおろそかにしない程度に，仕事をしつつ，対人サービスと緻密な技術がいる＜○○○士＞の仕事に興味があるので，受験準備だけはすすめる予定である」という返事であった。この＜○○○士＞は，個々人のニーズにあうような，非常にレベルの高い技術を要する専門職であり，そのために国立の専門学校がある。このように今後の方向を考え，行動計画を考えるに至った。

2. メンタルとキャリアの両方の視点が必要な事例

1） 仕事と自立の事例（32歳　女性　未婚）

> はじめまして。ここ数ヵ月悩み続けているのですが，日々が過ぎていくばかりで突破口を見出せず途方に暮れています。何かアドバイスをいただければと思い切って，相談させていただくことにしました。
>
> 私は以前会社員として，働いていましたが，私事で海外に引越すことになり辞職しました。永住予定での移住でしたが，諸事情から結局この冬に日本に戻りました。今は実家におります。むこうでは仕事はしていないので，今の時点で職を離れてから丸２年のブランクができてしまっています。年齢（32歳）のこともあって，両親は仕事に就くよりも結婚させることしか頭にないようで，お見合いをすることを熱心にすすめています。

⑴ **筆者の見立て**

キャリアの問題のみの相談であれば，自己理解の促進を深め，今までのできごとを確認し，情報提供をすればよい。しかし，この事例のようにたんにキャリアの問題だけではなく，何らかメンタルな問題も見え隠れする。そのようなときは，自己理解を促進することよりも，まずはクライエントの思いを共感すること

が重要である。

(2) 対応の骨子

◎共感と理解による支持

- 何らか深いご事情があるように感じます。○○さんの痛みと悲鳴が伝わってきます。
- ご両親は，仕事に就くよりも結婚をさせることを優先しているようですが，○○さんは自立することが先決と考えていて，○○さんのお気持ちをご両親に理解してもらえない感じや，もって行き場のない思いを強く感じます。
- 働くことに対して，ご自分の確固としたお考えをお持ちの方と，感じました。そのお考えの中で，仕事を探そうにも限界を感じていらっしゃる。

　それは，海外からの引っ越しのことも含め，かなり打撃を受けていると感じます。そのようなときには，どうしても，よいアイデアが沸かないものです。何かをきめるときは余裕があるときにきめないと，後で後悔をすることがあります。今は大きなことはきめないで，現状の生活を少しでも楽にできることを，探していきたいと思いますが，いかがでしょうか。

- 「仕事について」ではなく，「人生設計」について，悩んでいるということですが，やはり30歳を越すと，周囲もいろいろいってきますので，ますます気になってしまうと思われます。今まで自分自身を見つめ直すことで，未来が見つかってくると思いますが，いかがでしょうか。
- あなたが乗り越える課題の本質は何なのでしょうか。ご自分の中で，本当にわかっているように感じますが，いかがでしょうか。

　そのためには，「もしよかったら，電話か対面で，直接お話ができたほうが，立ち直れるきっかけを見つけられると思いますが，いかがでしょうか」と，メール以外の相談をすすめる。なぜなら，今の健康水準がどの程度かわからないので，質問しようにも，適切なタイミングを判断することがむずかしい。相手と直接コミュニケーションができないので，質問に失敗したときにフォローができないため，質問することに躊躇してしまう。

◎将来設計

- もし，クライエントの健康度が低すぎないのであれば，「3年後は，どういう自分になっていると，自ら少しでも肯定できるようになるのでしょうか」

というような質問を向ける。

　ただ，今回のメールを読むかぎりでは，未来の方向を見出すためにも，過去について，自らの感情を整理をする時間が大切に感じる。たとえば，「仕事等，今後のことを考える上で，〝海外〟のことが，今の○○さんに，大きな影響を与えているように感じます。差しつかえなかったら，海外に引っ越すために辞職をしたいきさつや，そのときのお気持ちやお考えを聴かせてくれませんか」というかかわり方である。

(3) クライエントからの返事の骨子
・自力で立ち直れないところまで打ちのめされていること，
・海外に移住して，しかしうまくいかなかったこと，
・実家に戻り，「親に恥をかかせた出戻り娘」と思われていること，
・そのような親に対して，申し訳ない気持ちもあるものの，親に責められて，どうにもならないこと，

という返事であった。そしてその後対面の相談を希望してきたが，このクライエントは遠方に住んでいたので，クライエントの住まいの近くのカウンセラーを紹介した。

2) 大学院に行きたい気持ちと抑うつ感の事例（48歳　女性　既婚）

　現在，大学院で非常勤の日本語教師をしているものです。48歳です。大卒後，編集職を目指しましたが，今でいうフリーターの編集職しかつけず，食べることも苦しく，精神的にもゆきづまり，Uターンして，地方に帰りました。しかし，田舎にろくな職があるわけでもなく，塾の教師などもしましたが，セクハラがひどかったりしてなかなか続けられず，ひどく緊張するタイプで抑うつ的になってしまうので，学校の教師になることも踏み切れませんでした。地方の閉塞した暮らしから抜け出したくて，再上京し，在日韓国人の出版・編集業務の会社に勤めましたが，これもフリーターとあまり変わらず，日本人が私一人，という特異な環境や給料の遅配などもあり，当時，見合いしていた地方在住の公務員と30歳の時に結婚しました。それ以後，アルバイトニュースでみた日本語教師募集がきっかけで，日本語教師の道に

入りました。日本語学校で教え始め日本語教育能力試験にも合格しました。いくつかの日本語学校を変わり，（そのなかには，自分の意思ではなく，生徒減少による解雇やクラス閉鎖などもあります）たまたま，大学で教える機会がありましたが，私には荷が重くて，まもなくやめてしまいました。その後，二人の子どもの不登園があり，子育てにかかりきりになっていましたが，下の子が去年1年生になったとき，たまたま，以前声をかけてくださった教授がふたたび声をかけてくださり，10年ぶりに大学の現場にもどりました。10年ぶりに大学で教えてみるとその国際化におどろくばかりとともに，いま，修士号をもつのが珍しくなくなり，私ひとりが大卒で教えているという現場の実情です。やはり，修士をとらなくては，今後，将来性はないと思いつつ，この年で修士をとったところで将来はあるのか，という気持ちで毎日がゆれています。私自身は，実践派で，いかに教えるかということに心を砕けるものの，学問としての日本語学にはあまり興味がないのが，実情です。しかし，そうもいっておられず，いまや，修士をもつことがあたりまえとなりつつある現実ではやはりチャレンジしなくてはならないのか，と思い，毎日が憂鬱になっています。地方在住で，体力もなく，東京の大学院へ通うことは到底いまはむりです。とすれば今，教えている国立大学で，関連の科目が少しでもある，院に入学するしかないのか，と思ったり，生涯，一日本語教師でいいか，と思ったり，なやんでいます。しかし，日本語学校の勤務条件はあまりにも劣悪・不安定で，どの学校もいつ倒産してもおかしくないのが現実ですし，文句をいえばいつやめてもいい，という経営者の態度です。年を取ってくればだんだんと採用されるのもむずかしくなってくるでしょうし，（どんなに教え方に熟練していても）都合よくつかえる人材が歓迎されるでしょう。となると，いま，なんとか，勤務している地元の国立大学の修士課程に（専攻があまり関係せずとも）進むのがベストなのでしょうか。考えると憂鬱でたまりません。もともと，精神力が弱く，緊張するたちで講義の前には憂鬱と不安で何も手につかない状態です。抗うつ剤をのみながら，経験を積めばこの不安もいつかは解消するにちがいない，と自分にいい聞かせていますが，これが私の天職なのかしら，なんでこんなに苦しい思いをするんだろう，でも，ここで逃げたら，また，ゼロになってしまうのだ

から，とにかく，クビになるまで今度こそ，再び，指名してくれた先生のためにも続けたいと思う毎日なのですが，どうしたものでしょうか。

(1) 筆者の見立て

10年ぶりで教壇に立ったら，以前とは違う状況にびっくりしている。そしてそれがきっかけになり，今後のことを考える要因になり，現状に適応していくために大学院という選択肢が加わったのではないかと，考えられる。

大学院に行きたいということもあるのだろうが，それ以前の課題を整理する必要があるように見受けられる。たとえば，緊張感が高いので，リラックスする方法を習得できると楽になれそうである。また，「……すべき」という義務感や使命感が強いのか，または断れないパーソナリティなのか，自分を再認識する必要があるだろう。この健康状態で教壇に立って教えているのは，かなり苦痛だろうと思われる。同僚はクライエントをどのように感じているのだろうか。

(2) 対応の骨子

共感や理解を示しつつ，このクライエントが本当に求めていることを一緒に探した。また自己効力感や自尊心が低いため，自分でできそうなことよりも，もう一段低いことにしか挑戦できない。その結果，自分の能力を活かせない。そして断れないで無理をしてしまい，人間関係のトラブルに巻き込まれてしまうのではないだろうか。まずは，次のように自己効力感や自尊心が低くなるようなきっかけのできごとを確認した。

- 小さいときは，どんな子どもだったのか？
- 自分の能力を低く見る傾向はないか？
- 「自分はダメだ」と自ら思ったり，大切な人にいわれた経験はないか？
- 小さいときに，誉められたことはないか？
- 自分を支えられなくなったときには，どのようにしているのか？
- 子どもの手がかからないようになったら，もっとやりたいと思っていること，本当にやりたいことは何か？
- 修士号をとることで気持ちが楽になるのか，それとも，そこに至るまでに勉強等負担になりすぎるのか？ 修士号をとるだけなら，私大の通信教育もあるし，放送大学大学院もある。入学試験もあまり厳しくない。また，2年で

卒業しようとせずに，4年で卒業しようと思えばそんなに負担にはならないと思われるがどうだろうか。

(3) クライエントの返事の骨子

「自分でも，今後どうしたいかわからない。だけど，自分の訴えを聞いてもらえた。大学院は，方法論を考えるまでに至らない。ただただ，周りが修士卒以上だから，焦っている。ただし，実際に大学院に行くという行動にまでは，至っていない自分を，あらためて知った。」

「小学生のときに『おまえは，まったくダメな子』と母親にいわれた。そのときの自宅の風景までリアルに思い出した。それが，頭にこびりついている。」

「自分で思っていることができないと，ただ，自分に合わないとは思えず，『自分はダメだ。他の人はできているのに……』という気持ちになる」という。

(4) その後

このクライエントは3往復のメールで，小さいときの思い出までリアルに思い出したのである。次にクライエントは「これをどうしたらよいか？」ということになり，その後，対面相談に来談してもらった。

対面の1回目の相談には，大学院の話は，まったくでてこない。母とのことがしみじみと語られた。2回目の相談では，ゲシュタルト療法[4]で使う「エンプティ・チェア」[5]により，空の椅子を使って，想像上の母との対話をしてもらい，母との和解ができるに至った。

3回目は，今後の生活を考える上で，「……すべき」というよりは，「……してよい」という許可を与えることや，リラックスを心がけるための行動について，話し合った。とりあえず，このメールの主訴である大学院のことは，今はすぐに解決したいという強い気持ちはないということが，確認できた。

3) 責任が重くて逃げたい事例（27歳　女性　未婚）

> 27歳で初めて社会人になりました。
> 現在，東京都下の○×病院で看護師として病棟で働いています。
> 昨年1年間は，看護師国家試験に合格した後，保健師の勉強をしていました。

そのせいか，元々の怠け癖からなのか，「免許を持っている」といい切れるほどの知識もなく，その割に期待され・任される責任が重くて，逃げ出したくてたまりません。

現在，4月以降4回目の，「やめたい」「もっと楽な職場に移って，勉強する時間を作りたい」という考えに支配されてます。

今まで学生しかやったことがないのと，自分なりの生活のリズムが作られてしまっているので，甘えもあるかもしれません。

元々マイペースで物事に疑問を感じない（よくいえば素直）し，忘れっぽいほうなので，良く怒られます。

怒られるのは仕方ないと思っていますが，自分が受け持たされる患者が重い既往を抱えていることが多く，在籍している病棟の科の勉強（眼科だったら眼の解剖や疾患など）だけでなく既往についての知識も追求されるので非常な負担になっています。

同期が3人いるのですが，自分ほどの患者を持たされていないので，「頑張ってるね」といってはくれますが。

新人は誰でも多かれ少なかれ，大変な思いを抱えて一人前になっていくんだろうということはわかっています。

自分の今の状況は，たくさん勉強しないといけない→まだ要領が悪いので，仕事から帰ってくる時間が遅すぎる（8時始業で大体21時）→疲れすぎていて，勉強ができない→緊張して職場に行って，前日よりも疲れて帰ってくる→勉強ができていなくて，仕事上責任がもてない，という感じです。

職場全体も忙しいので，先輩に聞いている余裕がなく，私自体思い込みで動いてしまっているところがあるため，後で一緒になったときに気づいた先輩に注意を受けることも多く，「どうして聞けないの？　怖くて聞けないの？」といわれてしまっている状況です。

人の命にかかわる仕事をしている，と考えると今の状況はとてもまずい状況だと思います。

それでも，本当にもう疲れて，勉強しようという気も起きません。

仕事の日は無理やり職場に行っている状態で，「やらなければ」という考え

にとらわれていて，帰ってきてからや休みの日は外に出る気もほとんど起きません。
それでも私は甘いのでしょうか？

(1) 筆者の見立て

27歳で，はじめて社会人になったということは，それまでずっと学生であったのだろうか。その背景と，そのときの思いを確認したいと思う。また，なぜ看護職を選んだのだろうか。「人に役に立ちたい」「手に職」「食べていける」ということなのだろうか。

なぜなら，

>元々マイペースで物事に疑問を感じない（よくいえば素直）し，忘れっぽいほうなので，良く怒られます。

とある。看護職としては本当に上記の状態であれば，周りはびっくりするだろう。さらに年齢が他の人より上であれば，周りも期待をかけるだろうし，自分自身も年下の年齢よりは「うまくやらなくては」とプレッシャーを感じるだろう。そして物事に疑問を感じないというのは，「よい子」傾向が高い。交流分析でいう，ACが高いタイプであり，必要以上に周りの期待に応えてしまう。するとあるときに，「自分がどうしたいのか」わからなくなるのである。

>自分の今の状況は，たくさん勉強しないといけない→まだ要領が悪いので，仕事から帰ってくる時間が遅すぎる（8時始業で大体21時）→疲れすぎていて，勉強ができない→緊張して職場に行って，前日よりも疲れて帰ってくる→勉強ができていなくて，仕事上責任がもてない，という感じです。

この悪循環が気の毒であるが，誰でも不慣れなときは要領が悪いし，緊張感が高く，ますます疲れ果てるだろう。それにしても，このクライエントの疲れ具合いは，どの程度なのであろうか。

(2) 対応の骨子

「あなたの考えが『甘い』というよりも，あなたの働く状況がかなり『厳しい』のではないかと思われます。働く時間が長いので，帰宅後に勉強をすることは，

かなり無理な状況ではないでしょうか。頭では、『勉強をしなくてはいけない』と思うかもしれませんが、からだはいうことをきかないのは、無理もありません。入職して数ヵ月は、この状態に慣れるために、○○さんにとって、何らかの『セルフケア行動』を実施できているといいなぁと思いました。」

また、保健師の資格があれば、病院臨床ではなくても、産業現場や市町村等、働く現場は多くあると思います。病院臨床以外の看護の仕事の選択肢もあるとは思います。そこまでして、病院臨床をやってみたいお気持ちをお聴きしたいと思いました。

「疲れ過ぎているとのことですが、睡眠の質はいかがでしょうか。睡眠不足になってはいると思いますが、寝つけない、夜中に目が覚める等はないでしょうか。」（うつ状態を気にして、質問している）

(3) **クライエントの返事の骨子**

対人関係に苦労していること、書き言葉では伝えられるが、話し言葉では、伝えられないタイプであった。

その後、体調不良で仕事を休み、「職場の上司と相談をして」仕事の負担を楽にしてもらったということであった。

このクライエントは、資格を持っているから「やれてとうぜん」と思っていたが、先輩や上司から「今は、最低限のことしかできないので、これから年数を重ねて一人前になる」といわれて、負担が軽減したということであった。

4) ニートの事例（30歳　男性　未婚）

　　はじめまして。30歳無職です。大学を卒業して入社した会社に、3年間ずっと上司との人間関係が悪く、うつ病になり退職をしました。それから仕事探しをして、ある会社に入りましたが、つらくなり、半年でやめました。その後1年以上立つのですが、自分で何をしたいか、わからないのです。息苦しい毎日です。親は、顔を見ると「まだ、仕事に就かないのか？」といいます。たしかに親からみたら不安だし、いい年の若いものがいつまでも家にいたら、イライラするでしょう。面接試験を受けても「何がしたいの？」「何ができるの？」と聞かれると、頭が真っ白になり、何も答えられなくなるの

です。親からも,「せっかく時間があるのだから,何か学べばいいでしょう」と問われるのですが,何か勉強したいものは,ないのです。こういうのは,「ニート」ということなのでしょうか。どうやって仕事を探したらいいのでしょうか。キャリアカウンセリングをお願いします。

(1) 筆者の見立て

- まず気になるのが,「うつ病」の症状がどのような状態かである。医師の診断でそう思うのか,それとも自ら「うつ病」と思うのか? 具体的にどのような症状に悩まされているのか?
- そのときのうつ病は,今は,どのような状態になっているのだろうか。また,これから就職活動をすることで,さらに悪化するように感じているのだろうか。それとも仕事がきまらないので,うつうつとした気分が蓄積してしまうのだろうか。まずは本人の考えを確認したいと思う。
- 「人間関係が悪く,うつ病になった」と書かれているが,本当の要因は人間関係なのか,それともあわない仕事を無理して続けていたのか? そこを確認したい。また,大学時代の就職活動時の会社選択では,どのようなことを意識して選択したのだろうか。意思決定の背景を確認したい。

(2) 対応の骨子

- 人間関係について,一般的にどんな風に感じているか,どんなイメージを持っているかを確認したい。
- 「したいこと」「できること」とともに,「今,しなくてはいけないこと」「今,すべきこと」また,「今,しなくてもいいこと」「今,すべきではないこと」等,本人の気持ちとともに,考えを整理することを支持したい。
- ただし,まずはあまり質問はせずに,行間にあふれる思いを受け取って返すことがおもな対応と思われる。

(3) 返事の骨子

- 以前は「意欲がでない」「眠れない」と訴え,心療内科でうつ病といわれたが,現在は通院はしていない。
- 就職活動を今すぐにして,入社する会社がきまれば,入社する意思はある。ただし,対人関係がうまくいかないかもしれないという不安がある。

- 「したいこと」「できること」と聞かれると,「自分に完璧にできるはずはない」という思いが浮かんできてしまって,答えられなくなる。
- 父との関係が悪く,父を「怖く感じている」こと,上司は父にそっくりの雰囲気を持っていたことを語る。

(4) その後

3往復のやりとりの後,来談することになった。クライエントは非常に緊張しやすいタイプで,初対面では堅くなり,うまくしゃべれない状態であった。このような状態のクライエントであっても,メールでやりとりをしているので,お互い情報交換ができていると,その後の展開が早い。そもそも対面相談だけでは,面接にこなかったと思われ,無職の時間が長びく可能性がある。

そして,父に肯定されなかった幼少期のことを語り続けた。そして対人関係では,ざっくばらんに話をすることができず,たえず「かっこをつけてしまう」という。「だめな自分を見せたくない」ということであった。

その後非常勤で,コンピュータ関係の仕事につく。コンピュータ関連の仕事をしていても,本人曰く「いつも,対人関係が気になる」という。

継続して面接を続け,仕事も非常勤であるものの,なんとかやっていけそうな見通しがつき,面接は終結に至る。

筆者の感想は,キャリアカウンセリングという感覚はない。ふつうのカウンセリングである。ただし,クライエントから「キャリアカウンセリングをお願いします」というのであれば,キャリアカウンセリングの考え方を意識して,対応する必要もあると感じている。

3. まとめ

以上のようにメールカウンセリングは,相手の表情を見ながら,カウンセラーの対応をその場その場で,修正していくことができない特徴を持っている。よって,クライエントの思いを熟慮しているつもりが,自分本位の対応に偏ってしまうことを十分に留意する必要がある。そのためには,事例検討会で検討を重ねる場を持たないと,カウンセラーが不安になってしまう(事例検討会は,日本オンラインカウンセリング協会の「スキルアップ講座」で,年に数回実施している)。

現在はメールカウンセリングのスーパービジョンをさせていただく機会が多いが，クライエントとカウンセラーが，メールを通して触れあっている息づかいが聴こえてくるように感じて，感慨深い。メールカウンセリングを続けることによって，感覚が磨かれてきたかもしれない。

最後に，このように本書を執筆するに至るまでには，数多くの苦い経験があるが，まずは勇気をもってメールを送ってくださったクライエントにお礼を申し上げたい。そしてメールカウンセラー養成講座に参加してくださった受講生との刺激的なやりとり，日本オンラインカウンセリング協会の関係者，そして編集者の温かい思いなど，数々のご支援がある。そして，筆者にとっては，メールカウンセリングは，身近な支援になっている。

〔注〕

1) EAP：米国でのアルコール依存症の労働者支援を発端に，70年代から，心の病などの個人の問題が企業の生産性低下を招くのを防ぐ目的で広がった。効果の実証研究もある。日本では概念がまだ定着しておらず，おもにメンタルヘルス対策として語られることが多い。

2) ホランド（Holland, J. L., 1966, 1973, 1985）は，職業選択やキャリア発達の要因として，個人の行動やスタイルや人格類型に着目する。人は，個人的特性と環境との相互作用の結果としてできあがるものであり，人は社会的環境の課題に取り組む独自の方法を身につけるという。また個人と環境を同一の6類型*にまとめ，個人と環境との類型が同一であることによって，調和的相互作業がより安定した職業選択，より高い職業達成などをもたらすとしている。

  *私たち人間の特徴は，6つのパーソナリティ・タイプとの類似度で説明されうる。
  *私たちの生活環境の特徴は，6つの環境モデルとの類似度で，説明されうる。
  *人と環境の組み合わせによって，私たちのパーソナリティ・タイプと環境モデルについての，知識から予測され，理解される成果を導きだすことができる。

参考：職業選択の理論（1990 Holland, J. L. 雇用問題研究会）

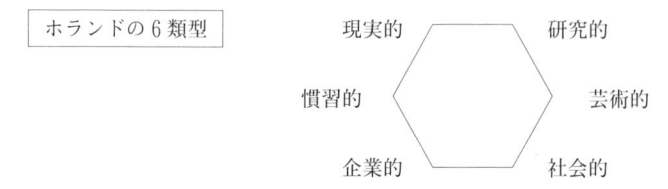

ホランドの6類型

現実的　　研究的
慣習的　　　　　芸術的
企業的　　社会的

詳しくは，VPI職業興味検査（雇用問題研究会）を参考にしていただきたい。一部の説明は以下のとおりである。

現実的（Realistic）：
機械や物を対象とする具体的で実際的な仕事や活動に対する好みや関心の強さを示す。

研究的（Investigative）：
研究や調査などのような研究的・探索的な仕事や活動に対する好みや関心の強さを示す。

芸術的（Artistic）：
音楽，美術，文芸など芸術的領域での仕事や活動に対する好みや関心の強さを示す。

社会的（Social）：
人に接したり，奉仕したりする仕事や活動に対する好みや関心の強さを示す。

企業的（Enterprising）：
企画や組織運営，経営のような仕事や活動に対する好みや関心の強さを示す。

慣習的（Conventional）：
定まった方式や規則に従って行動するような仕事や活動に対する好みや関心の強さを示す。

（VPI職業興味検査手引「結果の見方・活かし方」より引用）

3) キャリアアンカー：シェイン（Schein, E. H.）は，キャリアの選択を規定する価値的な能力としてキャリアアンカーという概念を提案した。それは，自分にもっとも適した仕事の種類，分野，特徴，方向性を発見して，そこに自分のアンカー，錨を下ろす。実証的な研究によって最近は，次の8つにまとめている。
　① 特定・専門指向
　② 経営・管理指向
　③ 自由・自律指向
　④ 安全・安定指向
　⑤ 創造・創業指向
　⑥ 奉仕・貢献指向
　⑦ 挑戦・克服指向
　⑧ 生活・様式指向

4) ゲシュタルト療法的カウンセリング：ひとくちにいえば，その人らしさを身につけた全人的な存在になることを志向するカウンセリング。そのためには何よりも「今，ここ」というカウンセリング場面における気づきの経験を大切にする。気づきとは，「あっ，そうか！」と身体の中にセンセイションを伴う意識の過程をいうが，たとえば，「今，ここで，かりに母親がこの場にいるとして，言いたいことを伝えてみませんか」，そして「そう言ってみて，今，どんな感情を経験しているかお気づきですか」などというカウンセラーのかかわりによって惹起される。そうすると，「怒

りがこみ上げてきました……こんなに怒りを感じているとは自分でも気がつきませんでした」と，よりリアルな自己への発見へとカウンセリングは進展する。…（略）…（『カウンセリング辞典』誠信書房）

5) エンプティ・チェア：直訳すれば「空の椅子」となるが普通は，原語のままで使っている。ゲシュタルト療法のワークの中でクライエントの心の中の分身との対話，または自分自身，重要な人物，事物，身体の一部，架空のもの（例えば，姿をあらわさぬ夢など）と対話の必要が生じた時，空の椅子に座らせ（仮定），それと対話させる。それによって心のコンタクトをとらせ，療法の展開に役立たせる。たんに心の中だけで又は独り語りで進めるより，対話の形をとり，空の椅子を用い，適宜セラピストが関わる方が有効である。（『カウンセリング辞典』誠信書房）

〔**参考文献**〕

木村周『キャリア・カウンセリング』雇用問題研究会，1997.
宮城まり子『キャリアロケニセリング』駿河台出版社，2002.
佐藤敏子『ひきこもり脱出ガイド』明石書店，2002.
佐藤敏子『部下が会社に来なくなった時読む本』シンプレクス出版，2002.
佐藤敏子「進路指導を育てるカウンセリング」『専門学校をどう選ぶか』図書文化，1998.
佐藤敏子「ひきこもりとキャリア開発」『現代のエスプリ　ひきこもり』至文堂，2001.
佐藤敏子「就労者の精神的な健康障害に起因する7つの視点と支援」『季刊労働法209号』労働開発研究所，2005.
佐藤敏子「電子メールを用いたフォーカシング技法の試み」『非対面心理療法の基礎と実際』培風館，2005.
佐藤敏子　ビデオ「リスクマネジメントとしてのメンタルヘルス」全4巻，（株）アスク，2004.
横山哲夫『キャリア・カウンセリング』生産性出版，1995.

第11章　メールカウンセリングの国内外の情報ネットワーク

　本章では，筆者がインターネット黎明期から現在に至るまで，Peacemind（ピースマインド）[1]を通じてオンラインカウンセリングの提供を続けてきたさいに感じた特筆すべき点のほか，運営上取りまとめた調査結果などを基に，オンラインカウンセリングについて改めて検証する。同時にオンラインカウンセリングの国内外の現状に触れるとともに，その将来性や展望について探っていきたい。また，本章中で「メールカウンセリング」という表現は，メールを何かしらの方法で使用したカウンセリングのことを指し，「オンラインカウンセリング」とは，メール以外の電子掲示板・チャットなど広義のインターネット全般の機能を利用したカウンセリング手法を指すものとする。

1. インターネットとメールの展望

　オンラインカウンセリングの現状について本章では取り上げるが，そのさいにまずインターネットの動向全般から改めて振り返ってみたい。というのも，オンラインカウンセリングは，インターネットの成長とともに成長を続けている分野であるからである。

　インターネット動向データ[2]によると，2002年7月末時点の日本におけるインターネット利用者数は6,123万人に達し，自宅での月間利用者数は2,517万人に達した。

　インターネットが本格的に世界に出現してからまだ5年程度の期間であることを考えると，驚異的な数字である。すでに2001年という年は，インターネットが日本人の生活空間の一部に定着した年といってもよいだろう。

1) 性年代別利用動向

インターネット利用実態調査[3]から，性年代別に見ると，男女とも相対的に若い年代でウェブ利用経験率が高く，年代が上がるにつれ利用経験率が減少していく傾向はこれまでと変わらず，とくに女性でその傾向が顕著である。

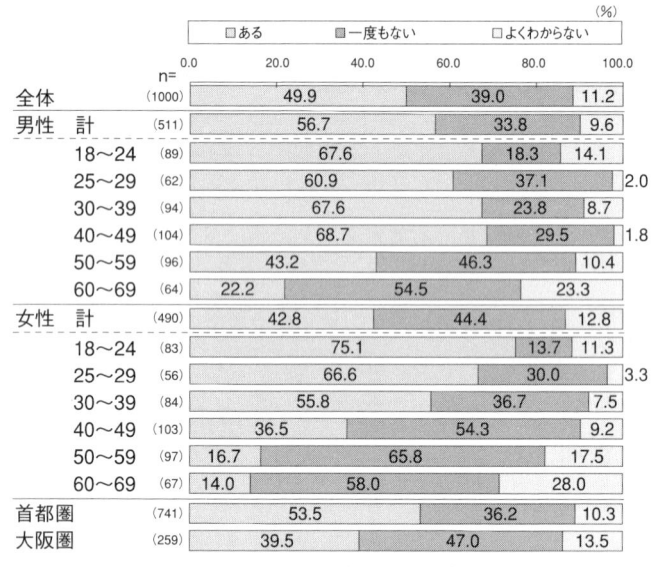

	n=	ある	一度もない	よくわからない
全体	(1000)	49.9	39.0	11.2
男性 計	(511)	56.7	33.8	9.6
18〜24	(89)	67.6	18.3	14.1
25〜29	(62)	60.9	37.1	2.0
30〜39	(94)	67.6	23.8	8.7
40〜49	(104)	68.7	29.5	1.8
50〜59	(96)	43.2	46.3	10.4
60〜69	(64)	22.2	54.5	23.3
女性 計	(490)	42.8	44.4	12.8
18〜24	(83)	75.1	13.7	11.3
25〜29	(56)	66.6	30.0	3.3
30〜39	(84)	55.8	36.7	7.5
40〜49	(103)	36.5	54.3	9.2
50〜59	(97)	16.7	65.8	17.5
60〜69	(67)	14.0	58.0	28.0
首都圏	(741)	53.5	36.2	10.3
大阪圏	(259)	39.5	47.0	13.5

図 11・1 インターネットの利用経験

図11・1は，これまでに一度でもインターネットのホームページ（ウェブ）を利用／閲覧したことがあるかどうか（利用経験）を表したものである。性別と年代を掛け合わせたそれぞれの層のうち，どの層でウェブが利用されているか／されていないかを把握するためのものである。

2) メール未経験者の意見[3]

メールを利用したことのない人の，今後の利用についての意見である。高齢者の利用意欲が若年層よりも少ないものの，利用したくないと答えた割合よりも，利用をしてみたいと答える割合が上まわっている（図11・2）。

3) 1年以上のメールアドレス保有歴が7割[3]

全体で見ると，1年以上メールアドレスを持っているユーザーの割合は7割を

超えている。図11・3のとおり，現在のユーザーの大半はこの3年以内の利用開始となっている。つまり1999年から2001年はメールという手段が一斉に広がっ

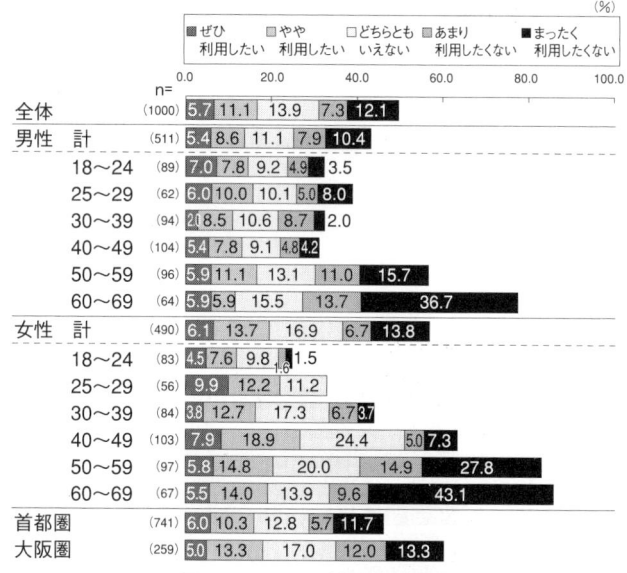

図11・2 メール未経験者の意見

図11・3 メール利用開始時期

4) メールチェックの頻度[3]

図11・4はメールをどのくらいの頻度でチェックをしているか，という数値を表している。これによると，ほぼ毎日チェックする，と答えた割合は全体の約3割であり，とくに女性の18歳〜24歳で考えると6割が毎日チェックをしていることになる。

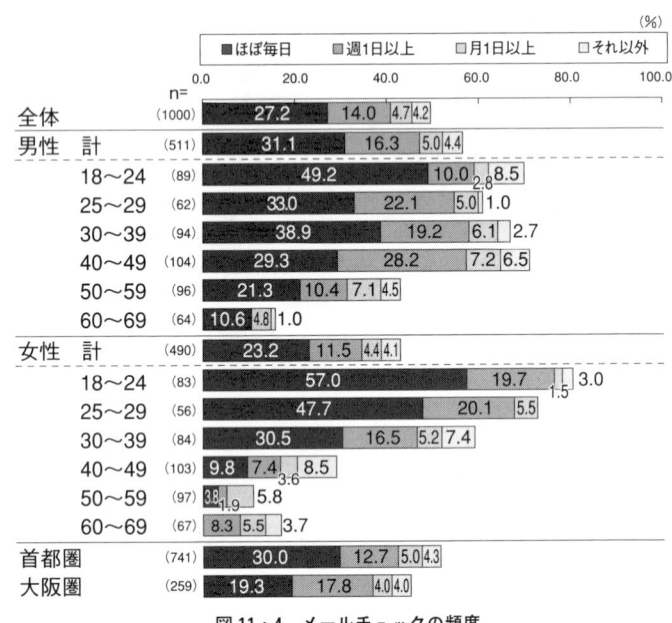

	n=	ほぼ毎日	週1日以上	月1日以上	それ以外
全体	(1000)	27.2	14.0	4.7	4.2
男性 計	(511)	31.1	16.3	5.0	4.4
18〜24	(89)	49.2	10.0	2.8	8.5
25〜29	(62)	33.0	22.1	5.0	1.0
30〜39	(94)	38.9	19.2	6.1	2.7
40〜49	(104)	29.3	28.2	7.2	6.5
50〜59	(96)	21.3	10.4	7.1	4.5
60〜69	(64)	10.6	4.8	1.0	
女性 計	(490)	23.2	11.5	4.4	4.1
18〜24	(83)	57.0	19.7	1.5	3.0
25〜29	(56)	47.7	20.1	5.5	
30〜39	(84)	30.5	16.5	5.2	7.4
40〜49	(103)	9.8	7.4	3.6	8.5
50〜59	(97)	3.8	1.9	5.8	
60〜69	(67)	8.3	5.5	3.7	
首都圏	(741)	30.0	12.7	5.0	4.3
大阪圏	(259)	19.3	17.8	4.0	4.0

図11・4 メールチェックの頻度

5) メールの利用用途[3]

メールアドレス保有者に「どのようにインターネットのメールを利用していますか？」と聞いたものである。

メールの利用用途で上位を占める「友人／知人とのやりとり（39.4%）」「仕事／学業でのやりとり（19.7%）」については，定着した利用用途といえる。とくに興味深いのは，友人知人とのやり取りには18歳からの若年層が多くメールを利用し，とくに女性の利用が多い点と，家族とのやりとりにおいては女性が男性

の2倍の利用率がある点であろう。それだけ，メールという手段は女性にとっては仕事の手段よりもコミュニケーション手段として愛用されていることになる（図11・5）。

	全体 n=(1000)	首都圏 (741)	大阪圏 (259)
友人/知人とのやりとり	39.4	40.8	35.3
仕事/学業でのやりとり	19.7	21.8	13.8
家族とのやりとり	14.4	13.8	14.8
趣味のメルマガ	12.4	12.7	11.8
商品の問合せ/資料請求	9.4	9.7	8.5
仕事/学業に役立つメルマガ	8.0	9.0	5.3
生活に役立つメルマガ	7.3	7.8	5.8
メーリングリスト	2.9	3.5	1.3

	全体	男性							女性						
	合計	合計	18-24	25-29	30代	40代	50代	60代	合計	18-24	25-29	30代	40代	50代	60代
n=	(1000)	(511)	(89)	(62)	(94)	(104)	(96)	(64)	(0)	(83)	(56)	(84)	(103)	(97)	(67)
友人/知人とのやりとり	39.4	41.9	63.3	56.0	54.3	38.3	22.6	15.4	36.7	72.9	73.3	52.1	20.2	7.1	10.2
仕事/学業でのやりとり	19.7	28.9	15.5	30.9	35.1	47.7	24.6	12.5	10.2	26.1	20.0	8.1	5.5	3.2	1.8
家族とのやりとり	14.4	12.9	7.1	15.0	19.3	14.9	11.0	8.7	16.1	28.6	31.1	20.2	10.4	5.8	6.5
趣味のメルマガ	12.4	14.1	17.6	15.0	22.6	11.4	9.6	6.8	10.7	21.2	26.7	15.6	4.9	0.7	1.8
商品の問合せ/資料請求	9.4	12.2	9.2	13.9	13.9	12.6	15.5	6.8	6.4	11.3	16.7	6.7	3.1	2.6	1.8
仕事/学業に役立つメルマガ	8.0	11.7	3.5	12.9	13.2	19.7	10.9	7.7	4.2	9.8	5.5	5.2	3.0	1.3	1.0
生活に役立つメルマガ	7.3	8.3	6.3	5.9	11.9	12.5	5.1	5.8	6.3	11.3	10.0	9.0	3.7	1.9	3.7
メーリングリスト	2.9	4.0	8.4	5.9	3.3	4.7	1.3	-	1.8	3.0	6.7	-	1.3	1.3	-

30.0 30%～100%　20.0 20%～29.9%　10.0 10%～19.9%　5.0 5%～9.9%　0.0 0%～4.9%

図11・5　メール利用使途

6) メール利用の頻度[3]

もっともよくメールを利用している層は，女性18～24歳で1日約7回。利用頻度が多い層は，女性18～29歳，男性18～24歳などで，1日平均5～6回，1日に5回以上利用する割合が4～5割。性・年代別に見ると，女性の方が男性よりも利用頻度が高く，若年層の方が中高年層よりも利用頻度が高くなる傾向がある（図11・6）。

図11・6 メール利用の頻度

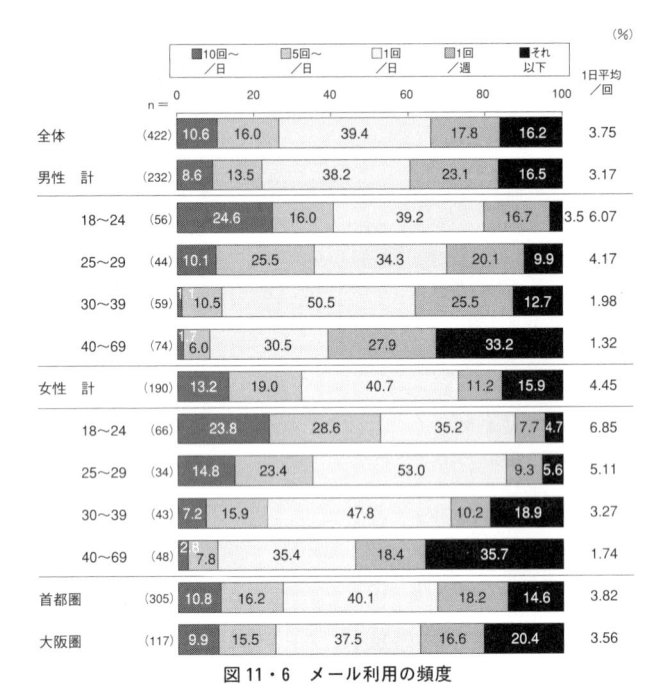

	n=	10回〜/日	5回〜/日	1回/日	1回/週	それ以下	1日平均/回
全体	(422)	10.6	16.0	39.4	17.8	16.2	3.75
男性 計	(232)	8.6	13.5	38.2	23.1	16.5	3.17
18〜24	(56)	24.6	16.0	39.2	16.7	3.5	6.07
25〜29	(44)	10.1	25.5	34.3	20.1	9.9	4.17
30〜39	(59)	10.5		50.5	25.5	12.7	1.98
40〜69	(74)	6.0	30.5	27.9		33.2	1.32
女性 計	(190)	13.2	19.0	40.7	11.2	15.9	4.45
18〜24	(66)	23.8	28.6	35.2	7.7	4.7	6.85
25〜29	(34)	14.8	23.4	53.0	9.3	5.6	5.11
30〜39	(43)	7.2	15.9	47.8	10.2	18.9	3.27
40〜69	(48)	7.8	35.4	18.4		35.7	1.74
首都圏	(305)	10.8	16.2	40.1	18.2	14.6	3.82
大阪圏	(117)	9.9	15.5	37.5	16.6	20.4	3.56

2. メールカウンセリングのセキュリティ

インターネットを介したカウンセリングを行うさいで，かならず留意しなければならないのが機密性の保持についてである。これは通常の対面の臨床においても同様のことがいえるわけではあるが，メールを使ったカウンセリングにおいては，その機密性についての問題を再認識すべきである。

まず，メールでのやり取りというものは，電話で盗聴や掛け間違いがあるのと同様に，機密性というのは何も対応をしなければ守られにくいものである。なぜならば，①送信ミス（送信相手のアドレス），②第三者からのパソコン（メールログ等）へのアクセス，といったリスクは誰にも起こり得る問題だからである。

では，機密性保持のためにどのような対策を講じればよいか，という点にについて考えよう。1つは，パスワードを他人に漏らさず，厳重に保管する，ということがあげられる。2つ目には，送信する前に送信先をかならずチェックする，

ということがあげられる。たとえば，メーリングリスト（同報メール）へ私信メールと誤って送信してしまうと，全員に配信されてしまう，といったヒューマンエラーについての配慮である。3つ目には，アクセス制限をすることがあげられる。具体的には，重要な情報が入っている職場のパソコンや自分のパソコンにはアクセス制限を設定する，といったことである。4つ目には，暗号化技術の利用がある。この対応がもっとも効果的な情報機密性の保持方法である。たとえば，メール暗号化ソフトや，SSL 技術（※ SSL：secure socket layer）を採用して情報伝達時に情報を暗号化するような方法である。この SSL 技術とは，インターネット通信において，暗号の利用により安全性を高める規格（ネットスケープ社による）のことを指す。

　しかしながら，企業のメールについては，企業内にメール内容の監視を行う企業が大企業を中心に増加しており，外部のアクセスよりもむしろ企業内部からの漏洩や監視がされてしまうケースのほうが多い。この点は単純にメール交換という手段だけを使っているさいにはつねにつきまとうセキュリティ上の問題点であろう。ちなみに，先述のピースマインド社のメールカウンセリングサービスでは，メールそのもののセキュリティの脆弱性を補うために，企業の監視でも実際の相談内容が監視できないように，SSL 通信で保護された電子掲示板を介したメールカウンセリングを提供している。

　テクノロジー面のセキュリティはもちろんのこと，利用者（クライエント）はさまざまな視点で信頼性をチェックしている。以後はその信頼性のポイントについてあげる。これらの点は，メールカウンセリング提供のさいに陥りがちな罠であり，オンラインカウンセリングのあり方を考えるさいにも重大な問題を含んでいる。

【メールカウンセリングサービス提供時のポイント】

① カウンセラーのプロフィールは公開されているか？
　プロフィールの曖昧なカウンセラーに，相談するクライエントはいるだろうか？　まず相談相手がどのような人物であるかを示す必要がある。

② 運営母体の記述がしっかりとしているか？
　運営者の明記は施設の看板と同様である。運営母体が不明確なところに相談へやってくるクライエントはいないはずである。

③ サイトの更新は行われているか？

　サイトが開設しただけで，その後の動きが感じられないのは，施設の清掃や活動報告がないようなものである。

④ 問い合わせ先は明記されているか？

　連絡の取れない相手に相談はしない。そして信頼もしないであろう。

⑤ サイトとしてのヘルプや注意事項は明記されているか？

　クライエントがどれだけ不安な気持ちで利用するのかを考えるべきである。

⑥ オンラインカウンセリングの仕組みはどういう取り決めで行われているのか？

　ルール・取り決めの明記はわかりやすくすることである。カウンセラーは自分の相談スタイルについて熟知しているので，「クライエントにはとうぜん理解してもらえる」と思ってしまいがちである。しかし，クライエントはどのような流れでカウンセリングが進行するか，という点においても非常に不安を感じるのである。

　以上のような点にweb運営者は留意することを怠ると，クライエントはシステム上のセキュリティの心配とは別に，メーラーの信頼性に大きな疑問を抱く。6つの信頼性に関するポイントが欠落していると，クライエントからの信頼は集めることができないであろう。オンラインカウンセリングを行うさいには，サービス提供側のメーラーとしてはあくまでクライエントの利益をまず考えなくてはならない（オンラインカウンセリングにおけるカウンセラーが留意すべき問題は後述「オンラインカウンセリングの倫理と課題」を参照のこと）。

3. 内外の現状とメールカウンセリング

　前節までで，メールの将来性と利用についての成長性を考えてきたが，今度は実際の事例をとおして，カウンセリングへの応用がどう実現されているかを考えていきたい。具体的には，カウンセリング先進国アメリカの事例，そして日本での事例と応用例をあげる。

1) アメリカ

アメリカにおけるインターネットを介したカウンセリングサービスは，多種多様にわたっているが，次のように大きく4つのグループに分けることができる。

① 個人のセラピストがメールやチャットでセッションを行う個人サイト。
② 複数のセラピストが対応し，さまざまなサービスを行うオンラインカウンセリングポータルサイト。
③ 個人のセラピストがメンタルヘルス関連の質問などに返答するアドバイスサイト。
④ 特定の分野でセラピストが相談を受付ける専門サイト。

次に代表的なサイトを紹介する。

【helphorizons.com】[4] http://www.helphorizons.com/

クライエントにはセキュリティ保護されたweb掲示板，チャット，ビデオセッションを提供している。カウンセラー向けには，「バーチャルオフィス」というメンタルヘルスの専門家がオンラインカウンセリングの管理ができる機能を，レベル別に分けて有料（月額会員制料金）で提供している（図11・7）。

同管理ツールでは，スケジュール管理，記録保持，課金管理，セキュリティ保護されたメール機能，チャット機能等を利用することができる。臨床家がこのようなwebサイトを利用するのは，クライエントの管理，オンラインカウンセリングに必要な機能の準備など，直接に頭を悩ます必要がなく，臨床に集中することができるのが最大の利点といえるであろう。

アメリカのオンラインカウンセリングのwebサイトについては，4つのグループ分けの他にも特徴的な点がいくつかあげられる。1つは，規模が日本のサイトと比較してきわめて大掛かりなものが多い，という点である。この傾向は，オンラインカウンセリングのサービス以外の一般的な書籍販売（例：amazon.com）やポータルサイト（例：yahoo.com，AOL.com）といった分野においても共通する点でもあるが，オンラインカウンセリングの分野においても当てはまる。ただ，残念なことに，巨額の資金を投資されて運営されていたサイトに関しても，閉鎖を余儀なくされたサイトは少なくなく，たとえば，カウンセラー数においては，35,000人の専門家が用意されていたサイトなどもかつては存在した

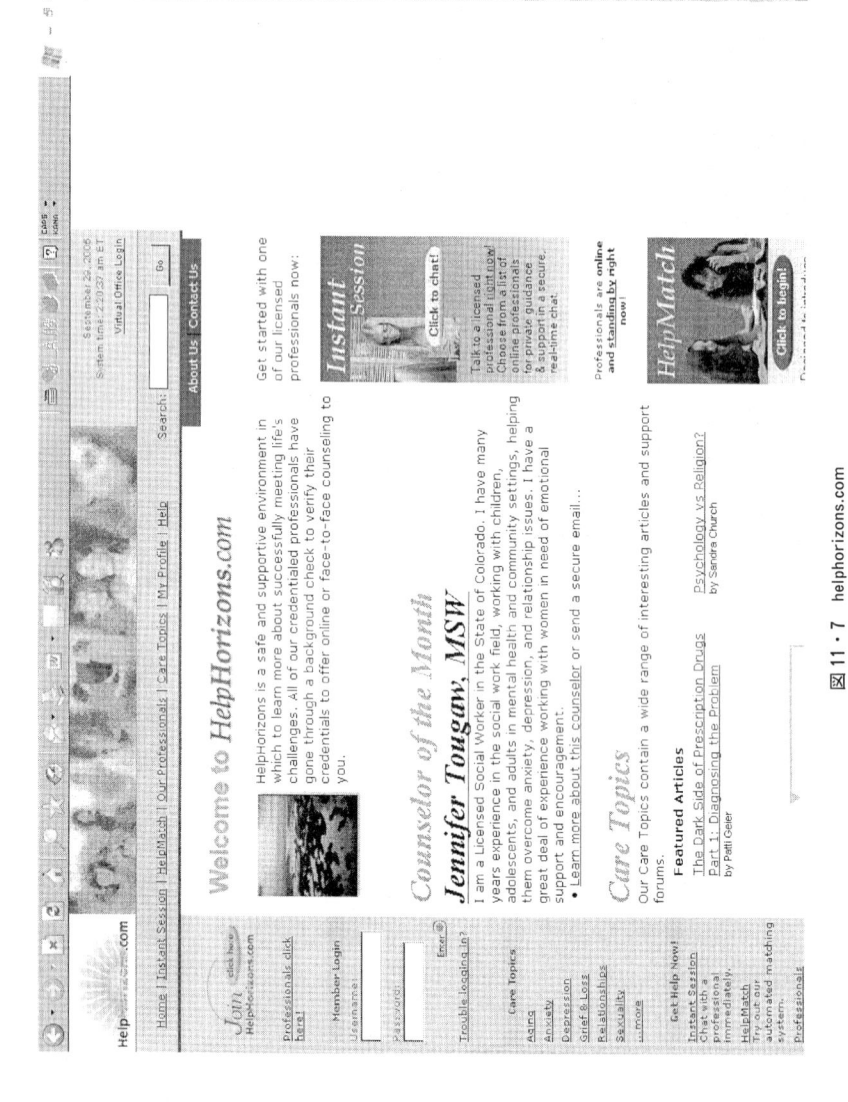

图 11 · 7　helphorizons.com

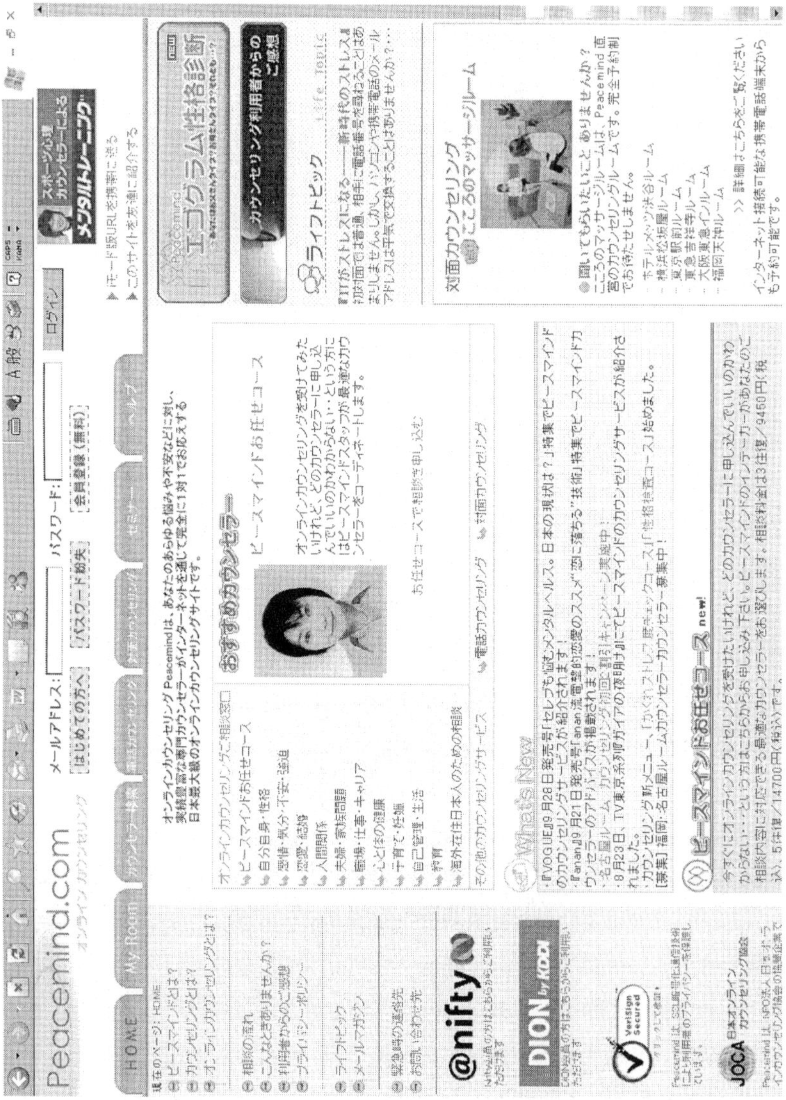

第11章 メールカウンセリングの国内外の情報ネットワーク

図11・8 ピースマインド

が，閉鎖に追い込まれてしまった。

　2つ目には，絶対的なwebサイト数がアメリカの方が多いという点である。検索エンジンには日本のサイトが約1,600件であるのに対して，アメリカでは約754,000以上のヒットを残す。（検索エンジンgoogle.com「オンラインカウンセリング」にて調べ）

2）日　本

【Peacemind：ピースマインド】http://www.peacemind.com/[1]

　セキュリティ保護された1対1の個別掲示板と電子メールが連動したカウンセリングシステムを利用している。カウンセラーは延べ300名以上が待機をし，個々のカウンセリングに対応をしている。また，全国の直営のカウンセリングルーム（http://www.peacemind.com/room）と連携をとってオンライン・オフライン双方のサービスが受けられるのも同サービスの特徴といえる（図11・8）。

　ここで筆者が，オンラインカウンセリングの運営の中で蓄積したクライエント属性分布を参照してもらいたい。ピースマインドにおける相談から1,000サンプルを算出し，統計化したものである（表11・1～11・6）。

　特筆すべき点は，①女性比率が多いこと，②20代30代の層に利用が多いこと，③自分自身のアイデンティティやこころの問題といったふだんは相談機会が限られている分野の相談が多いことなどがあげられる。さらに，特筆すべき点として，東京の利用者が35.2%であるのに対し，その他の地方の利用者が64.8%であること，また，海外からの相談が2.5%ある点は，オンラインカウンセリングの利便性を象徴的に表しているデータといえるであろう（いずれも，ピースマインド調べ）。

　実際，筆者がサイトを開設した当初は，オンラインカウンセリングに関する前例も仕組み作りも皆無に等しく，実際にクライエントに受け入れられるものであるかも不明確な状態であった。しかし，約7年におよぶ運営の中で，徐々にではあったが，確実に利用され，利便性の高いサービスであることを実感した。

【従業員向けオンラインメンタルヘルスプログラム＠メンタル】[5] http://www.kenko-program.com/mental

　企業の従業員向けにオンラインカウンセリングを行っている。インターネット

表11・1 クライアント男女比率
（ピースマインド調べ n=1,000）

性別	割合
男	31.8%
女	68.1

表11・2 クライアント年齢構成
（ピースマインド調べ n=1,000）

年齢	割合
9才以下	0.0%
10代	5.7
20代	63.5
30代	26.4
40代	4.0
50代	0.4

表11・3 クライアント職業構成
（ピースマインド調べ n=1,000）

職業	割合
会社員	33.2%
会社役員	9.2
公務員	3.4
教師	1.9
自営業	2.4
大学生	7.8
高校生	4.5
中学生以下	0.6
専業主婦	12.1
アルバイト	11.3
専門職	3.6
無職	6.3
その他	3.3

表11・4 クライアント家族構成
（ピースマインド調べ n=1,000）

家族構成	割合
シングル	22.1%
夫婦のみ	12.9
夫婦と子ども	16.8
家族と同居	36.7
2世帯	4.0
3世帯	3.8
その他	3.7

表11・5 クライアント主訴分類
（ピースマインド調べ n=1,000）

主訴	相談件数	割合
メンタル・自分	309	31%
健康／医療	225	23
キャリア／仕事	212	21
学校／教育	58	6
育児／子育て	82	8
夫婦／家族	69	7
その他	45	5

表11・6 クライアント居住地分類
（ピースマインド調べ n=1,000）

場所	割合
東京	35.2%
その他	64.8
（海外）	2.5

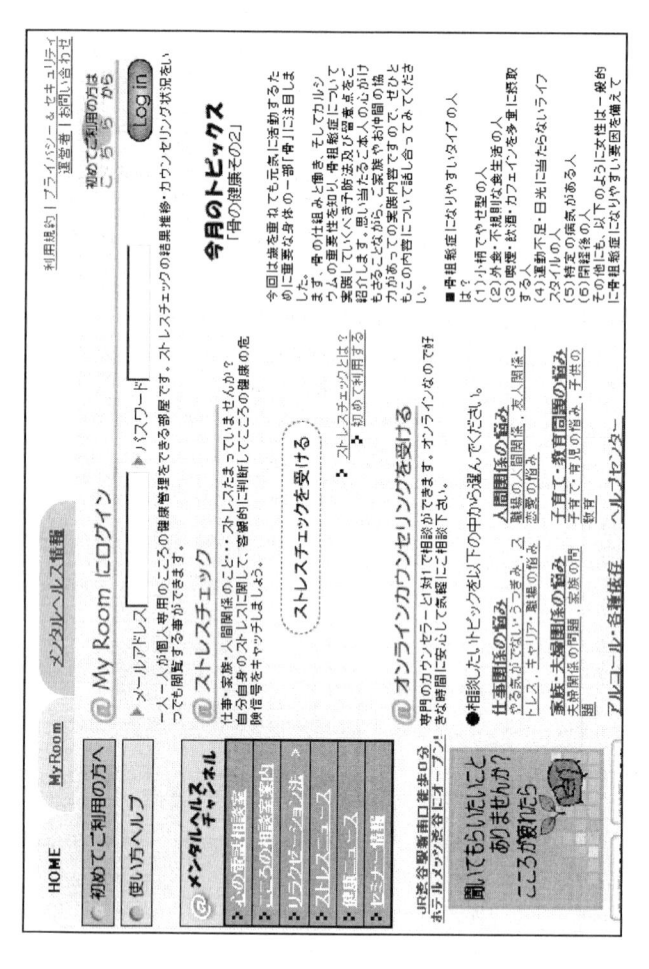

図11・9 従業員向けサービス（ビーマインド）

を活用した外部 EAP の先進的なサービス例である（図 11・9 参照）。

　時間と場所の制約がないオンラインカウンセリングは，スケジュールに縛られがちな働く人にとって，たいへん有効なメンタルヘルス対策の1つとなっている。当サイトについての詳細は，EAP に関する別章を参照されたい。

4. まとめ

　オンラインカウンセリングについて，肯定的な意見，批判的な意見といろいろな意見があるだろう。筆者は，オンラインカウンセリングの提供開始当時から多くの意見をカウンセラー側からもらうとともに，クライエントからの多種多様な意見・感想を頂いてきた。本章は，その双方の貴重な意見に基づいたものである。

　オンラインカウンセリングの将来性は？という問いがあるとすれば，間違いなく「非常に大きな将来性」があると筆者は考える。インターネット全体の将来性は現在の生活を革命的なものにする情報手段であり，生活空間の一部となるはずである。それに加え，メールによるカウンセリングは従来ではフォローのできない層やカウンセリングに接する機会のない層に大きな可能性を与える。オンラインカウンセリングは個人へのサービスの他に，後述の EAP 活動においても重要な役割を果たしていくであろう（「EAP と企業」を参照）。

　通常の臨床経験や知識の他に，機密性の保持についての知識や，web 運営のノウハウ，そしてインターネットそのものに対する高い認識が必要とされることは否めない。とくに，web 運営に関するハードルはカウンセラー個人にとっては想像以上に高いといえる。しかし，現在ではすでに日本オンラインカウンセリング協会（JOCA）[6] 等が先進的に発足し，オンラインカウンセリングに関する研究や精力的な活動を進めているのをはじめ，専門家の研究とインターネット利用機会の拡大が加速度的に進んでいる。

　今後も一層，オンラインカウンセリングは，メリットとデメリットをうまく認識した上で，カウンセリングの新たな手法の1つとして確立されていくと考える。IT 技術を有効活用することによって，カウンセリング活動においてクライエントおよびカウンセラーに，今までに成し得なかった新しい価値をどれだけも

たらしていくことができるか，が今後期待されるところである。

〔注〕
1) オンラインカウンセリング Peacemind（http://www.peacemind.com）
2) 「インターネット動向データ」NETRATINGS 2002年7月.
3) 「インターネット利用実態調査」株式会社リサーチ・アンド・ディベロプメントデジタル・ネットワーク・マーケティング・センター，2001年9月.
4) theCounselors.com（http://www.thecounselors.com/）
5) オンラインメンタルヘルスプログラム　＠メンタル（http://www.kenko-program.com/mental）
6) 日本オンラインカウンセリング協会（JOCA）（http://www.online-counseling.org）

第12章 インターネットと倫理

1. インターネット上における課題

インターネット上における相談活動の倫理は，対面におけるカウンセリングとは変わるところはない。しかし，インターネットという媒介の特殊性，また現在行われているメールカウンセリング（以下，「MCo」と呼ぶ）の独自性から見た倫理を検討する必要がある。

筆者らは当初，MCoを開始するに当たって（筆者らがPeacemind[1]：ピースマインドにおいてMCoを開始した1999年），さまざまな課題に直面した。それは，①カウンセラーの自己情報の開示，②守秘漏洩の可能性，③記録の保管方法，④緊急時の対応，⑤クライエントの匿名性，⑥心理療法としての評価などである。この検討にともない筆者らは，インターネットに求められる最低条件としての倫理規範を，日本オンラインカウンセリング協会（JOCA）において策定するにいたった。ここでは，その倫理規範を基にインターネット上における課題を見てみる。

2. インターネット倫理と心理臨床倫理の狭間

この新しい媒介を活用した相談活動は，内外のインターネットにかかわる倫理規範と，心理臨床にかかわる倫理規範を合わせて検討する必要がある。この2つの倫理規範の存在は，場合によっては目指すところが同じであっても，運用面での相違をもたらす微妙な矛盾が生じることがある。ここでは，それらの矛盾点を踏まえながら課題を見てみたい。

1) インターネット上での課題点
(1) カウンセラーの自己情報の開示

　カウンセラーの自己情報の開示は，援助行為にかかわるインフォームドコンセントのほか，カウンセラー個人のプライバシー保護，インターネットで求められる情報開示の課題が複雑に絡み合っている。

　たとえば，無料の電話相談に見られるように，不特定多数からの相談を受ける場合は，提供する団体先が明示されるが，カウンセラー個人の匿名性は保たれている場合が多い。つまり，団体は特定できてもカウンセラー個人名は特定されていないという特殊性がある。このことは，電話相談が持つ機能，「気軽さ」「いつでも」「どこからでも」というメリットを示し，電話相談の利用が広まった要因でもある。しかし，インターネットで同様のことを容認すると，インターネット機能の特殊性から，所在がはっきりしない提供元が存在し得ることも可能になってしまう。これは，インターネットという高い情報匿名性から起こり得る問題で，倫理上から見てもかならずしも好ましいとはいえない。

　また，その反面，過度のカウンセラー個人の情報開示は，カウンセリングの中立性からも考慮しなくてはならない問題でもあり，実際 MCo を行う一部のサイトでは，その点をほとんど考慮しないカウンセリング機関も見られる。無闇な情報開示（自己開示）は，クライエントの依存性を誘ったり，私的関係を誘発する危険性も懸念されるなど注意を要する。

　以上の2点を踏まえた上で，提供先の信頼性，しいては利用者の利益を保持するためにも一定の情報開示を倫理規範として定める必要がある。

(2) 守秘漏洩の可能性

　インターネット上では，内容が誤送信されたり，ハッキングにより情報搾取が行われないための安全策を講じる必要がある。これはカウンセラー自身・クライエント自身が起こすヒューマンエラーの予防と，外部侵入者への対策という技術上の課題でもある。

　先のヒューマンエラーについては，掲示板を利用した電子メールの送受信機能により，「パスワードの入力」「送信確認の提示」などにより安全性を高め，誤送信を予防することができる。一方，ハッキング対策に関しては，「情報の暗号化

（SSL）」のシステムなどを採用することにより，外部侵入を遮断し情報漏洩を予防することができる。

　以上の問題は，どちらかというと情報技術的な対応であり，倫理規範としてとうぜん守られるべき守秘の課題でもあるが，ソフト作成・web運営などの技術力によることが多く，臨床心理の専門家だけでは解決することはむずかしい。

(3) 記録の保管方法

　インターネット上でやりとりされたデータ（内容）は，基本的にパソコン内部に保存されていく。一般ユーザーが使用する範囲の手順で相談データが消去されたとしても，情報技術者の手にかかれば復元されることもある。これはハードディスクから完全にデータを廃棄するためには，それ相応の対策が必要である。パソコン廃棄時に一部の行政機関では，個人情報保護のため廃棄専門業者に委託したり，特殊なソフトによりハードディスクを完全初期化するなどの対策を講じている。

　この他，パソコンに共有使用者がいる場合は，共有者が閲覧する恐れがあることなど，管理上の問題も生じる恐れがある。これらもこれまでの記録保管の方法とは異なり技術的な配慮に加え，倫理的な規範が求められてくる。

(4) 緊急時の対応

　緊急時の危機介入から見ると，利用者の個人情報をどこまで知っておくかということは大切である。しかしながら，個人情報の聴取は，インターネットのメリットでもある匿名性とは相反する側面ともいえる。

　この点については，インターネットの限界と特性をあらかじめカウンセラーが把握しておくとともに，利用者にも周知しておく必要がある。ここでいう限界とは，あくまでもインターネット上のカウンセリング活動が，対面と異なりいちじるしい制限があること，そして何よりも敷居の低さやリファーとしての相談活動の範囲にとどまることにある。このことをカウンセラーが職業倫理として徹底しておかなくてはならない。

(5) コミュニケーション伝達の誤謬可能性

　これはインターネット上，とくに懸念された問題で，非言語メッセージの不伝達によるコミュニケーションの誤謬の可能性にある。とくに，文字情報に頼らざるを得ない現行のMCoでは，表現の違いや文脈解釈の相違から，ややもすると

本来の意思と異なったコミュニケーション伝達が起こる可能性がある。さらには技術上の問題から，情報伝達に行き違いが生じたり，情報そのものが伝達されない場合も起こり得る。

この点については，あらかじめ丁寧に誤謬可能性の内容を告知しておくことにより，一定の利用者保護をはかることができると考えられる。しかし，この問題は未解決な部分も多く，今後において残された重要な課題でもある。

(6) 心理療法としての評価

対面のカウンセリング，対面する機会のあるカウンセリングでは，心理療法としての評価や効果をある程度は予測・測定することができる。MCoのプロセスが心理療法としての機能を果たすかどうかは別としても，一定の評価は求められる。適切なフォローアップ，カウンセリングへの評価は必須であり，カウンセリングの振り返りのためにも求められる点は多い。クライエントからの評価，効果のフィードバックを得る機会を設けることは，倫理上も必要となると考えられる。

2) インターネットから見た個人情報に関する倫理

インターネット上でのカウンセリング活動においては，個人情報の保護に関する問題は対面のカウンセリングよりも慎重に考慮されるべき大きな問題といえる。情報の漏洩事故，取引先・消費者からのプレッシャー，そして個人情報保護法（2003年5月23日に成立，2005年4月1日より全面施行）の3つを背景に，個人情報保護への関心が急激に高まっている。ここでは，インターネット上のサービスとして注意を払うべき個人情報の問題を考察する。

(1) 個人情報のセキュリティ管理

個人情報に関する事柄として，大きな課題はセキュリティ管理の問題である。わが国のインターネット界で大きな影響力を持つ電子ネットワーク協議会の規程では，サービス提供者は「個人情報の漏洩等を防ぐため，適切かつ合理的レベルの安全保護措置を講ずるものとする」[2]と明記している。

現在，MCo活動に含まれる個人情報を送信するさいに，もっとも有効とされているセキュリティ対策は，「SSL（secure socket layer protocol）」という暗号通信方式である。通信内容を暗号化することによって，第三者が通信内容を参

照したり勝手に変更したりすることを防止するものである。サービス提供者は，大切な個人情報などが盗聴やクラッキングから護る高い技術力が求められる。ベリサイン社[3]では，SSL対応のサーバ認証をしているサイトに，「secure siteシール」を提供している。これはプライバシー保護，セキュリティ対策が施されたwebサイトとして第三者機関の認証を受けたことを証明すると同時に，訪問者に対しての信頼のビジュアルイメージを高めるものとなっている。

(2) 個人情報の取り扱いにかかわる利用者の同意

個人情報の保護に関する指針は，前述の「個人情報保護法」をはじめとして，内外においていくつか作成・公示[4,5,6]されている。個人情報保護法が求める8つの項目は以下のとおりである。

① 利用目的の明確化と目的内での利用
② うそ，偽りによる収集の禁止
③ 事前の本人同意
④ 利用目的の本人への明示（通知または公表；事前もしくはそのつど）
⑤ 安全対策
⑥ 委託先の監督／従業員の監督
⑦ 本人同意なしの第三者提供の禁止
⑧ 開示／訂正／利用停止依頼への対応

個人情報保護の大きなポイントの1つは，個人情報の取り扱いにかかわる「利用者の同意」である。個人情報の収集，利用，提供・開示は，すべて本人の同意を得て行われるべきというルールである。「電子ネットワーク運営における個人情報保護に関するガイドライン」[7]では，「個人情報の収集は，収集目的を明確にし，その目的に必要な限度内で収集するべきであり，適法かつ公正な手段により本人の同意を得た上で行うものとする」としている。また，個人情報の利用は必要最低限の範囲に限るとし，同意の範囲を超えるものについては，再度同意を求める必要があるとしている。

個人情報の第三者への提供については，本人の同意または，法的根拠に基づいて要求された以外は一切行わない，ということが原則となる。個人の自己に関する情報開示請求があった場合についても，「当該請求者が本人であることを確認の上，原則として応じるものとする」と明記されている。この点においては，サ

ービス提供者としても迅速に対応できる体制を整えておく必要がある。

(3) 利用者の利益保護

もう一つの大きな課題は「利用者の利益保護」である。このことは，インターネット上のあらゆるサービスにおいていえる。サービス提供者が必要十分な対策を見定め，個人情報の保護に努めることが必須の条件となる。

アメリカでは先進的に，TRUSTe[8]が，TRUSTeシール・プログラムとして，プライバシー保護を明確にしているwebサイトに対して認証マークの発行を行っている。これによってwebサイト開設者は，あらかじめ審査を受けることによって，プライバシー保護に関する努力を行っていることを明示するものである。

3) 心理分野の情報化に関する倫理

筆者らが調査したところによると，わが国の心理系の諸学会・協会において，インターネットに関する倫理の取り決めは見当たらない。最近，臨床心理士の職能団体である日本臨床心理士会において，インターネットに関するワーキンググループ活動が行われているが，あくまでも団体の運営webサイトの研究活動の範囲にとどまるものと思われる。

一方，諸外国に目を向けると，アメリカ最大のカウンセラー資格委員会であるThe National Board for Certified Counselors, Inc. (NBCC)[9]では，インターネットに関する内容を詳細にわたって記載している。

たとえば，

① クライエントの真意を確認することの困難さの提示
② クライエントが成年者であるかどうかの確認の必要性
③ カウンセリング中であるかどうかの確認
④ インターネットによる相談では不十分な場合の代替手段の提示
⑤ 非言語コミュニケーションの疎通による誤解可能性の説明
⑥ 危機介入のさいのクライエントとの協力体制
⑦ クライエントが採用し得る他手段の提示義務
⑧ 暗号化されていない場合の秘密漏洩の可能性告知
⑨ 記録保管に関する法律的問題

⑩　機密性の保障

⑪　資格認定団体とのリンク供給の義務

など11項目あまりから構成される。これらの項目は、翻(ひるがえ)せばインターネット上での問題を端的に示しており、利用者にあらかじめ明示しておくことにより、誤解や事故の予防に貢献すると考えられる。

また、American Psychological Association（APA）[10]では、1997年と早い時期から、「電話、電話会議、インターネットによるサービスに関する倫理委員会の声明」[11]を公にし、同協会の倫理コードがインターネット上の心理サービスにおいても適用されることを明示している。この他にも、アメリカのヘルスケア関係者が「インターネットメンタルヘルス国際倫理コード」（eHealth Code of Ethics）[12]として関係者が守るべき倫理基準を公開している。項目としては、公正さ、誠実性、質、リスクの開示と決定権の確保、プライバシー保護、プロフェッショナリズム、責任あるパートナーリズム、誠意ある対応などの8項目にわたり、具体的な倫理基準が規定されている。

3. インターネットカウンセラーの倫理規程——日本オンラインカウンセリング協会規程から

ここでは、日本オンラインカウンセリング協会（JOCA）において策定された「インターネットカウンセリングサービスに関する倫理規程」（資料参照）を基に、インターネット上において注意すべき課題を取り上げる。同規程は、アメリカのインターネットメンタルヘルス協議団体である The International Society for Mental Health Online（ISMHO）の「Suggested Principles for the Online Provision of Mental Health Services [version 3.11]」[13]および、わが国においてのMCo実績を持つピースマインド（前出）の臨床経験を踏まえて、同協会倫理委員会が作成したものである。

1) インフォームドコンセント

(1) **インターネット上における特有の危険と利点**

インターネットという特殊な媒介での活動は、コミュニケーション齟齬の可能

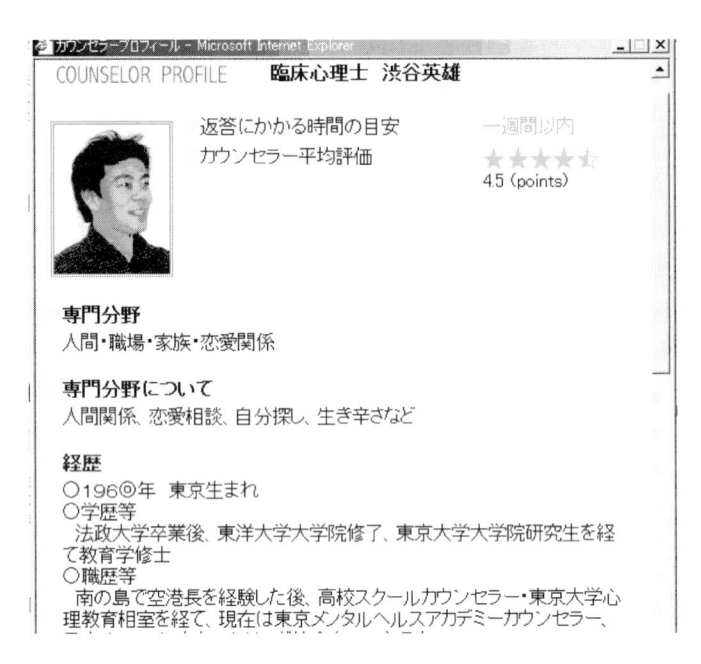

図12・1　ピースマインド・カウンセラープロフィール画面

性があることは先にもふれた。この他，潜在的な利点を含めた内容を利用者にあらかじめ理解してもらうことが，後のトラブルを回避し，利用者にとっても成果をもたらす鍵となる。

　起こり得る危険としては，(1)メッセージが受信されないおそれ，(2)機密性が侵害されるおそれ，(3)誤解が生じるおそれなどがあげられる。

　また，利点としては，(1)いつでもメッセージを送信し受け取ることができること，(2)遠隔地でもコミュニケーションが可能であること，(3)1回のメッセージで書きたい限り書くことができ，考える時間があること，(4)一定の匿名性が守られることなどがあげられる。

(2) カウンセラーの情報開示

　インターネット上のコミュニケーションの大きな特徴として，匿名性があげられる。掲示板，チャット，電子メールなどでは利用者は氏名などの属性を明かさずにコミュニケーションが可能である。しかし，インターネットカウンセリングにおいてカウンセラーは，できる限りの情報開示をする必要がある。

このことは先にも述べたとおり，カウンセラーとの適正な信頼関係を築き成果をあげるための第一歩となるものであり，専門家としてカウンセリング活動を行う上での最低条件である。事例としてはピースマインド（前出）における臨床実践がある。ここでは，カウンセラーの氏名，料金，1セッションのカウンセリング回数，制限日数，返答時間の目安，対応内容，相談上の注意，教育歴などの履歴，資格，関連団体などの URL，顔写真等を開示（図12・1）し，クライエントの自己決定権を促している。

2) 手続き上の問題

インターネットを介したカウンセリング活動においても，基本的に対面サービスと同じ倫理的判断を求める必要がある。JOCA 倫理規程（前出）によれば，カウンセラーは能力範囲内でのカウンセリングをすること，インターネットサービスの手続きに関する同意，必要なアセスメントを行うこと，クライエントの機密保持をすること，などである。

3) 緊急時の対策

クライエントが遠隔地で利用しているケースがあるため，カウンセラーは対面による緊急対応ができないおそれが多分にある。カウンセラーは，インターネットカウンセリングでは対応がむずかしいと思われるケースのために，クライエントにかかわる地域の医療機関などの緊急連絡先を把握しておくことが求められる。

4. 終わりに

現在，学童期にある子どもたちのほぼ全員がインターネットを体験し，近い将来インターネットを抜きにしてはコミュニケーションを語ることができない次世代が訪れようとしている。

インターネットに期待する内容への調査資料を見ると，総理府の調査[14]では「在宅医療支援システム」が 45.6% ともっとも高く，旧郵政省の「通信白書」[15]においても「画像を通じて健康相談したり診断を受けたりできる」が4割を占

め，富士通総研経済研究所調査[16]（n=1,218）などでも「インターネット医療相談」をあげる者が53.5%と最多となっている。

また，日本臨床心理士会による調査[17]によると，調査対象となった臨床心理士のうち約3分の1が電子メールを活用し，現在活用していない者のうち約3分の1が今後の活用を考えているという。この割合がただちに臨床活動に結びつくものではないが，専門職としての活用を考える上では倫理規範を抜きにすることはできない活用・関心度の高さといえる。

わが国における倫理規範への認識は低いという[18]。実際，氾濫しつつあるカウンセリング情報の問題についても，インターネット上では看過しがたい内容が含まれている場合がある。このような問題提起を含めて専門家としての厳しい目を持ちながら，インターネット上の倫理についての自主規制と利用者保護の方向性を今後においても注目していく必要がある。

〔注〕
1) Peacemind (http://www.Peacemind.com)
2) 電子ネットワーク協議会「電子ネットワーク運営における個人情報保護に関するガイドライン」1997年12月．
3) 日本ベリサイン社 (http://www.verisign.co.jp/)
4) EU「個人データ処理に係る個人情報の保護及び当該データの自由な移動に関する欧州議会及び理事会の指令」1995年10月．
5) OECD「プライバシー保護と個人データの国際流通についてのガイドライン」1980年9月．
6) サイバービジネス協議会「サイバービジネスに係る個人情報の保護に関するガイドライン」1997年5月．
7) 通商産業省「民間部門における電子計算機処理に係る個人情報の保護に関するガイドライン」通商産業省告示第98号，1997年3月．
8) TRUSTe (http://www.truste.org/)
9) The National Board for Certified Counselors, Inc. (NBCC) "The Practice of Internet Counseling" 2001. (http://www.nbcc.org/ethics/webethics.htm)
10) The Ethics Committee of the American Psychological Association (APA) "APA Statement on Services by Telephone, Teleconferencing, and Internet" 1997. (http://www.apa.org/ethics/stmnt01.html)
11) 村本詔司『心理臨床と倫理』朱鷺書房，1998．

12) Internet Healthcare Coalition "eHealth Code of Ethics" 2000. (http://www.ihealthcoalition.org/ethics/ehcode.html)
13) International Society for Mental Health Online (ISMHO) "Suggested Ethical Principles -Suggested Principles for the Online Provision of Mental Health Services (version 3.11)" 2000. (http://ismho.org/suggestions.html).
14) 総理府内閣総理大臣官房広報室「暮らしと情報通信に関する世論調査」1995年1月.
15) 旧郵政省『通信白書平成10年度版』1998.
16) 富士通総研経済研究所「第4回FRIインターネットユーザー調査"期待される生活関連サービス―銀行・医療・行政分野など"」1999年3月.
17) 日本臨床心理士会　日本臨床心理士会報「第2回臨床心理士の動向ならびに意識調査」結果（第4報），pp. 46-58, 2000.
18) 金沢吉展『カウンセラー専門家としての条件』誠信書房，1998.

〔資料〕 インターネットカウンセリングサービスに関する倫理規程

日本オンラインカウンセリング協会倫理委員会
2001年9月1日

（インフォームド・コンセント）

クライエントがインターネットカウンセリングサービスを受けることを承諾する前に，起こりうるリスクについてはあらかじめ告知されていなくてはなりません。特に，カウンセリング上予見される危険，サービスの利点などに関してクライエントに知らせておく必要があります。

第1条 プロセス

1 誤解の可能性

　カウンセラーは，対面するときより非言語の手がかりが欠けることを認識し，電子メールのようなテキスト形式のインターネットサービスでは誤解が生じうることを認識する必要があります。

2 返答所要時間

　電子メールなどのリアル・タイムではないコミュニケーション上での問題として，返答までの所要時間があります。クライエントには，メールを送った後どのくらいで返答がくるのかの目安を告知しておくことが必要です。

3 カウンセラーのプライバシー

　カウンセラーは，自身のプライバシーに関する権利を持っています。

第2条 カウンセラー

　クライエントとカウンセラーが対面しない場合では，クライエントはカウンセラーを評価することが難しくなる可能性があり，そのカウンセラーとカウンセリングを始めるべきかどうか決定しづらくなる可能性があります。そのため，カウンセラーに関しての以下の情報が開示される必要があります。

1 名前

　クライエントにはカウンセラーの名前が知らされる必要があります。インターネットでは匿名の使用が可能ではありますが，インターネットカウンセリングでは，クライエントにはカウンセラーの名前を知らせなくてはなりません。

2 資格

　クライエントにはカウンセラーの能力・経歴について知らされる必要があります。

基本としては，資格などの教育歴です。カウンセラーは，さらに専門のトレーニングあるいは経験分野などの補足の情報を収集するなど自己研究に努めなくてはなりません。

3　上記を確認する方法

クライアントがカウンセラーの資格を確認することができるように，カウンセラーは資格を証明する関連機関の連絡先またはウェブ・ページの URL を表示する必要があります。

第3条　潜在的な利点

クライアントには，インターネットカウンセリングサービスを受けることの潜在的な利点が知らされる必要があります。例えば，電子メールを利用してのカウンセリングの潜在的な利点は次のものがあげられます：

(1)　昼夜問わずいつでもメッセージを送信し受け取ることができること
(2)　遠隔地でもコミュニケーションが可能であること
(3)　1回のメッセージで書きたい限り書くことができ，考える時間があること
(4)　一定の匿名性が守られること

第4条　潜在的な危険

クライアントには，インターネットカウンセリングサービスを受けるうえでの潜在的な危険について知らされる必要があります。例えば，電子メールの潜在的な危険は，

(1)　メッセージが受信されないおそれ
(2)　機密性が侵害されるおそれ

などです。

電子メールは，間違ったアドレスに送信されたり，カウンセラーに気付かれなかった場合などには，うまく受信されないおそれがあります。また，ハッカーやプロバイダーに侵害されたり，どちらかの電子メールアドレスやコンピューターに他人からアクセスされたりすることで，機密性が侵害されるおそれもあります。コンピューターを家族や友人等の他人と共有している場合は，予備の防衛手段を考慮する必要があります。

第5条　代替案

クライアントには，インターネットカウンセリングサービスを受けることの代替案が知らされる必要があります。例えば，

(1)　対面でのカウンセリングを受けること

(2) 電話でのカウンセリングを受けること
(3) 友達や家族と話をすること
(4) 運動する，リラクゼーションすること
(5) 全く何もしないこと

などです。

（手続き一般）

　一般に，カウンセラーはインターネットカウンセリングサービスを提供する場合，基本的に対面サービスと同じ手続きに従う必要があります。特に以下の点があげられます。

第6条　能力の範囲

　カウンセラーは自己能力の範囲内でカウンセリングサービスを提供する必要があります。対面サービスでは扱えない内容に関しては，インターネットサービスで扱ってはなりません。

第7条　インターネットサービスのしくみ

　カウンセラーとクライエントはコミュニケーションの頻度および形式，料金を決める方法やクライエントにかかる費用の概算，および支払方法など同意のもと，カウンセリングを始める必要があります。

第8条　アセスメント

　カウンセラーは，インターネットカウンセリングサービスを提供する前に，十分にクライエントに対して必要なアセスメントを行う必要があります。

第9条　クライエントの機密保持

　クライエントの機密性は保護される必要があります。クライエントに関する情報はクライエント自身の許可があった場合のみ公開される必要があります。この原則に例外がある場合にはクライエントにはすべて知らされる必要があります。

第10条　記録

　カウンセラーはインターネットカウンセリングの記録を安全に保持しておく必要があります。

（緊急時の対策）

第 11 条 手続き

　緊急時には，インターネットコミュニケーションは直ちに受信されない可能性があること，居住地域の支援を必要とする可能性があることなどが言及される必要があります。

第 12 条 居住地域の支援

　インターネットカウンセリングサービスに特有の問題は，カウンセラーがクライエントから遠く離れている可能性があるということです。この問題で，カウンセラーは緊急時に対応することができなくなる可能性があります。したがって，カウンセラーは，そのような場合はクライエントの地元の医療機関や関係機関の名前や電話番号を把握しておく必要があります。

　　　　　　日本オンラインカウンセリング協会（http://www.online-counseling.org）

人名・事項索引

〔あ 行〕

アセスメント　52
＠メンタル　137, 140, 141, 144, 206
アナライズ　8, 68
アメリカオンラインカウンセリング協会（International Society for Mental Health Online：ISMHO）　9, 12, 15, 217
アルパネット　9
安全配慮義務　134
EAP（従業員支援プログラム）　7, 45, 47, 133, 134, 135, 137, 140, 141, 143, 144, 148, 176, 192, 209
e-helping　115, 129
eメンタルヘルス　5
e-learning　115, 129
一夜寝かし式　112
1.5の関係　21
いのちの電話　9, 10, 18, 30, 35, 62
インターネット中毒　13, 14, 23
インターネット電話　31
うつ病　47, 48, 87, 119, 124, 143, 189, 190
エクスキューズ　98, 101, 103
SE（システム・エンジニア）　75
SSL（secure socket layer）　141, 201, 213, 214, 215
SCT（文章完成法）　59, 99, 100
NCDA（National Career Development Association）　74
NBCC（The National Board for Certified Counselors, Inc.）　216
エンプティ・チェア　186, 194
思いをはせる　92, 94, 99

〔か 行〕

顔文字　53, 64, 100, 106, 120
仮想　20, 44, 64, 82, 97, 99
監視　4
神田橋條治　38
危機介入　62, 66, 89, 213, 216
疑似的非言語メッセージ　106
逆転移　8, 39, 40, 41
キャリア　53, 56, 73, 74, 76, 149, 175, 177, 178, 180, 181, 190, 191
キャリアアンカー　178, 193
キューレス　92
行間　78, 82, 83, 96
共感的理解　24, 57, 68, 95, 99
掲示板　28, 29, 39, 47, 63, 97, 195, 201, 203, 218
ゲシュタルト　124, 186, 193
構成的エンカウンター　117
コーラー　17
小坂守孝　4, 6, 9, 11, 15, 26, 58, 72
個人情報保護法　214, 215
小林正幸　26
コンピュータ・セラピスト　12, 13, 47

〔さ 行〕

サーバー　23
サーフィン　15
先走り　25, 58

サポート　8, 33, 63, 105
産業カウンセラー　76
産業保健スタッフ　142, 143
CMC（computer-mediated communication）　54, 55
支援　115, 117
支援構造　50, 51
自観法　127
自己援助　117, 118, 122, 128
自己開示　3, 5, 34, 49, 65, 70, 71, 101, 212
自殺　62, 90, 97
自助グループ　32, 37, 47
次世代携帯電話　31
社会的技能訓練　117
ジョイニング　55, 56, 101, 108
情緒的なサポート　3
職場のメンタルヘルス　131
心理教育　115
心理書簡法　9, 11, 60
スーパーバイザー　78, 90
スーパーバイジー　47
スーパーバイズ　63, 78
スーパービジョン　9
生活分析表　59, 61
セキュリティ　16, 23, 92, 200, 202, 206
積極的傾聴　8
セルフヘルプ　47, 97
ソーシャル・ネットワーキング・サイト　97
育てるカウンセリング　121

〔た　行〕

対決　26, 60
対面　15, 33, 34, 35, 38, 39, 41, 48, 54, 65, 75, 76, 91, 94, 120, 214

妙木浩之　4, 6
田口ランディ　20
WSE-Counseling　137
田村毅　4, 6, 106
段階的援助プログラム　117
断酒　118, 127
チャット　31, 35, 48, 89, 97, 195, 203, 218
チャド・バラー　9, 10
出会い系　29
TV電話　13
ディスコミュニケーション　39
転移　8, 39, 40, 41
電子化　1
電子ネットワーク協議会　214
電話サービス　1
統合失調症　48, 118
匿名性　22, 23, 24, 30, 32, 44, 49, 52, 54, 66, 82, 95, 108, 133, 153, 211, 212, 213, 218, 223

〔な　行〕

内観法　9
ナラティブ　4, 8, 70
ニート　46, 149, 189, 190
2チャンネル　23
日記猿人　23
日記療法　109
日本オンラインカウンセリング協会（Japan Online Counseling Association : JOCA）　4, 9, 12, 15, 144, 147, 150, 151, 192, 209, 211, 217, 222, 225, 227
認知行動療法　25
認知療法　60, 61
ネット荒らし　4

ネット恋愛　10
ノンバーバル（非言語）　33, 40, 41, 63, 64, 66, 93, 95, 97, 101, 103, 107, 216

〔は 行〕

バーチャル　2, 34, 44, 66, 82, 83, 97, 99
バーチャルオフィス　203
パスワード　92, 200, 212
ハッキング　212
パニック　28, 47, 125, 126
パラ・カウンセリング　117
ハリー・ポッター　19, 20
犯罪被害者センター　22
ピア・カウンセリング　28, 32, 37
ひきこもり　20, 29
非専門家　36, 37
ビデオセッション　203
ファルタリングソフト（指定防衛ソフト）　5
ファンタジー　2, 8, 22
ブリーフ　59, 61
ブリーフセラピー　5, 119
フレーミング　4, 7
フロイト　9, 10
ブログ　3, 31, 44, 52, 97, 109
ヘイリー　39
ポータルサイト　203
ホランド　192
ホランド理論　178

〔ま 行〕

マルチメディア社会　43
ミラーリング　111

村上龍　95
メーラー　17
メーラント　17
メーリングリスト　28, 29, 31, 32, 47, 48, 63, 97, 201
メールマガジン　31
メル友　30
メンヘラー　97, 98
メンヘル系　97
妄想　23, 63
物語り　2, 19, 25, 65, 70, 71
モバイル　128

〔や 行〕

役割交換書簡法　9, 11, 60
Yahoo!ジャパン　11, 12
ヤング　13, 14, 15
よい子　188
よき隣人「Befriending」活動　9, 10
4つのケア　141

〔ら 行〕

ライティング法　9, 11, 60
ラインによるケア　142
ラポール　23
リファー　81, 113, 114, 144, 213
リラクゼーション　13, 126, 224
臨床心理士　16, 220, 216
ロールプレイ　47, 150, 151, 153, 154, 173, 175
ロールプレイングゲーム　2
ログイン　92
ロジャーズ　12, 95, 99, 101

あ と が き

　電子メディアとカウンセリングのつながりに関心を持ちはじめてから，早いもので10年近くの年月が過ぎ去りました。本書は，企業人のメンタルヘルスを教えてくれた佐藤敏子氏，いち早くネットとカウンセリングの研究に取り組まれた林潔先生，そして何よりも「心が見えないネット社会に暮らしたくない」と若き志を語ってくれたITベンチャーの荻原国啓氏・荻原英人氏の力添えなくしてはたどり着かなかったと思います。

　当初は，電子メディアを通じカウンセリングを試行することに懐疑的な意見も多く，この新しい試みを特別視する臨床家も少なくありませんでした。しかし，携帯電話をはじめ電子メディアが人びとのコミュニケーションとして手放せなくなってからは，いつしかそうした声も変わり，今日では「限界を見極めながら活用しよう」という流れにたどり着いたように感じます。本書の執筆者の中には，これまでの議論を懐かしく感じている方もいるのではないでしょうか。叶うならば読者の方には，そうしたメールカウンセリングの紆余曲折の姿を，少しでも本書から感じ取っていただければと願います。

　すでに社会では生身のコミュニケーションが減少し，それを枯渇するかのように電子メディアによるコミュニケーション機会が激増しました。この変化について，是非を論じる間もなく今日を迎えてしまったようにも思えます。今も，この「あとがき」を書きながらテレビ局とインターネット統合のニュースが聞こえてきます。臨床家は，なにも無理に時代を追いかける必要もないと思う一方で，クライエントのニーズに合ったサービスを提供しようと思えば思うほど，コミュニケーションの変化には敏感にならざるをえません。電子メディアの世界でも，次時代の良きサポート環境が少しでも多く形成されることを願ってやみません。

　最後に執筆者の皆様には，めまぐるしく変化する電子メディア社会の中で，執筆に多くの改訂を加えながらの論考になったことに感謝いたします。紙面を借りて改めてお礼申し上げます。

＜本書は下記団体の協力を得ております＞

JOCA（日本オンラインカウンセリング協会）Japan Online Counseling Association

なお，同団体では無料カウンセリング（ボランティアによる簡易相談）を受け付けています。

ホームページ　http://www.online-counseling.org/

〒104-0028 東京都中央区八重洲 2-2-1 住友生命八重洲ビル 4F

TEL：03-3242-5773

FAX：03-3242-5775

2006 年 1 月

渋谷英雄

編者略歴

武藤清栄（むとう・せいえい）
1976年　国立公衆衛生院衛生教育学科卒業（Diploma in Public Health）
　　　　同院衛生人口学部専攻生修了を経て，臨床心理士
　　　　東京メンタルヘルス・アカデミー所長，関東心理相談員会会長，日本精神保健社会学会副会長，日本産業カウンセリング学会理事，日本産業ストレス学会評議委員，日本オンラインカウンセリング協会理事長，厚生労働省メンタルヘルス対策支援事業部会委員などの要職を勤める。
著　書　「心のヘルスケア」日本文化科学社（単著）
　　　　「言葉を聞く心を聴く人」中央労働災害防止協会（共著）
　　　　「師長・主任のこんな時どうする!?」医学書院（単著）
　　　　「ひとの話を聞ける人聞けない人」KKベストセラーズ（単著）
　　　　「働く人たちのストレスサバイバル」明石書店（分担執筆）
　　　　「ひきこもり　現代のエスプリ」至文堂（編著）　　　　など

渋谷英雄（しぶたに・ひでお）
1997年　東洋大学大学院文学研究科修士課程修了
　　　　東京大学大学院教育学研究科研究生を経て，臨床心理士。トラウマセラピー，不安対処セラピーなどのカウンセリング活動を行っている。日本オンラインカウンセリング協会理事，東京メンタルヘルス・アカデミーカウンセラー，フリースクールまいまい理事。
著　書　「こころを癒す音楽」講談社（分担執筆）
　　　　「最新・最善の"説明責任"コース』経済法令研究会（分担執筆）
　　　　「メールカウンセリング　現代のエスプリ」至文堂（編著）
　　　　「雑談力―誰とでも無理なく話せる」明日香出版（共著）　　など

メールカウンセリング

2006年3月10日　第1刷発行

編　者　武　藤　清　栄
　　　　渋　谷　英　雄
発行者　加　清　鍾
発行所　㈲　川　島　書　店
　　　　〒160-0023
　　　　東京都新宿区西新宿7-15-17
　　　　電話 03-3365-0141
　　　　（営業）電話 048-286-9001
　　　　FAX 048-287-6070

© 2006
Printed in Japan　　印刷・製本　（株）新製版

落丁・乱丁本はお取替いたします　　振替・00170-5-34102

＊定価はカバーに表示してあります

ISBN 4-7610-0833-4 C3011

内山喜久雄 監修〈実践入門カウンセリング〉シリーズ 2

実践入門 教育カウンセリング

小林正幸 編著

学校で起きるさまざまな問題に対処し、対応するために、カウンセリングの理論と技法を基礎に、いじめ・非行・不登校などの問題に実践的アプローチを展開。生徒指導・教育相談担当教員やスクールカウンセラーだけでなく教育関係者のための基本の書。 ★ A5・224 頁 定価 2,310 円
ISBN 4-7610-0711-7

内山喜久雄 監修〈実践入門カウンセリング〉シリーズ 4

実践入門 産業カウンセリング

楡木満生 編著

産業界に身を置く人たちに、カウンセリングを活用して援助を提供する産業カウンセラーのための基礎理論と具体的事例の解説。産業カウンセラーのみならず、人事・労務など広く働く人の問題に関心を持つ人の手引書・参考書。 ★ A5・294 頁 定価 2,940 円
ISBN 4-7610-0773-7

内山喜久雄 監修〈実践入門カウンセリング〉シリーズ 5

実践入門 福祉カウンセリング

小林重雄 編著

福祉カウンセリングとは、社会福祉援助の過程(アセスメント、インターベンション、エバリュエーション)にカウンセリングの技法を適用していくことであるという視点のもとに、生活保護・児童福祉・高齢者福祉・障害者福祉の分野の援助過程について述べる。 ★ A5・196 頁 定価 2,310 円
ISBN 4-7610-0727-3

マクロ・カウンセリング実践シリーズ 1

共感性を育てるカウンセリング

井上孝代 編著 裵岩奈々・菊池陽子 共著

多文化カウンセリングの視点に立つ〈マクロ・カウンセリング〉の理論的枠組みを提供するとともに、すべてのカウンセリング・援助活動の基本となる〈共感〉に焦点を当て、共感性の重要性の理論的考察/先行研究/共感性を育てるプログラム等を紹介する。 ★ A5・186 頁 定価 2,100 円
ISBN 4-7610-0803-2

マクロ・カウンセリング実践シリーズ 2

コンフリクト転換のカウンセリング

井上孝代 編著

国際紛争(戦争)はもとより、対人的諸問題にわたるコンフリクト(紛争/葛藤)の解決方法を、平和学者ヨハン・ガルトゥングが創出したトランセンド(コンフリクト転換法)理論とマクロ・カウンセリング理論を縦糸と横糸として解説する。対人的問題解決の基礎。★ A5・210 頁 定価 2,100 円
ISBN 4-7610-0820-2

川島書店

http://kawashima-pb.kazekusa.co.jp/　　(定価は 2005 年 12 月現在)